U0085058

編者的話

「指定科目考試」是進入大學的主要管道,各大學會依照系的需求,指定三到六科的成績,作為招生入學的標準,因此「指考」每一年度的考題,對考生而言都非常重要,都具有參考及練習的價值。

為了提供同學珍貴的資料,我們特別蒐集了 100 年度指考各科試題,做成「**100 年指定科目考試各科試題詳解**」,書後並附有大考中心所公佈的各科選擇題參考答案,及各科成績一覽表,同學在做完題目之後,不妨參考那些統計表,就可以知道有哪些科目需要加強。

這本書的完成,要感謝各科老師協助解題:

英文 / 謝靜芳老師・蔡琇瑩老師・賴弘毅老師
　　　林工富老師・蕭雅芳老師・蔡世偉老師
　　　王若涵老師・李俊文老師
　　　美籍老師 Laura E. Stewart
　　　美籍老師 Christian A. Brieske

數學 / 李卓澔老師　　歷史 / 李 曄老師
地理 / 王念平老師　　公民與社會 / 李 易老師
物理 / 張鎮麟老師　　化學 / 王 宇老師
生物 / 姜孟希・殷 琴老師
國文 / 李 奐老師

另外,也要感謝白雪嬌小姐設計封面,黃淑貞小姐、蘇淑玲小姐負責打字及排版,李俊文老師協助校稿。本書編校製作過程嚴謹,但仍恐有缺失之處,尚祈各界先進不吝指正。

劉 毅

目　錄

100 年大學入學指定科目考試試題
英文考科

第壹部分：選擇題（佔 72 分）

一、詞彙題（10 分）

說明： 第 1 題至第 10 題，每題 4 個選項，其中只有 1 個是最適當的選項，畫記在答案卡之「選擇題答案區」。各題答對得 1 分，未作答、答錯、或畫記多於 1 個選項者，該題以零分計算。

1. Many people think cotton is the most comfortable _____ to wear in hot weather.
   (A) fabric　　(B) coverage　　(C) software　　(D) wardrobe

2. Because of the engine problem in the new vans, the auto company decided to _____ them from the market.
   (A) recall　　(B) clarify　　(C) transform　　(D) polish

3. After a day's tiring work, Peter walked _____ back to his house, hungry and sleepy.
   (A) splendidly　　(B) thoroughly　　(C) wearily　　(D) vaguely

4. In team sports, how all members work as a group is more important than how they perform _____.
   (A) frequently　　(B) typically　　(C) individually　　(D) completely

5. Despite her physical disability, the young blind pianist managed to overcome all _____ to win the first prize in the international contest.
   (A) privacy　　(B) ambition　　(C) fortunes　　(D) obstacles

6. Each of the planets in the solar system circles around the sun in its own _____, and this prevents them from colliding with each other.
   (A) entry　　(B) haste　　(C) orbit　　(D) range

7. Professor Wang is well known for his contributions to the field of economics. He has been _____ to help the government with its financial reform programs.

(A) recruited　　(B) contradicted　(C) mediated　(D) generated

8. Most earthquakes are too small to be noticed; they can only be detected by _____ instruments.

(A) manual　　(B) sensitive　(C) portable　(D) dominant

9. With Wikileaks releasing secrets about governments around the world, many countries are worried that their national security information might be _____.

(A) relieved　　(B) disclosed　(C) condensed　(D) provoked

10. I'm afraid we can't take your word, for the evidence we've collected so far is not _____ with what you said.

(A) familiar　　(B) consistent　(C) durable　(D) sympathetic

二、綜合測驗（10分）

說明：　第11題至第20題，每題1個空格。請依文意選出最適當的1個選項，
　　　　畫記在答案卡之「選擇題答案區」。各題答對得1分，未作答、答錯、
　　　　或畫記多於1個選項者，該題以零分計算。

第11至15題為題組

　　Handling customer claims is a common task for most business firms. These claims include requests to exchange merchandise, requests for refunds, requests that work ___11___, and other requests for adjustments. Most of these claims are approved because they are legitimate. However, some requests for adjustment must be ___12___, and an adjustment refusal message must be sent. Adjustment refusals are negative messages for the customer. They are necessary when the customer is ___13___ or when the vendor has done all that can reasonably or legally be expected.

An adjustment refusal message requires your best communication skills ___14___ it is bad news to the receiver. You have to refuse the claim and retain the customer ___15___. You may refuse the request for adjustment and even try to sell the customer more merchandise or service. All this is happening when the customer is probably angry, disappointed, or inconvenienced.

11. (A) is correct   (B) to be correct   (C) is corrected   (D) be corrected
12. (A) retailed   (B) denied   (C) appreciated   (D) elaborated
13. (A) at fault   (B) on call   (C) in tears   (D) off guard
14. (A) till   (B) unless   (C) because   (D) therefore
15. (A) by and large   (B) over and over
     (C) at the same time   (D) for the same reason

第 16 至 20 題為題組

People may express their feelings differently on different occasions. Cultures sometimes vary greatly in this regard. A group of researchers in Japan, ___16___, studied the facial reactions of students to a horror film. When the Japanese students watched the film ___17___ the teacher present, their faces showed only the slightest hints of reaction. But when they thought they were alone (though they ___18___ by a secret camera), their faces twisted into vivid mixes of anguished distress, fear, and disgust.

The study also shows that there are several unspoken rules about how feelings should be ___19___ shown on different occasions. One of the most common rules is minimizing the show of emotion. This is the Japanese norm for feelings of distress ___20___ someone in authority, which explains why the students masked their upset with a poker face in the experiment.

16. (A) as usual   (B) in some cases   (C) to be frank   (D) for example
17. (A) of   (B) as   (C) from   (D) with

18. (A) were being taped   (B) had taped
     (C) are taping   (D) have been taped

19. (A) rarely   (B) similarly   (C) properly   (D) critically

20. (A) with the help of   (B) in the presence of
     (C) on top of   (D) in place of

三、文意選填（10 分）

說明： 第 21 題至第 30 題，每題 1 個空格。請依文意在文章後所提供的 (A) 到
(L) 選項中分別選出最適當者，並將其英文字母代號畫記在答案卡之
「選擇題答案區」。各題答對得 1 分，未作答、答錯、或畫記多於 1 個
選項者，該題以零分計算。

第 21 至 30 題為題組

     The history of the written word goes back 6,000 years. Words
express feelings, open doors into the   21   , create pictures of worlds
never seen, and allow adventures never dared. Therefore, the original
   22   of words, such as storytellers, poets, and singers, were respected
in all cultures in the past.

     But now the romance is   23   . Imagination is being surpassed
by the instant picture. In a triumphant march, movies, TV, videos, and
DVDs are   24   storytellers and books. A visual culture is taking
over the world—at the   25   of the written word. Our literacy, and
with it our verbal and communication skills, are in   26   decline.

     The only category of novel that is   27   ground in our
increasingly visual world is the graphic novel. A growing number of
adults and young people worldwide are reading graphic novels, and
educators are beginning to realize the power of this   28   . The
graphic novel looks like a comic book, but it is longer, more
sophisticated, and may come in black and white or multiple   29
and appear in many sizes. In fact, some of the most interesting, daring,
and most heartbreaking art being created right now is being published

in graphic novels. Graphic novels ___30___ the opportunity to examine the increasingly visual world of communications today while exploring serious social and literary topics. The graphic novel can be used to develop a sense of visual literacy, in much the same way that students are introduced to art appreciation.

(A) expense　　(B) fading　　(C) colors　　(D) research　　(E) replacing
(F) offer　　　(G) users　　　(H) rapid　　(I) gaining　　　(J) medium
(K) circular　　(L) unknown

四、篇章結構（10 分）

說明：　第 31 題至第 35 題，每題 1 個空格。請依文意在文章後所提供的 (A) 到
　　　　(F) 選項中分別選出最適當者，填入空格中，使篇章結構清晰有條理，
　　　　並將其英文字母代號標示在答案卡之「選擇題答案區」。每題答對得
　　　　2 分，未作答、答錯、或畫記多於 1 個選項者，該題以零分計算。

第 31 至 35 題為題組

　　The effect of bullying can be serious and even lead to tragedy. Unfortunately, it is still a mostly unresearched area.

　　___31___ That year two shotgun-wielding students, both of whom had been identified as gifted and who had been bullied for years, killed 13 people, wounded 24 and then committed suicide. A year later an analysis by the US government found that bullying played a major role in more than two-thirds of the campus violence.

　　___32___ Numerous dictators and invaders throughout history have tried to justify their bullying behavior by claiming that they themselves were bullied. ___33___ Although it is no justification for bullying, many of the worst humans in history have indeed been bullies and victims of bullying.

　　Since bullying is mostly ignored, it may provide an important clue in crowd behavior and passer-by behavior. ___34___ Many of them have suggested bullying as one of the reasons of this decline in emotional sensitivity and acceptance of violence as normal. When someone is bullied, it is not only the bully and the victim who are becoming less sensitive to violence. ____35____ In this sense, bullying affects not only the bullied but his friends and classmates and the whole society.

(A) Hitler, for example, is claimed to have been a victim of bullying in his childhood.

(B) Campus bullying is becoming a serious problem in some high schools in big cities.

(C) The friends and classmates of the bully and the victim may accept the violence as normal.

(D) Research indicates that bullying may form a chain reaction and the victim often becomes the bully.

(E) Psychologists have been puzzled by the inactivity of crowds and bystanders in urban centers when crimes occur in crowded places.

(F) The link between bullying and school violence has attracted increasing attention since the 1999 tragedy at a Colorado high school.

五、閱讀測驗（32 分）

說明： 第 36 題至第 51 題，每題請分別根據各篇文章的文意選出最適當的 1 個選項，畫記在答案卡之「選擇題答案區」。各題答對得 2 分，未作答、答錯、或畫記多於 1 個選項者，該題以零分計算。

第 36 至 39 題為題組

Since the times of the Greeks and Romans, truffles have been used in Europe as delicacies and even as medicines. They are among the most expensive of the world's natural foods, often commanding as much as US$250 to US$450 per pound. Truffles are actually mushrooms, but unusual ones. They live in close association with the roots of specific trees and their fruiting bodies grow underground. This is why they are difficult to find.

Truffles are harvested in Europe with the aid of female pigs or truffle dogs, which are able to detect the strong smell of mature truffles underneath the surface of the ground. Female pigs are especially sensitive to the odor of the truffles because it is similar to the smell given off by male pigs. The use of pigs is risky, though, because of their natural tendency to eat any remotely edible thing. For this reason, dogs have been trained to dig into the ground wherever they find this odor, and they willingly exchange their truffle for a piece of bread and a pat on the head. Some truffle merchants dig for their prizes themselves when they see truffle flies hovering around the base of a tree. Once a site has been discovered, truffles can be collected in subsequent years.

To enjoy the wonderful flavor of what has been described as an earthly jewel, you must eat fresh, uncooked specimens shortly after they have been harvested. The strength of their flavor decreases rapidly with time, and much of it is lost before some truffles reach the market. To preserve them, gourmet experts suggest putting them in closed glass jars in a refrigerator. Another recommendation is to store them whole in bland oil.

36. Why do some people prefer using dogs than pigs in search of truffles?
    (A) Dogs have stronger paws to dig.
    (B) Dogs usually won't eat the truffles found.
    (C) Dogs have a better sense of smell than pigs.
    (D) Dogs are less likely to get excited than pigs.

37. What is the best way to enjoy truffles as a delicacy?
    (A) Eating them cooked with pork.
    (B) Eating them uncooked with bland oil.
    (C) Eating them fresh right after being collected.
    (D) Eating them after being refrigerated.

38. Which of the following statements is true?
    (A) Truffles are roots of some old trees.
    (B) Truffles can be found only by dogs and pigs.
    (C) Truffles send out a strong odor when they mature.
    (D) Truffles cannot be collected at the same place repeatedly.

39. Which of the following can be inferred from the passage?
    (A) Truffles sold in glass jars are tasteless.
    (B) Truffles taste like fruit when eaten fresh.
    (C) Truffles are only used for cooking nowadays.
    (D) Truffles are expensive because they are difficult to find.

第 40 至 43 題為題組

　　In an ideal world, people would not test medicines on animals. Such experiments are stressful and sometimes painful for animals, and expensive and time-consuming for people. Yet animal experimentation is still needed to help bridge vast gaps in medical knowledge. That is why there are some 50 to 100 million animals used in research around the world each year.

　　Europe, on the whole, has the world's most restrictive laws on animal experiments. Even so, its scientists use some 12 million animals a year, most of them mice and rats, for medical research. Official statistics show that just 1.1 million animals are used in research in America each year. But that is misleading. The American authorities do not think mice and rats are worth counting and, as these are the most common laboratory animals, the true figure is much higher. Japan and China have even less comprehensive data than America.

　　Now Europe is reforming the rules governing animal experiments by restricting the number of animals used in labs. Alternatives to animal testing, such as using human tissue or computer models, are now strongly recommended. In addition, sharing all research results freely should help to reduce the number of animals for scientific use. At present, scientists often share only the results of successful experiments. If their findings do not fit the hypothesis being tested, the work never sees the light of day. This practice means wasting time, money, and animals' lives in endlessly repeating the failed experiments.

Animal experimentation has taught humanity a great deal and saved countless lives. It needs to continue, even if that means animals sometimes suffer. Europe's new measures should eventually both reduce the number of animals used in experiments and improve the way in which scientific research is conducted.

40. What is the main idea of this passage?
   (A) The success of animal experiments should be ensured.
   (B) Ban on the use of animals in the lab should be enforced.
   (C) Greater efforts need to be taken to reduce the number of lab animals.
   (D) Scientists should be required to share their research results with each other.

41. Which of the following statements is true about animals used in the lab?
   (A) America uses only about 1.1 million lab animals per year.
   (B) Europe does not use mice and rats as lab animals at all.
   (C) Britain does not use as many lab animals as China does.
   (D) Japan has limited data on the number of lab animals used each year.

42. Which of the following is mentioned as an alternative to replace animal experiments?
   (A) Statistical studies.　　　　(B) Computer models.
   (C) DNA planted in animals.　　(D) Tissue from dead animals.

43. What usually happens to unsuccessful animal experiments?
   (A) They are not revealed to the public.
   (B) They are made into teaching materials.
   (C) They are collected for future publication.
   (D) They are not removed from the research topic list.

第 44 至 47 題為題組

Spider webs are one of the most fascinating examples of animal architecture. The most beautiful and structurally ordered are the orb webs. The main function of the web is to intercept and hold flying prey, such as flies, bees and other insects, long enough for the spider to catch them. In order to do **so**, the threads of the 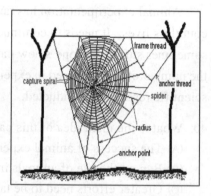 web have to withstand the impact forces from large and heavy prey as well as environmental forces from wind and rain for at least a day in most cases.

The orb web is found to have two main characteristics. The first is its geometry, which consists of an outer frame and a central part from which threads radiate outward. Enclosed in the frame are capture spirals winding round and round from the web center out to the frame. The whole web is in tension and held in place by anchor threads, which connect the frame to the surrounding vegetation or objects. The second and perhaps most important characteristic is the material with which it is built. Spider silk is a kind of natural composite that gives this lightweight fiber a tensile strength comparable to that of steel, while at the same time making it very elastic. Two types of silk threads are used in the web. One is highly elastic and can stretch to almost twice its original length before breaking and, for most types of spiders, is covered in glue. This type is used in the capture spiral for catching and holding prey. The other is stiffer and stronger, and is used for the radius, frames and anchor threads, which allows the web to withstand prey impact and to keep its structural strength through a wide range of environmental conditions.

44. What is this passage mainly about?
   (A) The food network in nature.
   (B) The construction of orb webs.
   (C) The network of geometrical studies.
   (D) The environmental challenges for spider webs.

45. What does the word "**so**" in the first paragraph refer to?
   (A) To catch and keep small creatures.
   (B) To find a good material for the web.
   (C) To observe the behavior patterns of spiders.
   (D) To present a fantastic architecture by animals.

46. Which part of the web is used for supporting the web itself ?
   (A) The center of the web.　　(B) The glue on the lines.
   (D) The anchor threads.　　(D) The capture spiral.

47. According to the passage, which statement is true about the silk threads?
   (A) They are all sticky and extendable.
   (B) They are usually strong enough to last for a day.
   (C) They remove harmful chemicals from insects.
   (D) They are made of rare plants in the environment.

第 48 至 51 題為題組

　　Doctor of Philosophy, usually abbreviated as PhD or Ph.D., is an advanced academic degree awarded by universities. The first Doctor of Philosophy degree was awarded in Paris in 1150, but the degree did not acquire its modern status until the early 19th century. The doctorate of philosophy as it exists today originated at Humboldt University. The

German practice was later adopted by American and Canadian universities, eventually becoming common in large parts of the world in the 20th century.

For most of history, even a bachelor's degree at a university was the privilege of a rich few, and many academic staff did not hold doctorates. But as higher education expanded after the Second World War, the number of PhDs increased accordingly. American universities geared up first: By 1970, America was graduating half of the world's PhDs in science and technology. Since then, America's annual output of PhDs has doubled, to 64,000. Other countries are catching up. PhD production has sped up most dramatically in Mexico, Portugal, Italy, and Slovakia. Even Japan, where the number of young people is shrinking, has **churned out** about 46% more PhDs.

Researchers now warn that the supply of PhDs has far outstripped demand. America produced more than 100,000 doctoral degrees between 2005 and 2009, while there were just 16,000 new professorships. In research, the story is similar. Even graduates who find work outside universities may not fare all that well. Statistics show that five years after receiving their degrees, more than 60% of PhDs in Slovakia and more than 45% in Belgium, the Czech Republic, Germany, and Spain are still on temporary contracts. About one-third of Austria's PhD graduates take jobs unrelated to their degrees.

Today, top universities around the world are still picking bright students and grooming them as potential PhDs. After all, it isn't in their interests to turn the smart students away: The more bright students stay at universities, the better it is for academics. But considering the oversupply of PhDs, some people have already begun to wonder whether doing a PhD is a good choice for an individual.

48. In which country did the modern practice of granting doctoral degrees start?

    (A) France.   (B) Germany.   (C) Canada.   (D) The U.S.

49. Which of the following words is closest in meaning to **"churned out"** in the second paragraph?

(A) Failed.　　(B) Warned.　　(C) Demanded.　　(D) Produced.

50. Which of the following may be inferred from the third paragraph?

(A) PhD graduates in Austria are not encouraged to work outside university.

(B) Most German PhDs work at permanent jobs immediately after graduation.

(C) It is much easier for American PhD holders to find a teaching position than a research job.

(D) It is more difficult for PhDs to get a permanent job five years after graduation in Slovakia than in Spain.

51. Which of the following best describes the author's attitude toward the increase of PhDs in recent years?

(A) Concerned.　　(B) Supportive.　　(C) Indifferent.　　(D) Optimistic.

第貳部份：非選擇題 (佔 28 分)

一、中譯英 (8 分)

說明：1. 請將以下中文句子譯成正確、通順、達意的英文，並將答案寫在「答案卷」上。

2. 請依序作答，並標明題號。每題 4 分，共 8 分。

1. 日本的核電廠爆炸已經引起全球對核子能源安全的疑慮。

2. 科學家正尋求安全、乾淨又不昂貴的綠色能源，以滿足我們對電的需求。

二、英文作文 (20 分)

說明：1. 依提示在「答案卷」上寫一篇英文作文。

2. 文長至少 120 個單詞 (words)。

提示：你認為畢業典禮應該是個溫馨感人、活潑熱鬧、或是嚴肅傷感的場景？請寫一篇英文作文說明你對畢業典禮的看法，第一段寫出畢業典禮對你而言意義是什麼，第二段說明要如何安排或進行活動才能呈現出這個意義。

100年度指定科目考試英文科試題詳解

第壹部分：選擇題

一、詞彙：

1. (**A**) Many people think cotton is the most comfortable <u>fabric</u> to wear in hot weather. 許多人認為棉織品是熱天穿起來最舒服的<u>布料</u>。
   - (A) **fabric**〔'fæbrɪk〕 n. 布料
   - (B) coverage〔'kʌvərɪdʒ〕 n. 涵蓋的範圍
   - (C) software〔'sɔft,wɛr〕 n. 軟體
   - (D) wardrobe〔'wɔrd,rob〕 n. 衣櫃
   - ＊cotton〔'katn̩〕 n. 棉織品

2. (**A**) Because of the engine problem in the new vans, the auto company decided to <u>recall</u> them from the market. 因為這款新的廂型車引擎有問題，汽車公司決定將它們從市場中<u>召回</u>。
   - (A) **recall**〔rɪ'kɔl〕 v. 收回；召回
   - (B) clarify〔'klærə,faɪ〕 v. 清楚說明
   - (C) transform〔træns'fɔrm〕 v. 轉變　(D) polish〔'palɪʃ〕 v. 擦亮
   - ＊engine〔'ɛndʒən〕 n. 引擎　　van〔væn〕 n. 小型有蓋貨車；廂型車
     auto〔'ɔto〕 n. 汽車　　market〔'markɪt〕 n. 市場

3. (**C**) After a day's tiring work, Peter walked <u>wearily</u> back to his house, hungry and sleepy.
   經過一天累人的工作之後，彼得又餓又睏<u>疲倦地</u>走回家。
   - (A) splendidly〔'splɛndɪdlɪ〕 adv. 壯觀地
   - (B) thoroughly〔'θʒolɪ〕 adv. 徹底地
   - (C) **wearily**〔'wɪrəlɪ〕 adv. 疲倦地　　(D) vaguely〔'veglɪ〕 adv. 模糊地
   - ＊tiring〔'taɪrɪŋ〕 adj. 累人的

4. (**C**) In team sports, how all members work as a group is more important than how they perform <u>individually</u>.
   在團隊運動中，全部成員的團隊運作比<u>個別</u>表現來的重要。
   - (A) frequently〔'frikwəntlɪ〕 adv. 經常地

(B) typically（'tɪpɪkḷɪ）*adv.* 典型地

(C) ***individually***（ˌɪndə'vɪdʒʊəlɪ）*adv.* 個別地

(D) completely（kəm'plitlɪ）*adv.* 完全地

＊member（'mɛmbɚ）*n.* 成員　　perform（pɚ'fɔrm）*v.* 表現；執行

5.（ **D** ）Despite her physical disability, the young blind pianist managed to overcome all <u>obstacles</u> to win the first prize in the international contest. 儘管身體上有殘疾，這位失明的年輕鋼琴家設法克服所有<u>障礙</u>來贏得國際比賽的首獎。

    (A) privacy（'praɪvəsɪ）*n.* 隱私

    (B) ambition（æm'bɪʃən）*n.* 野心；抱負

    (C) fortune（'fɔrtʃən）*n.* 幸運；財富

    (D) ***obstacle***（'ɑbstəkḷ）*n.* 障礙

    ＊despite（dɪ'spaɪt）*adj.* 儘管　　physical（'fɪzɪkḷ）*adj.* 身體的
    disability（ˌdɪsə'bɪlətɪ）*n.* 殘疾　　blind（blaɪnd）*adj.* 失明的
    pianist（pɪ'ænɪst）*n.* 鋼琴家　　***manage to + V.*** 設法做到
    overcome（ˌovɚ'kʌm）*v.* 克服　　prize（praɪz）*n.* 獎
    first prize 首獎　　contest（'kɑntɛst）*n.* 比賽

6.（ **C** ）Each of the planets in the solar system circles around the sun in its own <u>orbit</u>, and this prevents them from colliding with each other. 太陽系中的每個行星都依其<u>軌道</u>繞著太陽運行，這樣能防止它們彼此互相碰撞。

    (A) entry（'ɛntrɪ）*n.* 進入；入口　　(B) haste（hest）*n.* 匆忙

    (C) ***orbit***（'ɔrbɪt）*n.* 軌道　　　　(D) range（rendʒ）*n.* 範圍

    ＊planet（'plænɪt）*n.* 行星　　solar（'solɚ）*adj.* 太陽的
    the solar system 太陽系　　circle（'sɝkḷ）*v.* 繞著…移動
    prevent（prɪ'vɛnt）*v.* 預防；防止　　collide（kə'laɪd）*v.* 相撞；碰撞

7.（ **A** ）Professor Wang is well known for his contributions to the field of economics. He has been <u>recruited</u> to help the government with its financial reform programs. 王教授對於經濟學領域的貢獻很有名。他已經被<u>徵召</u>，要協助政府處理金融改革計畫。

    (A) ***recruit***（rɪ'krut）*v.* 徵募；招募

    (B) contradict（ˌkɑntrə'dɪkt）*v.* 反駁

    (C) mediate（'midɪˌet）*v.* 調停；仲裁

(D) generate〔'dʒɛnə,ret〕 v. 產生

* professor〔prə'fɛsə〕 n. 教授　　***be well known for*** 以…有名
  contribution〔,kɑntrə'bjuʃən〕 n. 貢獻
  field〔fild〕 n. 領域　　economics〔,ikə'nɑmɪks〕 n. 經濟學
  financial〔fə'nænʃəl〕 adj. 財務的；金融的
  reform〔rɪ'fɔrm〕 n. 改革　　program〔'progræm〕 n. 計畫

8. (**B**) Most earthquakes are too small to be noticed; they can only be
   detected by <u>sensitive</u> instruments.
   多數地震都太小了，察覺不到；它們只能由靈敏的儀器檢測出來。

   (A) manual〔'mænjuəl〕 adj. 手工的
   (B) ***sensitive***〔'sɛnsətɪv〕 adj. 靈敏的
   (C) portable〔'portəbl̩〕 adj. 可攜帶的
   (D) dominant〔'dɑmənənt〕 adj. 支配的

   * earthquake〔'ɝθ,kwek〕 n. 地震　　detect〔dɪ'tɛkt〕 v. 檢測
     instrument〔'ɪnstrəmənt〕 n. 儀器

9. (**B**) With Wikileaks releasing secrets about governments around the
   world, many countries are worried that their national security
   information might be <u>disclosed</u>.
   因為維基解密在全世界公開關於各國政府的秘密，許多國家都擔心
   它們的國安資訊會被揭露。

   (A) relieve〔rɪ'liv〕 v. 減輕；援救　　(B) ***disclose***〔dɪs'kloz〕 v. 揭露
   (C) condense〔kən'dɛns〕 v. 濃縮　　(D) provoke〔prə'vok〕 v. 觸怒

   * Wikileaks〔'wɪkɪ'liks〕 n. 維基解密　　release〔rɪ'lis〕 v. 公開
     national〔'næʃənl̩〕 adj. 國家的　　security〔sɪ'kjurətɪ〕 n. 安全

10. (**B**) I'm afriad we can't take your word, for the evidence we've
    collected so far is not <u>consistent</u> with what you said.
    恐怕我們不能採納你的說詞，因為我們目前收集到的證據跟你所
    說的不一致。

    (A) familiar〔fə'mɪljə〕 adj. 熟悉的
    (B) ***consistent***〔kən'sɪstənt〕 adj. 一致的
    (C) durable〔'djurəbl̩〕 adj. 耐久的
    (D) sympathetic〔,sɪmpə'θɛtɪk〕 adj. 同情的

    * take〔tek〕 v. 採納　　evidence〔'ɛvədəns〕 n. 證據

collect〔kəˋlɛkt〕v. 收集　　***so far*** 目前為止

二、綜合測驗：

第 11 至 15 題為題組

　　Handling customer claims is a common task for most business firms. These claims include requests to exchange merchandise, requests for refunds, requests that work <u>be corrected</u>, and other requests for adjustments.
11
Most of these claims are approved because they are legitimate. However, some requests for adjustment must be <u>denied</u>, and an adjustment refusal
12
message must be sent. Adjustment refusals are negative messages for the customer. They are necessary when the customer is <u>at fault</u> or when the
13
vendor has done all that can reasonably or legally be expected.

　　處理顧客的要求對大部分的企業公司而言，是常見的任務。這些要求包括要求更換商品，要求退錢，要求工作正確無誤，以及其他調整的要求。大部分的要求會被同意，因為是合法的。然而，有些要求調整必須拒絕，而且要將拒絕的通知寄出。對顧客而言，拒絕調整就是否決的信函。當錯在顧客自己，或當賣家已做好所有預期到的合理且合法的事項，拒絕便是需要的。

handle〔ˋhændḷ〕v. 處理　　customer〔ˋkʌstəmɚ〕n. 顧客
claim〔klem〕n. 要求　　common〔ˋkɑmən〕adj. 常見的；普通的
task〔tæsk〕n. 任務　　firm〔fɝm〕n. 公司；商行
include〔ɪnˋklud〕v. 包括　　request〔rɪˋkwɛst〕n. 要求
exchange〔ɪksˋtʃendʒ〕v. 更換
merchandise〔ˋmɝtʃənˌdaɪz〕n. 商品
refund〔ˋriˌfʌnd〕n. 退款　　adjustment〔əˋdʒʌstmənt〕n. 調整
approve〔əˋpruv〕v. 同意
legitimate〔lɪˋdʒɪtəmɪt〕adj. 合法的
refusal〔rɪˋfjuzḷ〕n. 拒絕　　message〔ˋmɛsɪdʒ〕n. 訊息；通知
negative〔ˋnɛɡətɪv〕adj. 否決的　　vendor〔ˋvɛndɚ〕n. 賣家
reasonably〔ˋrizn̩əblɪ〕adv. 合理地　　legally〔ˋliɡḷɪ〕adv. 合法地
expect〔ɪkˋspɛkt〕v. 預期

11. (**D**) request「要求」後接 that 子句，為慾望動詞的用法，也可以名詞的方式出現，that 子句中用法不變，助動詞 should 被省略，故用原形動詞，選 (D) be corrected。【詳見文法寶典 P.373】

12. (**B**) 由本句一開始的轉承語 However 可知，之後的文意是指「有些要求調整必須拒絕」，故選 (B)。
  (A) retail〔'ritel〕*v.* 零售 (B) **deny**〔dɪ'naɪ〕*v.* 拒絕
  (C) appreciate〔ə'priʃɪˌet〕*v.* 欣賞；感激
  (D) elaborate〔ɪ'læbəret〕*v.* 精心製作

13. (**A**) (A) **at fault** 有過錯的 (B) on call 待用的；隨叫隨到的
  (C) in tears 流淚   (D) off guard 不設防

  An adjustment refusal message requires your best communication skills <u>because</u> it is bad news to the receiver. You have to refuse the claim
     14
and retain the customer <u>at the same time</u>. You may refuse the request for
         15
adjustment and even try to sell the customer more merchandise or service.
All this is happening when the customer is probably angry, disappointed,
or inconvenienced.

  拒絕調整的通知需要你最佳的溝通技巧，因為對接受者而言這是個壞消息。你必須拒絕他的要求，同時又要保有這個顧客。你可能拒絕他做調整的要求，甚至還試圖賣給他更多的商品或服務。這一切都是發生在顧客可能生氣、失望、或感到不便的時候。

> require〔rɪ'kwaɪr〕*v.* 需要
> communication〔kəˌmjunə'keʃən〕*n.* 溝通 skill〔skɪl〕*n.* 技巧
> news〔njuz〕*n.* 消息；新聞 receiver〔rɪ'sivə〕*n.* 接受者
> retain〔rɪ'ten〕*v.* 保有 service〔'sɝvɪs〕*n.* 服務
> disappointed〔ˌdɪsə'pɔɪntɪd〕*adj.* 感到失望的
> inconvenienced〔ˌɪnkən'vinjənst〕*adj.* 感到不便的

14. (**C**) 依據文意，應選 (C) 因為。
  (A) till〔tɪl〕*conj.* 直到
  (B) unless〔ʌn'lɛs〕*conj.* 除非
  (D) therefore〔'ðɛrˌfor〕*adv.* 因此

15. (**C**) 依據文意，應選 (C)。
    (A) by and large　總體而言　　(B) over and over　一再
    (C) *at the same time*　同時　　(D) for the same reason　同樣的理由

<u>第 16 至 20 題為題組</u>

    People may express their feelings differently on different occasions.
Cultures sometimes vary greatly in this regard.　A group of researchers in
Japan, <u>for example</u>, studied the facial reactions of students to a horror film.
       16
When the Japanese students watched the film <u>with</u> the teacher present,
                         17
their faces showed only the slightest hints of reaction.　But when they
thought they were alone (though they <u>were being taped</u> by a secret camera),
                              18
their faces twisted into vivid mixes of anguished distress, fear, and disgust.

    人們在不同的場合表達感受的方式也不同，就這方面而言，有時文化的差
異相當大，例如，有一群日本的研究者研究學生對恐怖片的臉部反應。當日本
學生在老師在場的情況下觀賞電影時，他們的臉部只呈現出少許輕微的反應。
但是當他們認為自己是一個人的時候 (不過他們被祕密攝影機拍攝下來)，他們
的臉卻因極度悲痛，恐懼和厭惡而明顯扭曲在一起。

      express〔ɪk'sprɛs〕v. 表達　　feeling〔'filɪŋ〕n. 感受
      differently〔'dɪfərəntlɪ〕adv. 不同地　　occasion〔ə'keʒən〕n. 場合
      vary〔'vɛrɪ〕v. 不同　　regard〔rɪ'gɑrd〕n. 關心；事項
      in this regard　關於這方面　　researcher〔rɪ'sɝtʃɚ〕n. 研究者
      facial〔'feʃəl〕adj. 臉部的　　reaction〔rɪ'ækʃən〕n. 反應
      horror〔'hɔrɚ〕n. 恐怖　　film〔fɪlm〕n. 電影
      present〔'prɛznt̩〕adj. 在場的　　slight〔slaɪt〕adj. 輕微的
      hint〔hɪnt〕n. 暗示　　alone〔ə'lon〕adj. 單獨的
      camera〔'kæmərə〕n. 攝影機；相機　　twist〔twɪst〕v. 扭曲
      vivid〔'vɪvɪd〕adj. 逼真的；清晰的　　mix〔mɪks〕n. 混合；結合
      anguished〔'æŋgwɪʃt〕adj. 極度痛苦的　　distress〔dɪ'strɛs〕n. 悲痛
      fear〔fɪr〕n. 恐懼　　disgust〔dɪs'gʌst〕n. 厭惡

16. (**D**) 依據文意，從之後所舉的具體實例，應選 (D)。
    (A) as usual　如往常般　　　　(B) in some cases　某些例子中

(C) to be frank　坦白說　　　　　　(D) *for example*　例如

17.（ **D** ）表示老師在場的附帶情況下，故選 (C)來形成 with + O. + O.C.的句型。

18.（ **A** ）依句意，指當時的學生們正在「被攝影機拍攝著」的意思，故應用過去進行式的被動語態（was/were + being + p.p.），故選 (A)。

The study also shows that there are several unspoken rules about how feelings should be <u>properly</u> shown on different occasions. One of the most
　　　　　　　　　　　　　　　　19
common rules is minimizing the show of emotion. This is the Japanese norm for feelings of distress <u>in the presence of</u> someone in authority,
　　　　　　　　　　　　　　　　　　　　　20
which explains why the students masked their upset with a poker face in the experiment.

　　研究也顯示出關於在不同的場合，應該如何適當表達感受，有許多不成文的規定，其中最常見的規則就是情緒的表現降到最小，這便是日本人當有權力者在場時，表現傷痛的準則，這也解釋了實驗中學生為何要以面無表情的方式，來掩飾他們煩亂的情緒。

> several〔'sɛvərəl〕*adj.* 數個的
> unspoken〔ʌn'spokən〕*adj.* 不成文的；沒說出的
> rule〔rul〕*n.* 規定
> minimize〔'mɪnəmaɪz〕*v.* 降到最小；減到最小
> show〔ʃo〕*n.* 表現
> emotion〔ɪ'moʃən〕*n.* 情緒　　　norm〔nɔrm〕*n.* 準則；標準
> authority〔ə'θɔrətɪ〕*n.* 權力；權威
> *a person in authority* 有權力的人；當權者
> explain〔ɪk'splen〕*v.* 解釋　　　mask〔mæsk〕*v.* 掩飾
> upset〔ʌp'sɛt〕*n.* 煩亂
> poker〔'pokə〕*n.* 撲克牌遊戲
> *a poker face* 撲克臉；面無表情　experiment〔ɪk'spɛrəmənt〕*n.* 實驗

19.（ **C** ）由文意可知是指「在不同的場合，應該如何適當表達感受」，故選 (C)。

(A) rarely〔'rɛrlɪ〕*adv.* 很少

(B) similarly〔'sɪmələlɪ〕*adv.* 同樣地

(C) *properly*〔'prɑpəlɪ〕*adv.* 適當地

(D) critically〔ˈkrɪtɪk!ɪ〕*adv.* 危急地；批判性地

20.(**B**) 依據文意，應選 (B)。

    (A) with the help of 藉由…幫助

    (B) *in the presence of* 某人在場的情況；當著某人的面

    (C) on top of 在…之上；除…之外

    (D) in place of 代替

三、文意選填：

第 21 至 30 題為題組

    The history of the written word goes back 6,000 years. Words express feelings, open doors into the <u>unknown</u>, create pictures of worlds never seen,
                                         21
and allow adventures never dared. Therefore, the original <u>users</u> of words,
                                              22
such as storytellers, poets, and singers, were respected in all cultures in the past.

    書寫文字的歷史可以回溯到6,000年前。文字表達感情，打開通往未知世界的大門，創造出未曾見過的世界的圖像，還有允許我們一探從不敢從事的冒險。因此，最初文字的使用者，例如：講故事的人、詩人，還有歌手，在古時候所有的文化中都是被尊重的。

          written〔ˈrɪtn̩〕*adj.* 書寫的；書面的   *goes back* 回溯

          express〔ɪkˈsprɛs〕*v.* 表達   allow〔əˈlaʊ〕*v.* 允許

          dare〔dɛr〕*v.* 敢做；冒險嘗試   original〔əˈrɪdʒən!〕*adj.* 最初的

          storyteller〔ˈstorɪˌtɛlɚ〕*n.* 講故事的人   poet〔ˈpo·ɪt〕*n.* 詩人

21.(**L**) *unknown*〔ʌnˈnon〕*adj.* 未知的   *the unknown* 未知的世界

22.(**G**) *user*〔ˈjuzɚ〕*n.* 使用者

    But now the romance is <u>fading</u>. Imagination is being surpassed by the
                                     23
instant picture. In a triumphant march, movies, TV, videos, and DVDs are
<u>replacing</u> storytellers and books. A visual culture is taking over the world －
24

at the <u>expense</u> of the written word. Our literacy, and with it our verbal and
　　　　25
communication skills, are in <u>rapid</u> decline.
　　　　　　　　　　　　26

　　但現在這段羅曼史正在褪色。想像力正在被即時影像超越。電影、電視和
DVD 以勝利的步調前進，他們取代了講故事的人還有書本。視覺文化正在征服
這個世界－以書寫的文字爲代價。我們的讀寫能力，還有隨之的語言表達和溝
通能力，都在快速衰退中。

> romance〔ro'mæns〕n. 羅曼史　　　surpass〔sə'pæs〕v. 超越；勝過
> instant〔'ɪnstənt〕adj. 立即的；即時的
> triumphant〔traɪ'ʌmfənt〕adj. 獲得勝利的
> march〔mɑrtʃ〕n. 進行的步調；行進　　　visual〔'vɪʒuəl〕adj. 視覺的
> **take over** 征服；佔領　　　literacy〔'lɪtərəsɪ〕n. 讀寫的能力
> verbal〔'vɝbl̩〕adj. 用語言表達的
> communication〔kə,mjunə'keʃən〕n. 溝通；傳播
> decline〔dɪ'klaɪn〕n. 衰退；沒落　　　**in decline** 衰退中；沒落中

23. (**B**) *fade*〔fed〕v. 褪色；衰退

24. (**E**) *replace*〔rɪ'ples〕v. 取代

25. (**A**) *expense*〔ɪk'spɛns〕n. 代價　　　*at the expense of* 以…爲代價

26. (**H**) *rapid*〔'ræpɪd〕adj. 快速的

　　The only category of novel that is <u>gaining</u> ground in our increasingly
　　　　　　　　　　　　　　　　　　　　　27
visual world is the graphic novel. A growing number of adults and young
people worldwide are reading graphic novels, and educators are beginning to
realize the power of this <u>medium</u>. The graphic novel looks like a comic book,
　　　　　　　　　　　　　28
but it is longer, more sophisticated, and may come in black and white or
multiple <u>colors</u> and appear in many sizes.
　　　　29

　　唯一一種，還能在這個逐漸視覺化的世界中壯大的，就是圖像小說。全世
界有越來越多的成人和年輕人開始閱讀圖像小說，而且教育家們也開始理解這
種媒體的力量。圖像小說看起來就像是漫畫，但比較長，更爲精緻，而且可能

有空開黑白兩色，或是多重的色彩，以及有不同的尺寸。

> category〔'kætə,gorɪ〕 *n.* 種類　　novel〔'navḷ〕 *n.* 小說
> ground〔graʊnd〕 *n.* 地面　increasingly〔ɪn'krisɪŋlɪ〕 *adv.* 逐漸地
> graphic〔'græfɪk〕 *adj.* 用圖表示的
> worldwide〔'wɝld'waɪd〕 *adv.* 全世界地　*adj.* 全世界的
> educator〔'ɛdʒə,ketə〕 *n.* 教育家
> sophisticated〔sə'fɪstɪ,ketɪd〕 *adj.* 精緻的
> ***come in*** 有…（顏色、數量、尺寸）
> multiple〔'mʌltəpḷ〕 *adj.* 多重的　　appear〔ə'pɪr〕 *v.* 出現

27. (**I**) ***gain***〔gen〕*v.* 增加　　***gain ground*** 壯大；獲得進展

28. (**J**) ***medium***〔'midɪəm〕*n.* 媒體

29. (**C**) ***color***〔'kʌlə〕*n.* 色彩

In fact, some of the most interesting, daring, and most heartbreaking art being created right now is being published in graphic novels. Graphic novels <u>offer</u> the opportunity to examine the increasingly visual world of
³⁰communications today while exploring serious social and literary topics. The graphic novel can be used to develop a sense of visual literacy, in much the same way that students are introduced to art appreciation.

事實上，一些最有趣、最大膽和最令人心碎，且正在創造中的藝術，都被出版成圖像小說。圖像小說提供機會，來檢驗今日這個逐漸視覺化的傳播世界，同時探索嚴肅的社會和文學主題。圖像小說能被用來培養視覺素養，幾乎就和學生認識藝術欣賞的方式一樣。

> daring〔'dɛrɪŋ〕 *adj.* 大膽的；勇敢的
> heartbreaking〔'hɑrt,brekɪŋ〕 *adj.* 令人心碎的
> explore〔ɪk'splor〕 *v.* 探索　　social〔'soʃəl〕 *adj.* 社會的
> literary〔'lɪtə,rɛrɪ〕 *adj.* 文學的　　sense〔sɛns〕 *n.* 感覺
> ***visual literacy*** 視覺素養【又稱圖像識讀能力，指個人對視覺影像的理解及
> 　運用能力，特別是對藝術品、電視及電影，擁有分析及鑑賞的能力】
> ***be introduced to*** 認識　　appreciation〔ə,priʃɪ'eʃən〕 *n.* 欣賞

30. (**F**) ***offer***〔'ɔfə〕*v.* 提供

四、篇章結構：

第 31 至 35 題為題組

The effect of bullying can be serious and even lead to tragedy. Unfortunately, it is still a mostly unresearched area.

霸凌的影響可能很嚴重，甚至會造成悲劇。遺憾的是，這仍然是個大部分尚未被研究的領域。

effect〔ɪˈfɛkt〕*n.* 影響　　bully〔ˈbʊlɪ〕*v.* 霸凌　*n.* 惡霸
lead to 導致；造成　　tragedy〔ˈtrædʒədɪ〕*n.* 悲劇
unfortunately〔ʌnˈfɔrtʃənɪtlɪ〕*adv.* 不幸的是；遺憾的是
mostly〔ˈmostlɪ〕*adv.* 大多
unresearched〔ˌʌnrɪˈsɜtʃd〕*adj.* 未被研究的　　area〔ˈɛrɪə〕*n.* 領域

31 **(F)** The link between bullying and school violence has attracted increasing attention since the 1999 tragedy at a Colorado high school. That year two shotgun-wielding students, both of whom had been identified as gifted and who had been bullied for years, killed 13 people, wounded 24 and then committed suicide. A year later an analysis by the US government found that bullying played a major role in more than two-thirds of the campus violence.

自 1999 年科羅拉多州的一所高中發生悲劇以來，霸凌和校園暴力之間的關連就日益受到注意。那年有兩個手持霰彈槍的學生，這兩名學生都被認定是資優生，他們遭受霸凌許多年，當時造成 13 人死亡，24 人受傷後自殺。一年後，美國政府所做的一項分析發現，在三分之二的校園暴力事件中，霸凌扮演著很重要的角色。

link〔lɪŋk〕*n.* 關連　　violence〔ˈvaɪələns〕*n.* 暴力
attract〔əˈtrækt〕*v.* 吸引　　increasing〔ɪnˈkrisɪŋ〕*adj.* 越來越多的
attention〔əˈtɛnʃən〕*n.* 注意（力）
Colorado〔ˌkɑləˈrædo〕*n.* 科羅拉多州
shotgun〔ˈʃɑt,gʌn〕*n.* 霰彈槍；獵槍　　wield〔wild〕*v.* 揮舞；使用
identify〔aɪˈdɛntə,faɪ〕*v.* 確認　　gifted〔ˈgɪftɪd〕*adj.* 有天賦的
wound〔wund〕*v.* 使受傷　　commit〔kəˈmɪt〕*v.* 犯（罪）
suicide〔ˈsuə,saɪd〕*n.* 自殺　　***commit suicide*** 自殺
analysis〔əˈnæləsɪs〕*n.* 分析
major〔ˈmedʒɚ〕*adj.* 主要的；較重要的　　role〔rol〕*n.* 角色
two-thirds *n.* 三分之二　　campus〔ˈkæmpəs〕*n.* 校園

32 **(D)** Research indicates that bullying may form a chain reaction and the victim often becomes the bully. Numerous dictators and invaders throughout history have tried to justify their bullying behavior by claiming that they themselves were bullied. ³³<u>(A) Hitler, for example, is claimed to have been a victim of bullying in his childhood.</u> Although it is no justification for bullying, many of the worst humans in history have indeed been bullies and victims of bullying.

研究指出，霸凌可能會形成連鎖反應，受害者往往會變成惡霸。自古以來，有無數的獨裁者和入侵者，都藉由宣稱自己遭受過霸凌，使自己的霸凌行為正當化。例如，希特勒就被聲稱在童年時期遭受過霸凌。雖然這絕不是霸凌的正當理由，但是歷史上有很多壞人，的確是惡霸，而且也是霸凌的受害者。

research (ˈrisɝtʃ) *n.* 研究　　indicate (ˈɪndəˌket) *v.* 指出；顯示
form (fɔrm) *v.* 形成　*chain reaction* 連鎖反應
victim (ˈvɪktɪm) *n.* 受害者　　numerous (ˈnjumərəs) *adj.* 無數的
dictator (ˈdɪktetɚ) *n.* 獨裁者　　invader (ɪnˈvedɚ) *n.* 入侵者
throughout (θruˈaʊt) *prep.* 遍及
throughout history 自古以來；有史以來
justify (ˈdʒʌstəˌfaɪ) *v.* 證明…為正當；為…辯護
claim (klem) *v.* 宣稱　　Hitler (ˈhɪtlɚ) *n.* 希特勒
childhood (ˈtʃaɪldˌhʊd) *n.* 童年時期
justification (ˌdʒʌstəfəˈkeʃən) *n.* (行為的) 正當化；(正當化的) 理由
indeed (ɪnˈdid) *adv.* 的確；真正地

Since bullying is mostly ignored, it may provide an important clue in crowd behavior and passer-by behavior. ³⁴<u>(E) Psychologists have been puzzled by the inactivity of crowds and bystanders in urban centers when crimes occur in crowded places.</u> Many of them have suggested bullying as one of the reasons of this decline in emotional sensitivity and acceptance of violence as normal.

由於霸凌大多被忽視，所以就可能提供有關群眾行為和路人行為的重要線索。心理學家一直很困惑，不知道為什麼在市中心人潮擁擠的地方，發生犯罪行為時，群眾和路人都不會採取行動。許多心理學家指出，大家越來越麻木不仁，並且認為暴力是正常的，霸凌就是原因之一。

ignore (ɪgˈnor) *v.* 忽視　　provide (prəˈvaɪd) *v.* 提供
clue (klu) *n.* 線索　　crowd (kraʊd) *n.* 群眾
passer-by (ˈpæsɚˌbaɪ) *n.* 過路人；行人　　result (rɪˈzʌlt) *n.* 結果

psychologist〔saɪˋkɑlədʒɪst〕*n.* 心理學家

puzzle〔ˋpʌzḷ〕*v.* 使困惑

inactivity〔͵ɪnækˋtɪvətɪ〕*n.* 不活動；不活躍；無活動力

bystander〔ˋbaɪ͵stændɚ〕*n.* 旁觀者；路人　urban〔ˋɝbən〕*adj.* 都市的

urban center 市中心　　crime〔kraɪm〕*n.* 罪

crowded〔ˋkraʊdɪd〕*adj.* 擁擠的　　suggest〔səgˋdʒɛst〕*v.* 指出

decline〔dɪˋklaɪn〕*n.* 衰退；降低

emotional〔ɪˋmoʃənḷ〕*adj.* 感情的；情緒的

sensitivity〔͵sɛnsəˋtɪvətɪ〕*n.* 敏感（度）

acceptance〔ækˋsɛptəns〕*n.* 接受；認可

normal〔ˋnɔrmḷ〕*adj.* 正常的

When someone is bullied, it is not only the bully and the victim who are becoming less sensitive to violence. [35] (C) The friends and classmates of the bully and the victim may accept the violence as normal. In this sense, bullying affects not only the bullied but his friends and classmates and the whole society.

當有人被霸凌，不只是惡霸和受害者對暴力變得較不敏感。惡霸和受害者的朋友和同學，可能會認為暴力是常態。這樣看來，霸凌影響的不只是被霸凌者，還有他的朋友、同學，以及整個社會。

sensitive〔ˋsɛnsətɪv〕*adj.* 敏感的　　***accept A as B*** 認為 A 是 B

sense〔sɛns〕*n.* 意義　　***in this sense*** 從這種意義上來說；在這方面

affect〔əˋfɛkt〕*v.* 影響　　whole〔hol〕*adj.* 全部的；整個的

五、閱讀測驗：

第 36 至 39 題為題組

Since the times of the Greeks and Romans, truffles have been used in Europe as delicacies and even as medicines. They are among the most expensive of the world's natural foods, often commanding as much as US$250 to US$450 per pound. Truffles are actually mushrooms, but unusual ones. They live in close association with the roots of specific trees and their fruiting bodies grow underground. This is why they are difficult to find.

從希臘羅馬時代開始，松露在歐洲就一直被當成佳餚，甚至當成藥。它們

是世上最昂貴的自然食品之一，通常一磅索價二百五十到四百五十美元。松露其實就是蘑菇，不過是特殊種類。它們與特定的樹根緊密生長在一起，它們的子實體則長在地下。這是它們之所以那麼難找的原因。

Greek〔grik〕*n.* 希臘人　　Roman〔'romən〕*n.* 羅馬人
truffle〔'trʌfḷ〕*n.* 松露　　delicacy〔'dɛləkəsɪ〕*n.* 佳餚
command〔kə'mænd〕*v.*（商品）可賣（價錢）
pound〔paʊnd〕*n.* 磅【重量單位，1磅等於0.454公斤】
mushroom〔'mʌʃrum〕*n.* 蘑菇　　close〔klos〕*adj.* 緊密的
association〔ə,sosɪ'eʃən〕*n.* 聯結　　roots〔ruts〕*n. pl.*（植物的）根
specific〔spɪ'sɪfɪk〕*adj.* 特定的　　fruit〔frut〕*v.*（植物）結果實
fruiting body 子實體【菌類產生孢子的器官】
underground〔'ʌndɚ'graʊnd〕*adv.* 在地下

Truffles are harvested in Europe with the aid of female pigs or truffle dogs, which are able to detect the strong smell of mature truffles underneath the surface of the ground. Female pigs are especially sensitive to the odor of the truffles because it is similar to the smell given off by male pigs. The use of pigs is risky, though, because of their natural tendency to eat any remotely edible thing. For this reason, dogs have been trained to dig into the ground wherever they find this odor, and they willingly exchange their truffle for a piece of bread and a pat on the head. Some truffle merchants dig for their prizes themselves when they see truffle flies hovering around the base of a tree. Once a site has been discovered, truffles can be collected in subsequent years.

在歐洲，松露的收成是藉由母豬或松露犬的協助，牠們能探查地表下成熟松露散發的強烈味道。母豬對松露的味道特別敏感，因為那跟公豬釋放出來的味道很接近。但是用豬來找松露風險很高，牠們天性會吃掉任何可以吃的東西。因此，狗才被訓練來挖掘有松露味道的地方，而且狗會願意用松露換一塊麵包，或輕拍頭一下。有些松露商看到有松露蠅在一棵樹的樹基上盤旋時，會自己把松露挖出來。發現一個挖掘地點後，接下來的幾年都能採收松露。

harvest〔'hɑrvɪst〕*v.* 收成　　aid〔ed〕*n.* 協助
female〔'fimel〕*adj.* 雌性的　　***truffle dog*** 尋松露犬
detect〔dɪ'tɛkt〕*v.* 探查　　mature〔mə'tjʊr〕*adj.* 成熟的
underneath〔,ʌndɚ'niθ〕*prep.* 在…之下　　surface〔'sɝfɪs〕*n.* 表面
especially〔ə'spɛʃɪəlɪ〕*adv.* 特別　　sensitive〔'sɛnsətɪv〕*adj.* 敏感的
odor〔'odɚ〕*n.* 味道　　similar〔'sɪmələ〕*adj.* 類似的

give off 釋放（味道、光、熱等）　male〔mel〕*adj.* 雄性的

risky〔'rɪskɪ〕*adj.* 有風險的　tendency〔'tɛndənsɪ〕*n.* 傾向

remotely〔rɪ'motlɪ〕*adv.* 程度極低地

edible〔'ɛdəbḷ〕*adj.* 可以食用的　train〔tren〕*v.* 訓練

dig〔dɪg〕*v.* 挖掘　willingly〔'wɪlɪŋlɪ〕*adv.* 願意地

exchange〔ɪks'tʃendʒ〕*v.* 交換　pat〔pæt〕*n.* 拍

merchant〔'mɝtʃənt〕*n.* 商人　prize〔praɪz〕*n.* 努力獲得之物

truffle fly 松露蠅　hover〔'hʌvɚ〕*v.* 盤旋（於空中）

base〔bes〕*n.* 底部　site〔saɪt〕*n.*（特定的）地點

collect〔kə'lɛkt〕*v.* 採收　subsequent〔'sʌbsɪ,kwɛnt〕*adj.* 隨後的

To enjoy the wonderful flavor of what has been described as an earthly jewel, you must eat fresh, uncooked specimens shortly after they have been harvested. The strength of their flavor decreases rapidly with time, and much of it is lost before some truffles reach the market. To preserve them, gourmet experts suggest putting them in closed glass jars in a refrigerator. Another recommendation is to store them whole in bland oil.

要享受被描述爲人間瑰寶的美味，您必須在松露採收後立即生吃。它們的濃度會隨著時間快速減少，大部份的味道在抵達市場以前就不見了。爲了保存它們，美食家建議將它們裝進密封的玻璃瓶並放入冰箱。其他也有人建議要貯存在無刺激性的油之中。

flavor〔'flevɚ〕*n.* 滋味　describe〔dɪ'skraɪb〕*v.* 描述

earthly〔'ɝθlɪ〕*adj.* 人間的　jewel〔'dʒuəl〕*n.* 瑰寶

uncooked〔ʌn'kʊkt〕*adj.* 未烹調的　specimen〔'spɛsəmən〕*n.* 樣品

shortly〔'ʃɔrtlɪ〕*adv.* 不久　*shortly after* 在…不久後

strength〔strɛŋkθ〕*n.* 濃度　decrease〔dɪ'kris〕*v.* 減少

rapidly〔'ræpɪdlɪ〕*adv.* 迅速地　preserve〔prɪ'zɝv〕*v.* 保存

gourmet〔'gʊrme〕*n.* 美食家　closed〔klozd〕*adj.* 密封的

jar〔jɑr〕*n.* 瓶子　recommendation〔,rɛkəmɛn'deʃən〕*n.* 建議

store〔stor〕*v.* 貯存　bland〔blænd〕*adj.*（食物）無刺激性的

36.（**B**）比起用豬，爲什麼有些人偏好用狗來找松露？

　　(A) 狗的爪子用在挖掘比較強壯。

　　(B) 狗通常不會把找到的松露吃掉。

　　(C) 狗的嗅覺比豬還好。

　　(D) 比起豬，狗比較不容易興奮。

paw〔pɔ〕*n.*（貓、狗的）腳爪　　***sense of smell*** 嗅覺

37. (**C**) 將松露當作餚享受的最佳方式是？
　　(A) 加入豬肉一起煮再吃。　　　　(B) 搭配無刺激性的油生吃。
　　(C) 採收之後立刻吃。　　　　　　(D) 冷藏之後再吃。
　　refrigerate〔rɪ'frɪdʒə,ret〕*v.* 冷藏

38. (**C**) 下列敘述何者為真？
　　(A) 松露是某些老樹的根部。　　　(B) 松露只能透過狗跟豬來找。
　　(C) 松露成熟時會散發強烈的味道。
　　(D) 松露不能在同一個地方反覆地收成。
　　repeatedly〔rɪ'pitɪdlɪ〕*adv.* 反覆地

39. (**D**) 由本文可以推論出下列何者？
　　(A) 裝在玻璃罐裡賣的松露沒有味道。
　　(B) 現採現吃的松露吃起來像水果一樣。
　　(C) 松露現今只用來烹調。
　　(D) 因為難找，所以松露很貴。
　　infer〔ɪn'fɝ〕*v.* 推論　　　tasteless〔'testlɪs〕*adj.* 沒有味道的

第 40 至 43 題為題組

In an ideal world, people would not test medicines on animals. Such experiments are stressful and sometimes painful for animals, and expensive and time-consuming for people. Yet animal experimentation is still needed to help bridge vast gaps in medical knowledge. That is why there are some 50 to 100 million animals used in research around the world each year.

在理想的世界裡，人們不會把藥測試在動物身上。這樣的實驗對動物來說會有壓力，而且很痛苦，對人類來說也花錢、花時間。但是，要協助彌補醫療知識的廣大漏洞，還是需要動物試驗。這也是全球每年有大約五千萬到一億隻動物被用於研究的原因。

ideal〔aɪ'diəl〕*adj.* 理想的　　　test〔tɛst〕*v.* 測試
experiment〔ɪk'spɛrəmənt〕*n.* 實驗
stressful〔'strɛsfəl〕*adj.* 壓力重的　　painful〔'penfəl〕*adj.* 痛苦的
time-consuming〔'taɪm kən'sjumɪŋ〕*adj.* 費時的

yet〔jɛt〕*adv.* 但是　experimentation〔ɪk͵spɛrəmɛn'teʃən〕*n.* 實驗法
animal experimentation 動物試驗　　bridge〔brɪdʒ〕*v.* 彌補（漏洞）
vast〔væst〕*adj.* 廣大的　　gap〔gæp〕*n.* 漏洞
medical〔'mɛdɪk!〕*adj.* 醫學的　　some〔sʌm〕*adv.* 大約

Europe, on the whole, has the world's most restrictive laws on animal experiments. Even so, its scientists use some 12 million animals a year, most of them mice and rats, for medical research. Official statistics show that just 1.1 million animals are used in research in America each year. But that is misleading. The American authorities do not think mice and rats are worth counting and, as these are the most common laboratory animals, the true figure is much higher. Japan and China have even less comprehensive data than America.

整體上，歐洲對動物實驗的法律是最嚴格的。儘管如此，每年歐洲科學家還是使用約一千兩百萬隻動物在醫學研究上，其中大部份是老鼠。官方數據顯示美國每年的研究只使用一百一十萬隻。不過這個數據容易引起誤解。美國官方認為老鼠不值得納入計算；而因為老鼠是實驗室中最常見的動物，真正的數字高得多。比起美國，日本與中國更缺乏全面性的資料。

on the whole 整體上　　restrictive〔rɪ'strɪktɪv〕*adj.* 限制的
official〔ə'fɪʃəl〕*adj.* 官方的　　statistics〔stə'tɪstɪks〕*n. pl.* 統計數字
misleading〔mɪs'lidɪŋ〕*adj.* 誤導的
authorities〔ə'θɔrətɪz〕*n. pl.* 官方　　worth〔wɝθ〕*adj.* 值得…的
comprehensive〔͵kɑmprɪ'hɛnsɪv〕*adj.* 總括性的；全面性的

Now Europe is reforming the rules governing animal experiments by restricting the number of animals used in labs. Alternatives to animal testing, such as using human tissue or computer models, are now strongly recommended. In addition, sharing all research results freely should help to reduce the number of animals for scientific use. At present, scientists often share only the results of successful experiments. If their findings do not fit the hypothesis being tested, the work never sees the light of day. This practice means wasting time, money, and animals' lives in endlessly repeating the failed experiments.

現在歐洲正限制實驗室可使用的動物數，藉此改革動物試驗的管理規定。

動物試驗的替代方案，諸如使用人體組織、電腦模組等，都被強烈建議。此外，大方地分享實驗結果，應該也能幫助減少科學使用的動物數。現在，科學家只分享成功的實驗結果。如果他們的發現不符合實驗的假設，其成果就永遠不會公諸於世。這種做法意味著在無止境的失敗實驗中浪費時間、金錢及動物的生命。

reform〔rɪˈfɔrm〕v. 改革　　govern〔ˈgʌvən〕v. 管理
restrict〔rɪˈstrɪkt〕v. 限制　　lab〔læb〕n. 實驗室
alternative〔ɔlˈtɜnətɪv〕n. 替代方案　　*animal testing* 動物試驗
tissue〔ˈtɪʃu〕n. 組織　　recommend〔ˌrɛkəˈmɛnd〕v. 推薦
reduce〔rɪˈdjus〕v. 減少
present〔ˈprɛzn̩t〕n. 現在　　findings〔ˈfaɪndɪŋz〕n. pl. 發現
fit〔fɪt〕v. 符合　　hypothesis〔haɪˈpɑθəsɪs〕n. 假設
see the light (of day) 公諸於世　　practice〔ˈpræktɪs〕n. 習慣；做法
endlessly〔ˈɛndlɪslɪ〕adv. 無止境地　　repeat〔rɪˈpit〕v. 重覆
failed〔feld〕adj. 失敗的

Animal experimentation has taught humanity a great deal and saved countless lives. It needs to continue, even if that means animals sometimes suffer. Europe's new measures should eventually both reduce the number of animals used in experiments and improve the way in which scientific research is conducted.

　　動物試驗教導人類很多，也拯救了無數生命。儘管這代表有時候動物得受苦，動物試驗還是需要繼續下去。歐洲的新標準最終將減少實驗使用的動物，也改善科學研究的進行方式。

humanity〔hjuˈmænətɪ〕n. 人類　　*a great deal* 許多
countless〔ˈkauntlɪs〕adj. 數不清的　　suffer〔ˈsʌfə〕v. 受苦
measures〔ˈmɛʒəz〕n. pl. 標準
eventually〔ɪˈvɛntʃuəlɪ〕adv. 最後
improve〔ɪmˈpruv〕v. 改良　　conduct〔kənˈdʌkt〕v. 進行

40. (**C**) 本文的主旨是什麼？
　(A) 應該確保動物試驗要成功。
　(B) 應該禁止在實驗室裡使用動物。
　(C) 應該更努力減少實驗室使用的動物。
　(D) 應該要求科學家彼此分享實驗的結果。

ensure〔ɪnˈʃʊr〕v. 確保　　ban〔bæn〕n. 禁止
enforce〔ɪnˈfors〕v. 實施（法律）　　effort〔ˈɛfɚt〕n. 努力
require〔rɪˈkwaɪr〕v. 需要

41.(**D**) 關於實驗室裡使用的動物，下面敘述何者為眞？
　　(A) 每年美國實驗室只使用一百一十萬隻動物。
　　(B) 歐洲完全不使用老鼠當作實驗動物。
　　(C) 英國使用的實驗動物沒中國多。
　　(D) <u>日本每年使用多少實驗動物，資料很有限。</u>

　　Britain〔ˈbrɪtn̩〕n. 英國　　limited〔ˈlɪmɪtɪd〕adj. 有限的

42.(**B**) 下列何者是文中提及的實驗動物提代方案？
　　(A) 數據研究。　　　　　　(B) <u>電腦模型。</u>
　　(C) 在動物體內植入 DNA。　(D) 死去動物的組織。

　　plant〔plænt〕v. 植入

43.(**A**) 失敗的動物試驗通常會如何？
　　(A) <u>不揭露給大眾知道。</u>
　　(B) 被做成教學材料。
　　(C) 收集起來將來再發表。
　　(D) 它們不會從研究主題列表中移除。

　　reveal〔rɪˈvil〕v. 揭露　　*the public* 大眾
　　material〔məˈtɪrɪəl〕n. 材料　　publication〔ˌpʌblɪˈkeʃən〕n. 發表
　　remove〔rɪˈmuv〕v. 移除

第 44 至 47 題為題組

　　Spider webs are one of the most fascinating examples of animal architecture. The most beautiful and structurally ordered are the orb webs. The main function of the web is to intercept and hold flying prey, such as flies, bees and other insects, long enough for the spider to catch them. In order to do **so**, the threads of the web have to withstand the impact forces from large and heavy prey as well as environmental forces from wind and rain for at least a day in most cases.

　　在動物建築術當中，蜘蛛網是最吸引人的範例之一。球體（圓形）蜘蛛網

是最迷人也是結構最有條理的。蜘蛛網最主要的功能，就是攔截並且困住飛行的獵物，像是蒼蠅，蜜蜂和其他的昆蟲。困住獵物的時間，足夠讓蜘蛛去抓住他們。為了要達到這個目的，蜘蛛網的線必須要能夠抵擋大型獵物的衝撞力道，以及風雨等的大自然力量，在多數情形中至少要撐一天。

web〔wɛb〕n. 網　　fascinating〔'fæsṇ,etɪŋ〕adj. 迷人的
architecture〔'ɑrkə,tɛktʃɚ〕n. 建築
structurally〔'strʌktʃərəlɪ〕adv. 結構地
ordered〔'ɔrdɚd〕adj. 井然有序的　　orb〔ɔrb〕n. 球體；眼球
function〔'fʌŋkʃən〕n. 功能
intercept〔,ɪntɚ'sɛpt〕v. 中途攔截　　prey〔pre〕n. 獵物
insect〔'ɪnsɛkt〕n. 昆蟲　　thread〔θrɛd〕n. 線
withstand〔wɪθ'stænd〕v. 抵抗　　impact〔'ɪmpækt〕n. 衝擊

The orb web is found to have two main characteristics. The first is its geometry, which consists of an outer frame and a central part from which threads radiate outward. Enclosed in the frame are capture spirals winding round and round from the web center out to the frame. The whole web is in tension and held in place by anchor threads, which connect the frame to the surrounding vegetation or objects.

　　圓形蜘蛛網有兩大特色。第一個特色就是幾何學，它是由外部的框架，加上由中心點往外放射的線所組成。在外框裡面的是，由中心點一圈一圈向外捕捉獵物的螺旋絲。整張蜘蛛網結構緊密，並由連結周圍的植物或物體的支撐線，固定在固定位置上。

characteristic〔,kærɪktə'rɪstɪk〕n. 特色
geometry〔dʒɪ'ɑmətrɪ〕n. 幾何學　　*consist of* 由～組成
outer〔'aʊtɚ〕adj. 外部的　　frame〔frem〕n. 框架
radiate〔'redɪ,et〕v. 放射　　outward〔'aʊtwɚd〕adv. 向外地
enclosed〔ɪn'klozd〕adj. 包含在內的　　capture〔'kæptʃɚ〕v.,n. 捕捉
spiral〔'spaɪrəl〕n. 螺旋形的東西　　wind〔waɪnd〕v. 蜿蜒；纏繞
tension〔'tɛnʃən〕n. 緊張；張力　　*in place* 在適當的位置
anchor〔'æŋkɚ〕n. 支撐物　　surrounding〔sə'raʊndɪŋ〕adj. 周圍的
vegetation〔,vɛdʒə'teʃən〕n. 植物

The second and perhaps most important characteristic is the material with which it is built. Spider silk is a kind of natural composite that gives this lightweight fiber a tensile strength comparable to that of steel, while at the same time making it very elastic. Two types of silk threads are used in the web. One is highly elastic and can stretch to almost twice its original length before breaking and, for most types of spiders, is covered in glue. This type is used in the capture spiral for catching and holding prey. The other is stiffer and stronger, and is used for the radius, frames and anchor threads, which allows the web to withstand prey impact and to keep its structural strength through a wide range of environmental conditions.

第二，也可能是最重要的特色就是建造的材質。這種輕量的纖維抗張強度和鋼不相上下，同時它的彈性也很強。蜘蛛網裡面有兩種材質的絲。其中一種很有彈性，甚至可以拉長到原來的兩倍才斷，大多數的蜘蛛絲表層都有黏性，捕捉獵物的螺旋絲就是用這種絲來困住獵物。另一種絲質比較堅硬，強度也比較高，用來製成半徑活動範圍，外框以及抵擋獵物的掙脫力量，以及各種氣候狀況的支撐線。

> silk〔sɪlk〕*n.* 絲　　composite〔kəm'pɑzɪt〕*n.* 合成物
> lightweight〔'laɪt,wet〕*adj.* 輕量的　　fiber〔'faɪbɚ〕*n.* 纖維
> tensile〔'tɛnsḷ〕*adj.* 可拉長的；有張力的
> ***tensile strength*** 張力；抗張強度
> comparable〔'kɑmpərəbḷ〕*adj.* 可匹敵的＜*to*＞
> steel〔stil〕*n.* 鋼　　elastic〔ɪ'læstɪk〕*adj.* 有彈性的
> stretch〔strɛtʃ〕*v.* 拉長　　glue〔glu〕*n.* 膠水；黏著劑
> stiff〔stɪf〕*adj.* 堅硬的　　radius〔'redɪəs〕*n.* 半徑範圍

44. (**B**) 這篇文章的主旨為何？
 　(A) 自然界的食物網路。　　(B) 圓形蜘蛛網的構造。
 　(C) 幾何學研究網。　　(D) 蜘蛛網的大自然挑戰。
 　network〔'nɛtwək〕*n.* 網路　　construction〔kən'strʌkʃən〕*n.* 構造

45. (**A**) 第一段中的 *so* 指的是什麼？
 　(A) 捕捉和困住小動物。　　(B) 找到蜘蛛網的好材質。
 　(C) 觀察蜘蛛的行為模式。　　(D) 表現出動物的驚人建築藝術。
 　refer to 指　　creature〔'kritʃɚ〕*n.* 生物；動物
 　observe〔əb'zɝv〕*v.* 觀察　　present〔prɪ'zɛnt〕*v.* 表現

46. (**C**)　蜘蛛網的哪一部分是用來支撐的？
  (A) 蜘蛛網的中心位置。 (B) 線上的膠。
  (C) <u>支撐線。</u> (D) 捕捉獵物的螺旋絲。

47. (**B**)　根據本文，關於蜘蛛網的絲線下列敘述何者正確？
  (A) 他們全部都有黏性而且可以拉長。
  (B) <u>他們的強度通常足以持續一天。</u>
  (C) 他們可以去除昆蟲的有害化學物質。
  (D) 他們是由自然界中稀有的植物製成的。

  sticky〔'stɪkɪ〕adj. 有黏性的 harmful〔'harmfəl〕adj. 有害的
  chemical〔'kɛmɪkl̩〕n. 化學物質
  extendable〔ɪk'stɛnəbl̩〕adj. 可伸展的

第 48 至 51 題為題組

  Doctor of Philosophy, usually abbreviated as PhD or Ph.D., is an advanced academic degree awarded by universities. The first Doctor of Philosophy degree was awarded in Paris in 1150, but the degree did not acquire its modern status until the early 19th century. The doctorate of philosophy as it exists today originated at Humboldt University. The German practice was later adopted by American and Canadian universities, eventually becoming common in large parts of the world in the 20th century.

  Doctor of Philosophy（博士），通常縮寫成 PhD 或 Ph.D.，是一項由大學頒發的高等學位。第一個博士學位是一一五〇年在巴黎頒發的，不過這個學位要到十九世紀初期才奠定它現代的地位。現今的博士學位是起源於漢堡德大學。這項德國的做法之後被美國、加拿大的大學採用，最後於二十世紀在世界大多數地區普及。

  philosophy〔fə'lasəfɪ〕n. 哲學 abbreviate〔ə'brivɪˌet〕v. 縮寫
  advanced〔əd'vænst〕adj. 高等的
  academic〔ˌækə'dɛmɪk〕adj. 學術的 degree〔dɪ'gri〕n. 學位
  award〔ə'wɔrd〕v. 頒發 acquire〔ə'kwaɪr〕v. 獲得
  status〔'stetəs〕n. 地位 doctorate〔'daktərɪt〕n. 博士學位
  exist〔ɪg'zɪst〕v. 存在 originate〔ə'rɪdʒəˌnet〕v. 源於
  Humboldt University 漢堡德大學【位於德國柏林，成立於 1809 年】
  German〔'dʒɝmən〕adj. 德國的 later〔'letɚ〕adv. 之後

adopt〔ə'dɑpt〕*v.* 採用　　Canadian〔kə'nedɪən〕*adj.* 加拿大的
common〔'kɑmən〕*adj.* 普遍的

　　For most of history, even a bachelor's degree at a university was the privilege of a rich few, and many academic staff did not hold doctorates. But as higher education expanded after the Second World War, the number of PhDs increased accordingly. American universities geared up first: By 1970, America was graduating half of the world's PhDs in science and technology. Since then, America's annual output of PhDs has doubled, to 64,000. Other countries are catching up. PhD production has sped up most dramatically in Mexico, Portugal, Italy, and Slovakia. Even Japan, where the number of young people is shrinking, has **churned out** about 46% more PhDs.

　　歷史上大多數的時間，在大學裡拿到學士學位也算是少數有錢人才有的特權，大多數教職員都沒有博士學位。但在第二次世界大戰之後，高等教育開始擴展，博士的數量也因此增加。美國大學率先加速：到了一九七〇年，美國在科技方面產出世界半數的博士。從那之後，美國每年畢業的博士倍增到六萬四千人。其他國家也慢慢跟上，在墨西哥、葡萄牙、義大利跟斯洛伐克的博士產量增加最快。甚至在年輕人口縮減的日本也增加了百分之四十六的博士。

bachelor〔'bætʃələ〕*n.* 學士
privilege〔'prɪvlɪdʒ〕*n.* 特權　　staff〔stæf〕*n.* 職員
hold〔hold〕*v.* 擁有　　expand〔ɪk'spænd〕*v.* 擴張
increase〔ɪn'kris〕*v.* 增加　　accordingly〔ə'kɔrdɪŋlɪ〕*adv.* 因此
gear up 加速　　technology〔tɛk'nɑlədʒɪ〕*n.* 科技
annual〔'ænjʊəl〕*adj.* 年度的　　output〔'aʊt,pʊt〕*n.* 產量
double〔'dʌbl̩〕*v.* 變為兩倍　　*catch up* 追上
production〔prə'dʌkʃən〕*n.* 生產　　*speed up* 加速
dramatically〔drə'mætɪkəlɪ〕*adv.* 大幅地
Portugal〔'portʃəgl〕*n.* 葡萄牙
Slovakia〔slo'vɑkɪə〕*n.* 斯洛伐克
shrink〔ʃrɪŋk〕*v.* 縮水　　*churn out* 大量製作

　　Researchers now warn that the supply of PhDs has far outstripped demand. America produced more than 100,000 doctoral degrees between

2005 and 2009, while there were just 16,000 new professorships. In research, the story is similar. Even graduates who find work outside universities may not fare all that well. Statistics show that five years after receiving their degrees, more than 60% of PhDs in Slovakia and more than 45% in Belgium, the Czech Republic, Germany, and Spain are still on temporary contracts. About one-third of Austria's PhD graduates take jobs unrelated to their degrees.

　　研究者警告，博士的供給已遠超過需求。美國在二○○五年到二○○九年間生產超過十萬名博士，但教授的職缺卻只有一萬六千個。在研究領域，狀況也很類似。即使在校外找到工作的畢業生也不一定一帆風順。數據顯示在取得學位後五年，在斯洛伐克有超過百分之六十的博士，在比利時、捷克共和國、德國、西班牙有超過百分之四十五的博士，都只簽了短期的工作合約。奧地利大約有三分之一的博士畢業生從事跟自己學位無關的工作。

　　warn〔wɔrn〕*v.* 警告　　supply〔sə'plaɪ〕*n.* 供給
　　outstrip〔aʊt'strɪp〕*v.* 超過　　demand〔dɪ'mænd〕*n.* 需求
　　doctoral〔'dɑktərəl〕*adj.* 博士的
　　professorship〔prə'fɛsɚ.ʃɪp〕*n.* 教授的職位
　　graduate〔'grædʒʊɪt〕*n.* 畢業生　　**_fare well_** 進展順利
　　Belgium〔'bɛldʒɪəm〕*n.* 比利時　　Czech〔tʃɛk〕*adj.* 捷克的
　　Germany〔'dʒɝmənɪ〕*n.* 德國　　Spain〔spen〕*n.* 西班牙
　　temporary〔'tɛmpə.rɛrɪ〕*adj.* 暫時的　　contract〔'kɑntrækt〕*n.* 合約
　　Austria〔'ɔstrɪə〕*n.* 奧地利
　　unrelated〔.ʌnrɪ'letɪd〕*adj.* 與…無關的

Today, top universities around the world are still picking bright students and grooming them as potential PhDs. After all, it isn't in their interests to turn the smart students away: The more bright students stay at universities, the better it is for academics. But considering the oversupply of PhDs, some people have already begun to wonder whether doing a PhD is a good choice for an individual.

　　現今，全球的頂尖大學仍然在挑選聰明的學生，並培訓他們成爲有潛力的博士。畢竟，將聰明的學生拒於門外不符合他們的利益。愈多聰明的學生留在大學裡，對學術就愈好。但考量到博士的過量供應，有些人已經開始納悶，究竟攻讀博士學位對個人而言是否是個好選擇。

bright〔braɪt〕*adj.* 聰明的　　groom〔grum〕*v.* 培訓

potential〔pəˋtɛnʃəl〕*adj.* 有潛力的

turn sb. away 拒某人於門外　　academics〔͵ækəˋdɛmɪks〕*n.* 學術

oversupply〔ˋovɚsəˋplaɪ〕*n.* 過量供應

wonder〔ˋwʌndɚ〕*v.* 納悶

individual〔͵ɪndəˋvɪdʒuəl〕*n.* 個人

48. (**B**) 現代授與博士學位的做法是從哪個國家開始的？

(A) 法國。　　　　　　　　(B) 德國。

(C) 加拿大。　　　　　　　(D) 美國

grant〔grænt〕*v.* 授與

49. (**D**) 下列哪個字跟第二段的 **"churned out"** 意思最接近？

(A) 失敗。　　　　　　　　(B) 警告。

(C) 需求。　　　　　　　　(D) 生產。

50. (**D**) 從第三段可以推論出下列何者？

(A) 奧地利的博士畢業生不被鼓勵到大學以外的地方工作。

(B) 大多德國的博士都在畢業後立即找到持久的工作。

(C) 對美國的博士而言，找教職比找研究工作還容易。

(D) 對博士而言，畢業五年後要在斯洛伐克找到持久的工作比西班牙難。

permanent〔ˋpɝmənənt〕*adj.* 持久的

holder〔ˋholdɚ〕*n.* 持有人　　position〔pəˋzɪʃen〕*n.* 職位

51. (**A**) 下列何者最能描述作者對近年來博士增加的態度？

(A) 擔心的。　　　　　　　(B) 支持的

(C) 冷漠的。　　　　　　　(D) 樂觀的。

attitude〔ˋætə͵tjud〕*n.* 態度

concerned〔kənˋsɝnd〕*adj.* 擔心的

supportive〔səˋportɪv〕*adj.* 支持的

indifferent〔ɪnˋdɪfrənt〕*adj.* 冷漠的

optimistic〔͵ɑptəˋmɪstɪk〕*adj.* 樂觀的

第貳部分：非選擇題

一、中譯英：

1. 日本的核電廠爆炸已經引起全球對核子能源安全的疑慮。

The explosion at the Japanese nuclear power $\left\{ \begin{array}{l} \text{plant} \\ \text{station} \end{array} \right\}$ has

$\left\{ \begin{array}{l} \text{raised} \\ \text{triggered} \\ \text{sparked} \end{array} \right\}$ global $\left\{ \begin{array}{l} \text{concern} \\ \text{anxiety} \\ \text{worry} \\ \text{doubt} \\ \text{suspicion} \\ \text{fear} \\ \text{uncertainty} \end{array} \right\}$ about the safety of nuclear energy.

2. 科學家正尋求安全、乾淨又不昂貴的綠色能源，以滿足我們對電的需求。

Scientists are $\left\{ \begin{array}{l} \text{looking for} \\ \text{searching for} \\ \text{seeking} \end{array} \right\}$ safe, clean, and inexpensive green

energy to satisfy our demand for electricity.

二、英文作文：

【範例】

　　A graduation ceremony is an event that symbolizes a sense of accomplishment. You have spent a number of years working toward a singular goal: a diploma. With that diploma, you can take the next step in your education, or perhaps, seek employment. Though the ceremony indicates a type of closure, that is, the end of one period of your life, it marks the beginning of another. Therefore, while there may be some sadness in saying goodbye to old friends, it is quickly erased by the excitement of moving forward. No matter which grade level you graduate from, the moment marks the beginning of greater personal independence.

Following the ceremony, we should have a big party and invite our friends, family and former teachers to share the achievement. There should be food and drinks, music and dancing, and everybody should be encouraged to enjoy themselves. There shouldn't be any speeches or presentations. The party should carry the spirit of excitement; celebrating the fact that we are taking the next step forward in the journey of life.

symbolize (ˈsɪmbḷˌaɪz) v. 象徵　　sense (sɛns) n. 感受
accomplishment (əˈkɑmplɪʃmənt) n. 成就
singular (ˈsɪŋgjələ) adj. 單一的
diploma (dɪˈplomə) n. 文憑　　seek (sik) v. 尋找
employment (ɪmˈplɔɪmənt) n. 就業
indicate (ˈɪndəˌket) v. 表示　　closure (ˈkloʒə) n. 終止
that is 也就是說　　mark (mɑrk) v. 標記
erase (ɪˈres) v. 拭去　　former (ˈfɔrmə) adj. 先前的
enjoy oneself 玩得愉快　　speech (spitʃ) n. 演講
presentation (ˌprɛznˈteʃən) n. 報告
spirit (ˈspɪrɪt) n. 精神
journey (ˈdʒɜnɪ) n. 旅程

100年指定科目考試英文科試題修正意見

題　號	出　　　　處
一、詞彙 第6題	Each of the planets…colliding with *each other*. → Each of the planets…colliding with ***one another***. ＊太陽系有九大行星，強調「整體之間」的彼此，應用 one another； 　強調「各個之間」，才用 each other。（詳見「文法寶典」p.142）
四、篇章結構 第四段 第2行 選項 (F)	Many of them…one of *the reasons of* this decline…. → Many of them…one of ***the reasons for*** this decline…. ＊reason 後應接介系詞 for，cause 後面才用 of。 The link…since *the* 1999 tragedy…. → The link…since ***a*** 1999 tragedy…. ＊未指定，應用不定冠詞 a，如再次提到才用定冠詞 the。 　（詳見「文法寶典」p.217）
第36題	Why do some people *prefer using dogs than pigs* in search of truffles? → Why do some people ***prefer using dogs to pigs***…. 或→ …***prefer using dogs rather than pigs***…. ＊prefer A to B 喜歡 A 甚於 B 　= prefer A rather than B …*in search of* truffles? → …***when in search of*** truffles? ＊加上 when 後句意才清楚。
第37題	(C) Eating them fresh right after *being* collected. → Eating them fresh right after ***they are*** collected. (D) Eating them after *being* refrigerated. → Eating them after ***they are*** refrigerated. ＊如果不改，則句意不清楚。
第40至43題 第三段 第4行	…number of *animals* for scientific use. → …number of ***animals needed*** for scientific use. ＊為了使句意清楚，須加 needed。
第42題	…an alternative *to replace animal experiments?* → …an alternative ***to animal experiments?*** ＊alternative（替代方案）後的 to 是介系詞，須接動名詞或名詞。
第50題 (A)	PhD graduates in Austria…*outside university*. → PhD graduates in Austria…***outside a university***. 或→ …***outside the university***. 或→ …***outside of a university***.

100年指定科目考試英文科出題來源

題　　號	出　　　　　　　　處
一、詞彙 第 1～10 題	今年所有的詞彙題，除了第九題題幹 Wikileaks (維基洩密)外，對錯選項均出自「新版高中常用 7000 字」。
二、綜合測驗 第 11～15 題	改編自 Business Communication 的書第 216 頁的一文，作者為 A. C. Krizan, Patricia Merrier, Joyce P. Logan, Karen Schneiter Williams，關於處理客戶要求的文章。
三、文意選填 第 21～30 題	出自於 squidoo 網站（http://www.squidoo.com/the-chosen-word），有關 The History of the Written Word 寫作歷史的文章。
四、篇章結構 第 31～35 題	出自於韓國 daum（http://blog.daum.net/galleriasoonsoo/200）網站，一篇作者評論（Bullying）關於霸凌看法的文章。
五、閱讀測驗 第 36～39 題	取材自 mssf（http://www.mssf.org/cookbook/truffles.html）網站裡的食譜，敘述有關松露的從希臘羅馬時代開始，松露在歐洲就一直被當成佳餚，甚至當成藥。它們是世上最昂貴的自然食品之一，通常一磅索價二百五十到四百五十美元。松露其實就是蘑菇，不過是特殊種類。它們與特定的植物根部緊密生長在一起，它們的子實體則長在地下。這是它們之所以那麼難找的原因起源及調理方法的文章。
第 40～43 題	改寫自中國海詞（http://dict.cn/kuaile/00/n-1800.html）網站 2009 年 5 月 19 日的一文，作者 webmaster 的論點為人們不會把藥測試在動物身上。但這樣的實驗對動物來說很痛苦。人們為了要協助彌補醫療知識的廣大漏洞，還是需要動物做試驗，引申至如何改善科學研究。
第 44～47 題	出自英國沃爾森學院 www.wolfson.ox.ac.uk（Wolfson College）的研究紀錄第 111 頁，關於蜘蛛絲功用的文章。
第 48～51 題	改寫自 Doctor of philosophy（http://doctor-of-philosophy.co.tv/）介紹博士 Ph.D 這個詞的起源及必備條件的文章。

※ 今年題目出得很嚴謹，只有一個地方需要修正：

題　　號	修　　正　　意　　見
三、文意選填 第一段 第 4 行	…, including e-mail and instant messaging. → including *in* e-mail and instant messaging. ＊依句意，須加上 in 才合理。

【100 年指考】綜合測驗：11-15 出題來源

Adjustment refusals

Handling customer is a common task for most business firms. These claims include requests to exchange merchandise, requests for refunds, requests that work be corrected.

Most of these claims are approved because they are legitimate. However, some requests for adjustment must be denied. Although the customer expects a positive response , the company must send an adjustment refusal message.

Adjustment refusals are negative messages for the customer. They are necessary when the customer is at fault or when the vendor has already done what can reasonably or legally be expected.

An adjustment refusal message requires your best communication skills because it is bad news to the receiver. You goal is refuse to the claim and, at the same time, retain the customer. You may refuse the request the adjustment request and even try to sell merchandise or service.
All this is happening when the customer is probably angry, disappointed, or inconvenienced.

The History of the Written Word

I researched online about the history of writing to try to understand how one persons interpretation of a piece of text can be so different. We know that language existed for a long time before writing. We have probably been talking for between 50,000 and 100,000 years. But archaeology suggests that the first writing emerged around 6,000 years ago.

Pictograms (pictures whose meaning is directly related to the image: eg. a snake means a snake) were first in use in Ancient Egypt and Mesopotamia. These pictograms evolved into Hieroglyphics when the meanings came to include verbs (image of an eye might now also mean 'to see something') and phonetics, (the snake image could mean an 'ess' sound)

The spoken word has nearly all but disappeared as we find ourselves surrounded by technology, email, and internet. We even stay in touch with our families and friends through Social Networking sites, where we have shortened conversations, where we send our co-workers an email in the next cubicle, instead of standing up and walking over to talk to them.

【100年指考】篇章結構：31-35 出題來源

Bullying

November 19, 2007

The effects of bullying can be serious and even fatal. Unfortunately, it is still a greatly unresearched area. The link between bullying and school violence has attracted increasing attention since the 1999 Columbine High School massacre. That year, two shotgun-wielding students, both of whom had been identified as gifted and who had been bullied for years, killed 13 people, wounded 24 and then committed suicide. A year later an analysis by officials at the U.S. Secret Service of 37 premeditated school shootings found that bullying, which some of the shooters described "in terms that approached torment," played a major role in more than two-thirds of the attacks. It is estimated that about 60-80% of children are bullied at school.

Since bullying is mostly ignored; it may provide an important clue in crowd behaviour and passer-by behaviour. Numerous psychologists have been puzzled by the inactivity of crowds in urban centres when crimes occur in crowded places. Many have suggested bullying as one of the reason of this decline in emotional sensitivity and acceptance of violence as normal. When someone is bullied, it is not only the bully and victim who are becoming less sensitive to iolence. In most cases, the friends and classmates of the bully and the victim accept the violence as normal.

【100 年指考】閱讀測驗：36-39 出題來源

Truffles

Since the times of the Greeks and Romans these fungi have been used in Europe as delicacies, as aphrodisiacs, and as medicines. They are among the most expensive of the world's natural foods, often commanding as much as $250 to $450 per pound. Truffles are harvested in Europe with the aid of female pigs or truffle dogs, which are able to detect the strong smell of mature truffles underneath the surface of the ground. The female pig becomes excited when she sniffs a chemical that is similar to the male swine sex attractant. The use of pigs is risky, though, because of their natural tendency to eat any remotely edible thing.

For this reason, dogs have been trained to dig into the ground wherever they find these odors, and they willingly exchange their truffle for a piece of bread and a pat on the head. Not a bad trade for the truffle hunter! Some truffle merchants dig for their prizes themselves when they see truffle flies hovering around the base of a tree. Once discovered, truffles can be collected in subsequent years at the same site.

⋮

People would not test medicines on animals

In an ideal world, people would not test medicines on animals. Such experiments are stressful and sometimes painful for animals, and expensive and time-consuming for people. Yet there are vast gaps in medical knowledge which animal experimentation can help close. People have power over animals, so they use animals to help their own species. Yet the notion that animal suffering is pitted against human welfare — animal pain against human gain — is too stark. After all, it is in scientists interests to treat animals well. If laboratory animals are properly looked after, differences in experimental results are more likely to be down to the science than to the guinea-pigs health. Sometimes, numbing animals pain makes sense, too. Research has shown that giving pain-relieving drugs to animals that are undergoing experimental surgery may enhance the results, by making the animal's experience more like a person's. And some changes in the regulation of scientific research, proposed by the European Commission on May 5th, should further reduce animal suffering and at the same time produce better science.

Murine morals Between 50m and 100m animals are used in research each year around the world ，says the Nuffield Council on Bioethics ，a British think-tank. Europe has the world's most restrictive laws on animal experiments. Even so its scientists use some 12m animals a year ，most of them mice and rats ，for medical research. That number has been creeping up ，mainly because scientists can now plant foreign genes into creatures so that they better mimic human responses to disease.

【100 年指考】閱讀測驗：44-47 出題來源

The wind in the webs: orb-weavers and their silk constructions

Spider webs are one of the most fascinating examples of animal architecture, especially the small size …

【100 年指考】閱讀測驗：48-51 出題來源

Doctor of Philosophy

Doctor of Philosophy, abbreviated to PhD, or Ph.D. in English-speaking countries for the Latin , meaning "teacher in philosophy", is an advanced academic degree awarded by universities. In most English-speaking countries, the PhD is the highest degree one can earn (although in some countries like the UK, Ireland, and the Commonwealth nations higher doctorates are awarded). The PhD or equivalent has become a requirement for a career as a university professor or researcher in most fields. The academic level of degrees known as doctorates of philosophy varies according to the country and time period.

The doctorate was extended to philosophy in the European universities in the Middle Ages. At that time all academic disciplines outside the professional fields of theology, medicine and law came under the broad heading of "philosophy" (or "natural philosophy" when referring to science). According to Wellington, Bathmaker, Hunt, McCullough and Sikes (2005), the first Doctor of Philosophy degree was awarded in Paris in 1150, but the degree did not acquire its modern status as an advanced research degree until the early nineteenth century, following the practice in Germany. Prior to the nineteenth century, professional doctoral degrees could only be awarded in theology, law, or medicine. In 1861, Yale University adopted the German practice (first introduced in the 19th century at the Berlin University) of granting the degree, abbreviated as Dr. phil., to younger students who had completed a prescribed course of graduate study and successfully defended a thesis/dissertation containing original research in science or in the humanities.

From the United states, the degree spread to Canada in 1900, and then to the United Kingdom in 1917. This displaced the existing Doctor of Philosophy degree in some universities; for instance, the DPhil (higher doctorate in the faculty of philosophy) at the University of st Andrews was discontinued and replaced with the Ph.D., (research doctorate). Oxford retained the DPhil abbreviation for their research degrees. Some newer UK universities, for example Buckingham (est. 1976), Sussex (est. 1961), and, until a few years ago, York (est. 1963), chose to adopt the DPhil, as did some universities in New Zealand.

100 年大學入學指定科目考試試題
數學甲

第壹部分：選擇題（單選題、多選題及選填題共佔 74 分）

一、單選題（30 分）

說明：第 1 題至第 4 題，每題 5 個選項，其中只有 1 個是最適當的選項，畫記在答案卡之「解答欄」。各題答對得 6 分，未作答、答錯、或畫記多於 1 個選項者，該題以零分計算。

1. 考慮坐標平面上滿足 $2^x = 5^y$ 的點 $P(x，y)$，試問下列哪一個選項是錯誤的？

   (1) $(0，0)$ 是一個可能的 P 點

   (2) $(\log 5，\log 2)$ 是一個可能的 P 點

   (3) 點 $P(x，y)$ 滿足 $xy \geq 0$

   (4) 所有可能的點 $P(x，y)$ 構成的圖形為一直線

   (5) 點 P 的 $x，y$ 坐標可以同時為正整數

2. 將 1、2、3、4 四個數字隨機填入右方 2×2 的方格中，每個方格中恰填一數字，但數字可重複使用。試問事件「A 方格的數字大於 B 方格的數字、且 C 方格的數字大於 D 方格的數字」的機率為多少？

A	B
C	D

   (1) $\dfrac{1}{16}$ (2) $\dfrac{9}{64}$ (3) $\dfrac{25}{64}$ (4) $\dfrac{9}{256}$ (5) $\dfrac{25}{256}$

3. 將一圓的六個等分點分成兩組相間的三點，
它們所構成的兩個正三角形扣除內部六條線
段後可以形成一正六角星，如圖所示的正六
角星是以原點 O 爲中心，其中 $\vec{x}$，$\vec{y}$ 分別爲原

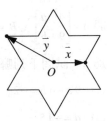

點 O 到兩個頂點的向量。若將原點 O 到正六角星 12 個頂點的向
量，都寫成爲 $a\vec{x}+b\vec{y}$ 的形式，則 $a+b$ 的最大值爲何？

(1) 2　　　(2) 3　　　(3) 4　　　(4) 5　　　(5) 6

4. 設 f 爲實係數三次多項式函數。已知五個方程式的相異實根個數如
下表所述：關於 f 的極小值 α，試問下列哪一個選項是正確的？
註：極小值是指相對極小值，或稱爲局部極小值。

(1) α 不存在
(2) $-20<\alpha<-10$
(3) $-10<\alpha<0$
(4) $0<\alpha<10$
(5) $10<\alpha<20$

方程式	相異實根的個數
$f(x)-20=0$	1
$f(x)-10=0$	3
$f(x)=0$	3
$f(x)+10=0$	1
$f(x)+20=0$	1

二、多選題（24 分）

說明：第 5 題至第 7 題，每題有 4 個選項，其中至少有 1 個是正確的
選項。選出正確選項，畫記在答案卡之「解答欄」。各題之選
項獨立判定，所有選項均答對者，得 8 分，答錯 1 個選項者，
得 4 分，所有選項均未作答或答錯多於 1 個選項者，以零分計
算。

5. 設 $A = \begin{bmatrix} 4 & a \\ 9 & b \end{bmatrix}$、$B = \begin{bmatrix} 6 & 7 \\ c & d \end{bmatrix}$。已知 $AB = \begin{bmatrix} 3 & 10 \\ -2 & 15 \end{bmatrix}$ 且 A 的行列式之值

為 2，試問下列哪些選項是正確的？

(1) $9a - 4b = -2$ 　　　　　　　　(2) $ac = -24$

(3) $d = -15$ 　　　　　　　　　　(4) $\begin{bmatrix} b & -a \\ -9 & 4 \end{bmatrix} \begin{bmatrix} 4 & a \\ 9 & b \end{bmatrix} = \begin{bmatrix} 1 & 0 \\ 0 & 1 \end{bmatrix}$

6. 假設兩地之間的通話費，第一個半分鐘是 5 元，之後每半分鐘是
2 元，不滿半分鐘以半分鐘計算，則 t 分鐘的通話費 $C(t)$ 公式
如下（單位元）：

$$C(t) = 5 - 2[1 - 2t]$$

其中 $[x]$ 表示小於或等於 x 的最大整數，例如：$[3.5] = 3$，
$[-3.1] = -4$，$[-5] = -5$ 等。試問下列哪些選項是正確的？

(1) 10 分鐘的通話費是 43 元

(2) 在 $t \geq 0$ 時，$[1 - 2t] = -[2t - 1]$ 恆成立

(3) $\lim\limits_{t \to 10.5} C(t) = 45$ 　　　　(4) $\lim\limits_{t \to 11.2} C(t) = 49$

7. 在坐標空間中，有一邊長為 2、中心在原點 O 的正立方體，且各
稜邊都與三坐標平面平行或垂直，如圖所示。已知 $A(1，-1，0)$、
$B(0，1，-1)$、$C(-1，0，1)$ 這三點都是某平面 E 和正立方體稜
邊的交點。試問下列哪些點也是平面 E 和正立方體稜邊的交點？

(1) $(\dfrac{1}{2}，\dfrac{1}{2}，-1)$

(2) $(-1，1，0)$

(3) $(0，-1，-1)$

(4) $(-2，1，1)$

三、選填題（28 分）

說明：第 *A* 題至第 *D* 題為選填題，將答案畫記在答案卡之「解答欄」
　　　所標示的列號（8–15）內。每一題完全答對得 7 分，答錯不倒
　　　扣；未完全答對不給分。

A. 如圖所示，*PQRS* 為一給定的矩形，長 $\overline{PQ}=12$、寬 $\overline{QR}=5$，而 $\triangle ABC$
　　為等腰三角形，其中 $\overline{AB}=\overline{AC}$，*P*、*Q* 在 $\overline{BC}$ 邊上，*R*、*S* 分別在 $\overline{CA}$、
　　$\overline{AB}$ 邊上，則當 $\triangle ABC$ 中 $\overline{BC}$ 邊上的高為 ⑧⑨ 時，$\triangle ABC$ 的面
　　積為最小。

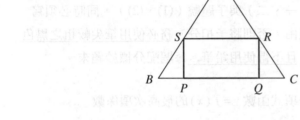

B. 某手機公司共有甲、乙、丙三個生產線，依據統計，甲、乙、丙所
　　製造的手機中分別有 5%，3%，3% 是瑕疵品。若公司希望在全部
　　的瑕疵品中，由甲生產線所製造的比例不得超過 $\dfrac{5}{12}$，則甲生產線
　　所製造的手機數量可占全部手機產量的百分比至多為 ⑩⑪ %。

C. 坐標平面上，已知函數 $f(x)=4x^3+x-2$ 的圖形以 $A(1，3)$ 為切點
　　的切線為 *L*，則以切線 *L* 及曲線 $y=f(x)$ 為界所圍成區域的面積為
　　⑫⑬ 。

D. 坐標空間中，若平面 $E：ax+by+cz=1$ 滿足以下三條件：

　　(1) 平面 *E* 與平面 $F：x+y+z=1$ 有一夾角為 $30°$，

(2) 點 $A(1，1，1)$ 到平面 E 的距離等於 3，

(3) $a+b+c>0$，

則 $a+b+c$ 的值為 ⑭ / ⑮ 。（化成最簡分數）

- - - - - - - - 以下第貳部分的非選擇題，必須作答於答案卷 - - - - - - - -

第貳部分：非選擇題（佔 24 分）

說明：本大題共有二題計算證明題，答案務必寫在答案卷上，並於題號欄標明題號（一、二）與子題號（(1)、(2)），同時必須寫出演算過程或理由，否則將予扣分。務必使用筆尖較粗之黑色墨水的筆書寫，且不得使用鉛筆。每題配分標於題末。

一、 已知實係數三次多項式函數 $y=f(x)$ 的最高次項係數為 12，其圖形與水平線 $y=25$ 交於相異的三點 $(0，25)$，$(1，25)$ 及 $(2，25)$。

(1) 試求曲線 $y=f(x)$ 圖形上的反曲點坐標。（6 分）

(2) 試求定積分 $\int_0^2 f(x)\,dx$ 之值。（6 分）

二、 (1) 試求所有滿足 $log(x^3-12x^2+41x-20)\geq1$ 的 x 值之範圍。（6 分）

(2) 試證：當 $\dfrac{3\pi}{2}\leq\theta\leq2\pi$ 時，$3^{cos\theta}\geq3^{1+sin\theta}$ 。（6 分）

100年度指定科目考試數學(甲)試題詳解

第壹部分：選擇題

一、單選題

1. 【答案】(5)

　　【解析】(1) $2^0 = 1 = 5^0$　　　　　(2) $2^{log\,5} = 5^{log\,2}$

　　　　　　(3) 取對數得 $log\,2^x = log\,5^y$　$\Rightarrow (log\,2)\,x = (log\,5)\,y$

　　　　　　得 $\dfrac{x}{y} = \dfrac{log\,5}{log\,2} > 0$　　　　$\Rightarrow x \cdot y \geq 0$

　　　　　　(4) $(log\,2)\,x = (log\,5)\,y$ 即為一條直線

　　　　　　(5) $\dfrac{x}{y} = \dfrac{log\,5}{log\,2} = \dfrac{1 - log\,2}{log\,2} = \dfrac{1}{log\,2} - 1 \in$ 無理數，不真

　　　　　　$\Rightarrow$ 故選 (5)

2. 【答案】(2)

　　【解析】 $P = \dfrac{C_2^4 \cdot C_2^4}{4^4} = \dfrac{9}{64}$ 故選 (2)

3. 【答案】(4)

　　【解析】要求 $a+b$ 之最大值，

　　　　　　找上半區塊的頂點

　　　　　　$\overrightarrow{OA} = \vec{x}$，$\overrightarrow{OB} = 3\vec{x} + \vec{y}$，$\overrightarrow{OC} = 2\vec{x} + \vec{y}$

　　　　　　$\overrightarrow{OD} = 3\vec{x} + 2\vec{y}$，$\overrightarrow{OE} = \vec{x} + \vec{y}$，$\overrightarrow{OF} = \vec{y}$

　　　　　　得 $a+b$ 最大為 5，$\Rightarrow$ 故選 (4)

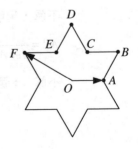

4. 【答案】(3)

　　【解析】 由題目所給定之條

　　　　　　 件繪圖如右極小值

　　　　　　 發生在 M 點

　　　　　　 $\Rightarrow -10 < \alpha < 0$

　　　　　　 $\Rightarrow$ 選 (3)

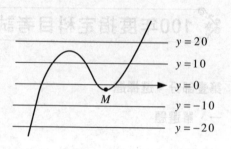

二、多選題

5. 【答案】(1) (3)

　　【解析】 (1) $det\,A = 4b - 9a = 2 \Rightarrow 9a - 4b = -2 \cdots$①

　　　　　　 (2) $AB = \begin{bmatrix} 4 & a \\ 9 & b \end{bmatrix}\begin{bmatrix} 6 & 7 \\ c & b \end{bmatrix} = \begin{bmatrix} ac+24 & ad+28 \\ bc+54 & bd+63 \end{bmatrix} = \begin{bmatrix} 3 & 10 \\ -2 & 15 \end{bmatrix} \cdots$②

　　　　　　 $\Rightarrow ac + 24 = 3 \Rightarrow ac = -21$，不真

　　　　　　 (3) 由②知 $\begin{cases} ad = -18 \\ bd = -48 \end{cases} \Rightarrow \begin{cases} a = \dfrac{-18}{d} \\ b = \dfrac{-48}{d} \end{cases}$，代入①得 $d = -15$

　　　　　　 (4) $\begin{bmatrix} b & -a \\ -9 & 4 \end{bmatrix}\begin{bmatrix} 4 & a \\ 9 & b \end{bmatrix} = \begin{bmatrix} 4b-9a & ab-ab \\ -36+36 & 4b-9a \end{bmatrix} = \begin{bmatrix} 2 & 0 \\ 0 & 2 \end{bmatrix}$，

　　　　　　 不真，另解：

　　　　　　 $A^{-1} = \dfrac{1}{det\,A}\begin{bmatrix} b & -a \\ -9 & 4 \end{bmatrix} = \dfrac{1}{2}\begin{bmatrix} b & -a \\ -9 & 4 \end{bmatrix} \neq \begin{bmatrix} b & -a \\ -9 & 4 \end{bmatrix}$，

　　　　　　 不真 $\Rightarrow$ 選 (1) (3)

6.　【答案】(1) (4)

　　【解析】(1) $C(10) = 5 - 2 \cdot [\,-19\,] = 5 - 2 \cdot (-19) = 43$

　　　　　　(2) 舉例，如 $t = 0.3$ 時：① $[\,1 - 2 \cdot 0.3\,] = [\,0.4\,] = 0$

　　　　　　　　② $-[\,2 \cdot 0.3 - 1\,] = -[\,-0.4\,] = -(-1) = 1$

　　　　　　　　$\Rightarrow$ ① $\neq$ ②，不真

　　　　　　(3) $\lim_{t \to 10.5^+} (5 - 2 \cdot [\,1 - 2t\,]) = 5 - 2 \cdot [\,-19.9\cdots\,] = 5 - 2 \cdot (-20) = 45$

　　　　　　　　$\lim_{t \to 10.5^-} (5 - 2 \cdot [\,1 - 2t\,]) = 5 - 2 \cdot [\,-20.0\cdots\,] = 5 - 2 \cdot (-21) = 47$

　　　　　　　　$\because \lim_{t \to 10.5^+} C(t) \neq \lim_{t \to 10.5^-} C(t)$　$\therefore \lim_{t \to 10.5} C(t)$ 不存在，不真

　　　　　　(4) $\lim_{t \to 11.2^+} (5 - 2 \cdot [\,1 - 2t\,]) = \lim_{t \to 11.2^+} (5 - 2 \cdot [\,-21.4\,]) = 5 - 2 \cdot (-22) = 49$

　　　　　　　　$\lim_{t \to 11.2^-} (5 - 2 \cdot [\,1 - 2t\,]) = \lim_{t \to 11.2^-} (5 - 2 \cdot [\,-21.4\,]) = 5 - 2 \cdot (-22) = 49$

　　　　　　　　$\because \lim_{t \to 11.2^+} C(t) = \lim_{t \to 11.2^-} C(t) = 49$　$\therefore \lim_{t \to 11.2} C(t) = 49$

　　　　　　$\Rightarrow$ 故選(1)(4)

7.　【答案】(2)

　　【解析】(1) $\overrightarrow{AB} = (-1，2，-1)$，$\overrightarrow{AC} = (-2，1，1)$

　　　　　　$\overrightarrow{AB} \times \overrightarrow{AC} = \left(\begin{vmatrix} 2 & -1 \\ 1 & 1 \end{vmatrix}，\begin{vmatrix} -1 & -1 \\ 1 & -2 \end{vmatrix}，\begin{vmatrix} -1 & 2 \\ -2 & 1 \end{vmatrix} \right) = (3，3，3)$

　　　　　　平面 E 之法向量平行 $\overrightarrow{AB} \times \overrightarrow{AC}$，取 $\vec{n} = (1，1，1)$

　　　　　　得 $E : x + y + z = 0$

　　　　　　(2) ① 點要在正立方體的稜上，將四個選項描點如下。

　　　　　　　　選項 (2) $(-1，1，0)$，選項 (3) $(0，-1，-1)$，

　　　　　　　　兩點在稜上。

② 點要在平面 E 上，將選項 (2) $(-1，1，0)$，

選項 (3) $(0，-1，-1)$兩點，代入 $E:x+y+z=0$

判定，得選項 (2) $(-1，1，0)$在平面上

$\Rightarrow$ 故選 (2)

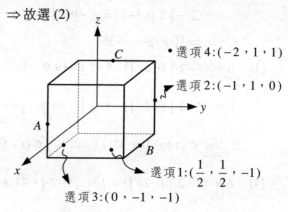

• 選項 4: $(-2，1，1)$

選項 2: $(-1，1，0)$

選項 1: $(\frac{1}{2}，\frac{1}{2}，-1)$

選項 3: $(0，-1，-1)$

三、選填題

A. 【答案】 10

【解析】 (1) 如圖，令 $\overline{AH}=a$，$\overline{BH}=b$

$\overline{BP}=b-6$　$\because \triangle BPS \sim \triangle BHA$

$\therefore \dfrac{5}{b-6}=\dfrac{a}{b} \Rightarrow a \cdot b = 5b+6a$

$\Rightarrow \dfrac{5}{a}+\dfrac{6}{b}=1$

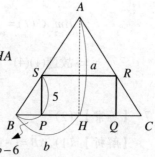

(2) $\triangle ABC = 2 \times \dfrac{1}{2} \cdot a \cdot b = a \cdot b$

$\therefore \dfrac{\frac{5}{a}+\frac{6}{b}}{2} \geq \sqrt{(\frac{5}{a})(\frac{6}{b})} \Rightarrow \dfrac{1}{2} \geq \sqrt{\dfrac{30}{a \cdot b}}$

$\Rightarrow \dfrac{1}{4} \geq \dfrac{30}{a \cdot b} \therefore a \cdot b \geq 120$

(3) 等號成立時，$\dfrac{5}{a}=\dfrac{6}{b}=\dfrac{1}{2}$，得 $a=10$

B. 【答案】 30

　　【解析】 設甲生產線生產量占全部 $a\%$

$$\frac{0.0\,a\times0.05}{0.0\,a\times0.05+(1-0.0\,a)\times0.03}\leq\frac{5}{12}$$

$$\Rightarrow \frac{5\,a}{5\,a+(100-a)\times3}=\frac{5\,a}{2\,a+300}\leq\frac{5}{12}$$

$$\Rightarrow 60\,a\leq10\,a+1500 \Rightarrow a\leq30$$

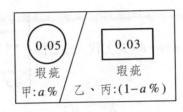

C. 【答案】 27

　　【解析】 (1) $f\,'(x)=12\,x^2+1$，則過 A 之切線為

$$y-3=f\,'(1)(x-1)=13\cdot(x-1)$$

　　　　(2) $\begin{cases} y=13\,x-10 \\ y=4\,x^3+x-2 \end{cases} \Rightarrow 4\,x^3+x-2=13\,x-10$

$$\Rightarrow x^3-3\,x+2=0$$

$$\Rightarrow (x-1)^2(x+2)=0 \Rightarrow x=-2\text{、}1$$

　　　　(3) 所夾面積

$$=\left|\int_{-2}^{1}[(4\,x^3+x-2)-(13\,x-10)]\,dx\right|=\left|\int_{-2}^{1}(4\,x^3-12\,x+8)\,dx\right|$$

$$=\left|x^4-6\,x^2+8\,x\Big|_{x=-2}^{1}\right|=\left|3-(-24)\right|=27$$

D. 【答案】 $\dfrac{1}{3}$

【解析】 (1) ① $\overrightarrow{n_E} = (a,b,c)$，$\overrightarrow{n_F} = (1,1,1)$

$$\Rightarrow \cos 30^\circ = \dfrac{\overrightarrow{n_E} \cdot \overrightarrow{n_F}}{|\overrightarrow{n_E}| \cdot |\overrightarrow{n_F}|} = \dfrac{a+b+c}{\sqrt{a^2+b^2+c^2} \cdot \sqrt{3}} = \dfrac{\sqrt{3}}{2}$$

② $d(A,E) = \dfrac{|a+b+c-1|}{\sqrt{a^2+b^2+c^2}} = 3$

(2) 設 $a+b+c = X$，代入①②得 $\begin{cases} \dfrac{X}{\sqrt{a^2+b^2+c^2} \cdot \sqrt{3}} = \dfrac{\sqrt{3}}{2} \\ \dfrac{|X-1|}{\sqrt{a^2+b^2+c^2}} = 3 \end{cases}$

兩式相除得 $\dfrac{\dfrac{X}{\sqrt{3}}}{|X-1|} = \dfrac{\dfrac{\sqrt{3}}{2}}{3}$

$$\Rightarrow \dfrac{X}{|X-1|} = \dfrac{1}{2} \Rightarrow 2X = |X-1|$$

① $2X = X-1 \Rightarrow X = -1$（不合）

② $2X = -(X-1) \Rightarrow X = \dfrac{1}{3}$

第貳部分：非選擇題

一、【答案】 (1) $(1,25)$ (2) 50

【解析】

(1) $\because f(x)$ 經過 $(0,25)$、$(1,25)$、$(2,25)$，且最高項係數為 12

$\therefore f(x) = 12x \cdot (x-1)(x-2) + 25 = 12x^3 - 36x^2 + 24x + 25$

$\Rightarrow f'(x) = 36x^2 - 72x + 24$

$\Rightarrow f''(x) = 72x - 72 = 0 \Rightarrow x = 1$，$f(1) = 25$，

得反曲點坐標為$(1，25)$

(2) $\int_0^2 f(x)\,dx = \int_0^2 (12x^3 - 36x^2 + 24x + 25)\,dx$

$= (3x^4 - 12x^3 + 12x^2 + 25x)\Big|_{x=0}^{2}$

$= (3\cdot 2^4 - 12\cdot 2^3 + 12\cdot 2^2 + 25\cdot 2) - 0 = 50$

二、【答案】 (1) $1 \le x \le 5$，$x \ge 6$

【解析】 (1) ① $log(x^3 - 12x^2 + 41x - 20) \ge 1$

$\Rightarrow x^3 - 12x^2 + 41x - 20 \ge 10^1$

$\Rightarrow x^3 - 12x^2 + 41x - 30 \ge 0$

$\Rightarrow (x-1)(x-5)(x-6) \ge 0 \Rightarrow 1 \le x \le 5$，$x \ge 6$

② 當 $1 \le x \le 5$，$x \ge 6$ 時

$x^3 - 12x^2 + 41x - 20 \ge 10 > 0$ 亦符合自然限制

① $\cap$ ②：$1 \le x \le 5$，$x \ge 6$

(2) ① $(1 + sin\theta) - cos\theta$

$= (sin\theta - cos\theta) + 1 = \sqrt{2}\,(\dfrac{1}{\sqrt{2}}sin\theta - \dfrac{1}{\sqrt{2}}cos\theta) + 1$

$= \sqrt{2}\,sin(\theta - 45°) + 1$

② $\because 270° \le \theta \le 360°$　$\therefore 225° \le \theta - 45° \le 315°$，

繪圖如下

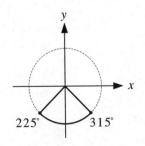

$$\Rightarrow \sin 270^\circ \leq \sin(\theta - 45^\circ) \leq \sin 225^\circ$$

$$\Rightarrow -1 \leq \sin(\theta - 45^\circ) \leq -\frac{1}{\sqrt{2}}$$

$$\Rightarrow -\sqrt{2} \leq \sqrt{2} \cdot \sin(\theta - 45^\circ) \leq -1$$

$$\Rightarrow 1 - \sqrt{2} \leq \sqrt{2} \cdot \sin(\theta - 45^\circ) + 1 \leq 0$$

$$\Rightarrow (1 + \sin\theta) - \cos\theta = \sqrt{2}\sin(\theta - 45^\circ) + 1 \leq 0$$

$$\Rightarrow 1 + \sin\theta \leq \cos\theta$$

$$\Rightarrow 3^{1+\sin\theta} \leq 3^{\cos\theta} \quad (\ 3 > 1 \text{，增函數}\ )\text{，故得證}$$

100 年大學入學指定科目考試試題
數學乙

第壹部分：選擇題（單選題、多選題及選填題共佔 76 分）

一、單選題（12 分）

說明：第 1 題至第 2 題，每題 5 個選項，其中只有 1 個是正確的選項，畫記在答案卡之「解答欄」。各題答對得 6 分，未作答、答錯、或畫記多於 1 個選項者，該題以零分計算。

1. 符號 $P(C)$ 代表事件 C 發生的機率，符號 $P(C|D)$ 代表在事件 D 發生的條件下，事件 C 發生的機率。今設 A，B 為樣本空間中的兩個事件，已知 $P(A) = P(B) = 0.6$。請選出正確的選項。

   (1) $P(A \cup B) = 1$　　　(2) $P(A \cap B) = 0.2$

   (3) $P(A|B) = 1$　　　(4) $P(A|B) = P(B|A)$

   (5) A，B 是獨立事件

2. 如圖，平面上五個大小相同的圓圈用四根長度相同的線段連接成十字形，其中任意兩相鄰線段均互相垂直。今欲將其中兩個圓圈著上藍色，其他圓圈著上紅色，並規定在著好色之後將圖形繞著十字形的中心旋轉產生的各種著色法均視為同一種，試問共有幾種著色法？

   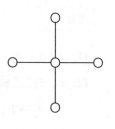

   (1) 3　　　(2) 6　　　(3) 10　　　(4) 20　　　(5) 32

二、多選題（16分）

說明：第3題至第6題，每題有4個選項，其中至少有1個選項是
　　　正確的選項。選出正確選項，畫記在答案卡之「解答欄」。
　　　各題之選項獨立判定。所有選項均答對者，得8分；答錯一
　　　個選項者，得4分；所有選項均未作答或答錯多於1個選項
　　　者，該題以零分計算。

3. 某種疾病有甲、乙、丙三種檢測方法。若受檢者檢測反應為陽性，
   以符號「＋」表示，反之則記為「－」。一個受檢者接受三種檢測
   方法呈現之結果共有 A_1、…、A_8 八種不同的可能情況，例如事件
   A_1 表示該受檢者以三種方法檢測反應皆為陽性，其於類推（如下
   表）：以 $P(A_1)$、…、$P(A_8)$ 分別表示事件 A_1、…、A_8 發生之
   機率。請問下列哪些選項是正確的？

	A_1	A_2	A_3	A_4	A_5	A_6	A_7	A_8
方法甲	＋	＋	＋	－	＋	－	－	－
方法乙	＋	＋	－	＋	－	＋	－	－
方法丙	＋	－	＋	＋	－	－	＋	－

(1) $P(A_1 \cup A_2) = P(A_1) + P(A_2)$

(2) 以方法乙檢測結果為陽性的機率是

　　　$P(A_1) + P(A_2) + P(A_4) + P(A_6)$

(3) 以方法甲與方法乙檢測，結果一致的機率是 $P(A_1) + P(A_2)$

(4) 以方法甲、乙、丙檢測，結果一致的機率是 $P(A_1)$

4. 某訓練班招收 100 名學生員，以報到先後順序賦予 1 到 100 的學號。開訓一個月之後，班主任計畫從 100 位學員中抽出 50 位來參加時事測驗。他擬定了四個抽籤方案：

方案一：在 1 到 50 號中，隨機抽出 25 位學員；同時在 51 到 100 號中，也隨機抽出 25 位學員，共 50 位學員參加測驗

方案二：在 1 到 60 號中，隨機抽出 32 位學員；同時在 61 到 100 號中，也隨機抽出 18 位學員，共 50 位學員參加測驗

方案三：將 100 位學員平均分成 50 組；在每組 2 人中，隨機抽出一人，共 50 位學員參加測驗

方案四：擲一粒公正的骰子：如果出現的點數是偶數，則由學號是偶數的學員參加測驗；反之，則由學號是奇數的學員參加測驗

請選出正確的選項。

(1) 方案一中，每位學員被抽中的機率相等

(2) 方案二中，每位學員被抽中的機率相等

(3) 方案三中，每位學員被抽中的機率相等

(4) 方案四中，每位學員被抽中的機率相等

5. 設 (π, r) 為函數 $y = \log_2 x$ 圖形上之一點，其中 π 為圓周率，r 為一實數。請問下列哪些選項是正確的？

(1) (r, π) 為函數 $y = 2^x$ 圖形上之一點

(2) $(-r, \pi)$ 為函數 $y = (\frac{1}{2})^x$ 圖形上之一點

(3) $(\frac{1}{\pi}, r)$ 為函數 $y = \log_{\frac{1}{2}} x$ 圖形上之一點

(4) $(r, 2\pi)$ 為函數 $y = 4^x$ 圖形上之一點

6. 某校數學複習考有 400 位同學參加，評分後校方將此 400 位同學依總分由高到低排序：前 400 人為 *A* 組，次 100 人為 *B* 組，再次 100 人為 *C* 組，最後 100 人為 *D* 組。校方進一步逐題分析同學答題情形，將各組在填充第一題（考排列組合）和填充第二題（考空間概念）的答對率列表如下：

	A 組	*B* 組	*C* 組	*D* 組
第一題答對率	100%	80%	70%	20%
第二題答對率	100%	80%	30%	0%

請選出正確的選項。

(1) 第一題答錯的同學，不可能屬於 *B* 組

(2) 從第二題答錯的同學中隨機抽出一人，此人屬於 *B* 組的機率大於 0.5

(3) 全體同學第一題的答對率比全體同學第二題的答對率高 15%

(4) 從 *C* 組同學中隨機抽出一人，此人第一、二題都答對的機率不可能大於 0.3

三、選填題（32 分）

說明：第 *A* 至第 *D* 為選填題，請在答案卡的「答案欄」之列號（7–15）中標示答案。每一題完全答對得 8 分，答錯不倒扣，未完全答對不給分。

A. 設 $f(x) = x^5 - x^3 + 2x^2 - 2x - 4$，$g(x) = x^4 + x^3 + x^2 + 3x + 2$，$h(x)$ 為 $f(x)$ 與 $g(x)$ 的最高公因式且最高次項係數為 1，則 $h(1)$ 與 $h(2)$

的乘積為 ⑦⑧ 。

B. 為講解信賴區間與信心水準，數學老師請全班 40 位同學使用老師提供的亂數表模擬投擲均勻銅板 16 次。模擬的過程如下：隨機指定給每位同學亂數表的某一列，該列從左到右有 16 個數字；如果數字為 0，1，2，3，4 時，對應投擲銅板得到正面；而數字為 5，6，7，8，9 時，對應投擲得到反面。某同學拿到一列數字依序為：0612 9683 4251 9138

該同學計算銅板出現正面的機率在 95% 信心水準下的信賴區間：

$$\left[\hat{p} - 2\sqrt{\frac{\hat{p}(1-\hat{p})}{n}}, \ \hat{p} + 2\sqrt{\frac{\hat{p}(1-\hat{p})}{n}}\right]$$。則該同學所得到的結果中，

$$2\sqrt{\frac{\hat{p}(1-\hat{p})}{n}} = \frac{⑨\sqrt{⑩}}{32}$$ 。（化為最簡根式）

C. 坐標平面上有一面積為 40 的凸四邊形，其四個頂點的坐標按逆時針方向依序為 $(0，0)$、$(4，2)$、$(x，2x)$、$(2，6)$，則 $x =$ ⑪⑫ 。

D. 一線性規劃問題的可行解區域為坐標平面上由點 $A(0，30)$、$B(18，27)$、$C(20，0)$、$D(2，3)$ 所圍成的平形四邊形及其內部。已知目標函數 $ax+by$（其中 a、b 為常數）在 D 點有最小值 48，則此目標函數在同個可行解區域的最大值為 ⑬⑭⑮ 。

- - - - - - - - - 以下第貳部分的非選擇題，必須作答於答案卷 - - - - - - - - -

第貳部分：非選擇題（佔 24 分）

說明：本大題共有二題計算證明題，答案務必寫在答案卷上，並於題
　　　號欄標明題號（一、二）與子題號（(1)、(2)），同時必須寫出
　　　演算過程或理由，否則將予扣分。<u>務必使用筆尖較粗隻黑色墨
　　　水的書寫筆書寫，且不得使用鉛筆。</u>每題配分標於題末。

一、 設 a、b 為實數。已知坐標平面上滿足聯立不等式 $\begin{cases} x+y \geq 0 \\ x+y \leq 6 \\ 2x-y \geq 0 \\ y \geq ax-b \end{cases}$ 的

　　區域是一個菱形。

　　(1) 試求此菱形之邊長。（4 分）

　　(2) 試求 a、b。（8 分）

二、 設 $A = \begin{pmatrix} a & b \\ c & d \end{pmatrix}$ 為二階實係數方陣。

　　(1) 當 A 為轉移矩陣時，試敘述實數 a、b、c、d 須滿足的條件。
　　　 （6 分）

　　(2) 試證：當 A 為轉移矩陣時，A^2 也是轉移矩陣（式中 A^2 代表
　　　 A 與 A 的乘積）。（6 分）

100年度指定科目考試數學(乙)試題詳解

第壹部分：選擇題

一、單選題

1. 【答案】　(4)

【解析】　舉例，如右之文氏圖：

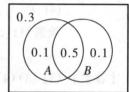

$P(A) = P(B) = 0.6$

(1) $P(A \cup B) = 0.7 \neq 1$，不真

(2) $P(A \cap B) = 0.5 \neq 0.2$，不真

(3) $P(A|B) = \dfrac{P(A \cap B)}{P(B)} = \dfrac{0.5}{0.6} = \dfrac{5}{6} \neq 1$，不真

(4) $P(A|B) = \dfrac{P(A \cap B)}{P(B)} = \dfrac{P(A \cap B)}{0.6}$

　　；$P(B|A) = \dfrac{P(A \cap B)}{P(A)} = \dfrac{P(A \cap B)}{0.6}$

　　得 $P(A|B) = P(B|A)$

(5) $P(A \cap B) = 0.5 \neq P(A) \cdot P(B) = 0.36$，不真

故選 (4)

2. 【答案】　(1)

【解析】　如下圖所示，共三種：

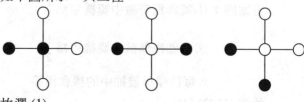

故選 (1)

二、多選題

3. 【答案】 (1) (2)

【解析】 (1) 每個事件皆為互斥事件，故

$$P(A_1 \cup A_2) = P(A_1) + P(A_2)$$

(2) $P(A_1) + P(A_2) + P(A_4) + P(A_6)$

(3) $P(A_1) + P(A_2) + P(A_7) + P(A_8) \neq P(A_1) + P(A_2)$，
不眞

(4) $P(A_1) + P(A_8) \neq P(A_1)$，不眞

故選 (1) (2)

4. 【答案】 (1) (3) (4)

【解析】 方案一：① 1～50 號中獎機率為 $\frac{25}{50} = \frac{1}{2}$

② 51～100 號中獎機率為 $\frac{25}{50} = \frac{1}{2}$

∴每位學員被抽中的機會相等

方案二：① 1～60 號中獎機率為 $\frac{32}{60}$

② 61～100 號中獎機率為 $\frac{18}{40}$

∴每位學員被抽中的機會不相等

方案三：每人中獎機會皆為 $\frac{1}{2}$

∴每位學員被抽中的機會相等

方案四：①號碼為奇數中獎機率為 $\frac{1}{2}$

②號碼為偶數中獎機率為 $\frac{1}{2}$

∴每位學員被抽中的機會相等

故選 (1) (3) (4)

5. 【答案】(1) (2) (3)

　　【解析】$(\pi，r) \in y = \log_2 x$，代入得 $r = \log_2 \pi \Rightarrow 2^r = \pi$

　　　(1) $x = r$ 代入得 $y = 2^r = \pi$

　　　(2) $x = -r$ 代入得 $(\frac{1}{2})^{-r} = (2^{-1})^{-r} = 2^r = \pi$

　　　(3) $x = \frac{1}{\pi}$ 代入得 $\log_{\frac{1}{2}} \frac{1}{\pi} = \log_{2^{-1}} \pi^{-1} = \log_2 \pi = r$

　　　(4) $x = r$ 代入得 $4^r = \pi^2 \neq 2\pi$，不真

　　　故選 (1) (2) (3)

6. 【答案】(3) (4)

　　【解析】(1) 不真

$$P(B\text{組答錯}|\text{第一題答錯}) = \frac{\frac{1}{4} \times 0.2}{\frac{1}{4} \times 0 + \frac{1}{4} \times 0.2 + \frac{1}{4} \times 0.3 + \frac{1}{4} \times 0.8} = \frac{2}{13}$$

　　　(2) 不真

$$P(B\text{組答錯}|\text{第二題答錯}) = \frac{\frac{1}{4} \times 0.2}{\frac{1}{4} \times 0 + \frac{1}{4} \times 0.2 + \frac{1}{4} \times 0.7 + \frac{1}{4} \times 1} = \frac{2}{19} < 0.5$$

　　　(3) $P(\text{第一題答對}) = \dfrac{\frac{1}{4} \times 1 + \frac{1}{4} \times 0.8 + \frac{1}{4} \times 0.7 + \frac{1}{4} \times 0.2}{1} = \dfrac{2.7}{4}$

$$P(\text{第二題答對}) = \frac{\frac{1}{4} \times 1 + \frac{1}{4} \times 0.8 + \frac{1}{4} \times 0.3 + \frac{1}{4} \times 0}{1} = \frac{2.1}{4}$$

$$\therefore P(\text{第一題答對}) - P(\text{第二題答對}) = \frac{2.7}{4} - \frac{2.1}{4} = \frac{0.6}{4} = 15\%$$

(4)　P（第一題答對│C 組）$=0.7$，

　　　P（第二題答對│C 組）$=0.3$

P（第一題答對│C 組∩第二題答對│C 組）$\leq P$（第二題答對│C 組）$=0.3$

故選 (3) (4)

二、選填題

A.【答案】48

　【解析】

1–1	1	+0	−1	+2	−2	−4	1	+1	+1	+3	+2	−1−1
	1	+1	+1	+3	+2		1	+0	+1	+2		
		−1	−2	−1	−4	−4		1	+0	+1	+2	
		−1	−1	−1	−3	−2		1	+0	+1	+2	
			−1	+0	−1	−2					0	

由輾轉相除法得 $h(x)=x^3+x+2$

$\Rightarrow h(1)\cdot h(2)=(1^3+1+2)(2^3+2+2)=48$

B.【答案】$\dfrac{3\sqrt{7}}{32}$

　【解析】由亂數表得丟到正面的機率 $\hat{P}=\dfrac{9}{16}$，$n=16$，得到

$$2\sqrt{\dfrac{\hat{P}(1-\hat{P})}{n}}=2\sqrt{\dfrac{\dfrac{9}{16}\cdot\dfrac{7}{16}}{16}}=2\cdot\dfrac{\sqrt{9\cdot7}}{4\times16}=\dfrac{3\sqrt{7}}{32}$$

C. 【答案】 10

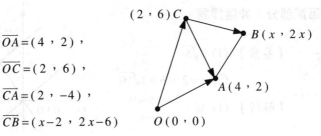

　　【解析】 (1) $\overline{OA} = (4，2)$，

　　　　　　　$\overline{OC} = (2，6)$，

　　　　　　　$\overline{CA} = (2，-4)$，

　　　　　　　$\overline{CB} = (x-2，2x-6)$

　　　　(2) $40 = \triangle CAO + \triangle CAB$

$$= \frac{1}{2}\left\| \begin{matrix} 4 & 2 \\ 2 & 6 \end{matrix} \right\| + \frac{1}{2}\left\| \begin{matrix} x-2 & 2x-6 \\ 2 & -4 \end{matrix} \right\|$$

$$= 10 + \left| -2x+4-2x+6 \right| = 10 + \left| -4x+10 \right|$$

$$\Rightarrow \left| -4x+10 \right| = 30$$

①　$\left| -4x+10 \right| = 30$　$\Rightarrow -4x+10 = 30$　$\Rightarrow -4x = 20$

　　$\Rightarrow x = -5$（不合）

②　$\left| -4x+10 \right| = 30$　$\Rightarrow 4x-10 = 30$

　　$\Rightarrow 4x = 40$　$\Rightarrow x = 10$

D. 【答案】 432

　　【解析】

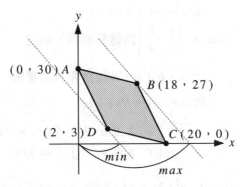

D點發生最小得$2a+3b=48$，由圖知B點發生最大，

即$18a+27b = 9 \cdot (2a+3b) = 9 \cdot 48 = 432$

第貳部分：非選擇題

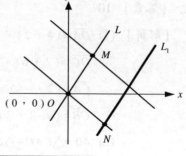

一、【答案】 (1) $2\sqrt{5}$

(2) $a=2$、$b=3\sqrt{10}$

【解析】 (1) $M \begin{cases} 2x-y=0 \\ x+y=6 \end{cases}$

$\Rightarrow M\,(2，4)$

菱形邊長為 $\overline{MO}=\sqrt{(2-0)^2+(4-0)^2}=\sqrt{20}=2\sqrt{5}$

(2) $\because y \geq ax-b$ $\therefore$ 直線取 L 下方的 L_1

因 $L_1 /\!/ L$，得 $a=2$，設 $L_1 : y=2x-b$

$N \begin{cases} x+y=0 \\ y=2x-b \end{cases} \Rightarrow N(\dfrac{b}{3}，-\dfrac{b}{3})$

邊長為 $2\sqrt{5}=\sqrt{(\dfrac{b}{3}-0)^2+(-\dfrac{b}{3}-0)^2}$

$\Rightarrow \dfrac{2b^2}{9}=20 \Rightarrow b=3\sqrt{10}$ （取正）

二、【解析】 (1) ① a、b、c、d 均為非負之實數

② $a+c=1$，$b+d=1$

(2) $A=\begin{bmatrix} a & b \\ c & d \end{bmatrix}$ 為轉移矩陣，滿足

① a、b、c、d 均為非負之實數

② $a+c=1$，$b+d=1$

$A^2=\begin{bmatrix} a & b \\ c & d \end{bmatrix}\begin{bmatrix} a & b \\ c & d \end{bmatrix}=\begin{bmatrix} a^2+bc & ab+bd \\ ac+cd & bc+d^2 \end{bmatrix}$

1. a^2+bc、$ab+bd$、$ac+cd$、$bc+d^2$ 均為非負之實數

2. $(a^2+bc)+(ac+cd)$

$=(a^2+ac)+(bc+cd)=a(a+c)+c(b+d)$

$=a\cdot 1+c\cdot 1=1$

$(ab+bd)+(bc+d^2)$

$=(d^2+bd)+(ab+bc)=d(b+d)+b(a+c)$

$=d\cdot 1+b\cdot 1=1$

得當 A 為轉移矩陣時，A^2 也是轉移矩陣

100 年大學入學指定科目考試試題
歷史考科

第壹部分：選擇題（佔 80 分）

一、單選題（62 分）

說明：第 1 題至第 31 題，每題 4 個選項，其中只有 1 個是最適當的選項，畫記在答案卡之「選擇題答案區」。各題答對得 2 分，未作答、答錯、或畫記多於 1 個選項者，該題以零分計算。

1. 二二八事件之後，國民政府派國防部長來臺處理善後事宜，宣布多項措施以挽回民心，下列何者為其重要措施之一？
   (A) 為儘早回歸政治常態，將長官公署制改為省政府制
   (B) 為消弭民怨，取消菸酒專賣制度，民間可自由買賣
   (C) 實施民主，縣市長改為民選，並隨即舉行地方選舉
   (D) 為落實言論自由，准許民眾組黨及創辦報刊、雜誌

2. 1950 年，一位美國總統在國會報告最新的東亞情勢說：「共產主義者在韓國所作所為，就如希特勒、墨索里尼和日本在 10 年、15 年和 20 年前所做的一樣。我敢肯定，假如讓南韓淪陷，共產黨的領袖便會變本加厲，進而攻擊我們鄰近的國家。」這位總統在演講之後隨即採了哪一種亞洲政策？
   (A) 視共產中國為大國而採取強硬的圍堵政策
   (B) 不待聯合國的安理會表決即斷然出兵南韓
   (C) 援助並借重臺灣國民黨軍隊協助南韓反攻
   (D) 為避免骨牌效應而開始軍援南越對抗共黨

3. 兩漢期間山東的鄒、魯兩地流行一句俗諺：「遺子黃金滿籯，不如一經。」這裡的「經」指的是哪一類圖書文獻？
   (A) 醫卜曆算　　(B) 讖緯圖籙　　(C) 諸子百家　　(D) 詩書易禮

4. 某位詩人感嘆：「奴隸生涯抱恨多，橫暴蠻威奈若何」，希望同胞不要做「賤民」，想號召「六百萬民齊崛起，誓將熱血為義死」，以期「同心來復舊山河」。這位詩人感嘆的背景為何？
   (A) 荷蘭統治臺灣時期，漢人對荷蘭苛政不滿
   (B) 鄭成功欲將臺灣作為「反清復明」的基地
   (C) 康熙時因政府高壓手段而引發朱一貴事件
   (D) 日本治臺時期，臺人不滿日本的差別待遇

5. 西印度群島和中南美洲是最早淪為西班牙殖民地的地方，當地的印地安人也首先成為被奴役殘殺的對象，但是到了 19 世紀上半葉，有些拉丁美洲國家已能擺脫西班牙統治而獲得獨立，其主要原因為何？
   (A) 中南美洲的國家推行工業化之後國力隨之大增
   (B) 西班牙與英國因海戰失利無暇顧及海外殖民地
   (C) 美國發表門羅宣言後歐洲國家不再聲援西班牙
   (D) 美西戰爭瓦解了西班牙在中南美洲的殖民勢力

6. 某地，地主將耕地劃分為三大區塊，或春耕，或秋耕，或休耕；為了恢復地力，休耕的土地種植豆科植物等綠肥。農家使用地主提供的農具與牲口，共同耕作。村莊另有許多共同的設施，如馬廄、作坊、烤坊、牧場、林地及宗教場所。這種生活方式最可能出現在何時何地？
   (A) 四世紀的埃及　　　　　(B) 七世紀的希臘
   (C) 十三世紀法蘭西　　　　(D) 十五世紀的華北

7. 一本新出版的書介紹當時歐洲各國的政治與體制，書中指出：俄羅斯、法蘭西、普魯士等國盛行君主專制；荷蘭及西班牙已無法維持海上霸權；而英國因開風氣之先，實施君主立憲制度，君主與國會共治，國勢蒸蒸日上。這本書出版於何時？

   (A) 十六世紀初　　　　　(B) 十八世紀末
   (C) 十九世紀末　　　　　(D) 二十世紀

8. 韓愈的〈師說〉一文指出：「師者，所以傳道、授業、解惑也」，強調學習過程中老師扮演重要角色。但文中也反映了唐代以來，學子學習過程中不重師道的現象。這種現象與下列何者關係最為密切？

   (A) 唐行科舉，以文取士，強調創作，不再依賴經師傳授
   (B) 隋唐帝國雜染胡人風俗，不重視學術，師道因之不彰
   (C) 佛學傳入中國，主張眾生平等，學生因而不重視師道
   (D) 唐代經濟繁榮，人們多追逐利益，師道尊嚴因而不顯

9. 1840 年代末期，荷蘭某學院圖書館發現了《福爾摩沙語彙》（Woordenlijst der Formosaansche taal）一書。這是 17 世紀荷蘭來臺傳教士使用的語言用書，他們用這種語言來從事教育、宣道和主持禮拜。此「福爾摩沙語」是指：

   (A) 古荷蘭語　　　　　(B) 閩南方言
   (C) 北京官話　　　　　(D) 西拉雅語

10. 十八世紀末漳州人林某欲前往臺灣謀生時，四處打聽臺灣情況，但說法不一，下列何種說法較符合當時實情？

    (A) 荷蘭商人在鹿港設立許多商行，經營鹿皮生意，需要人工，就業容易

(B) 臺南安平一帶有許多西方傳教士及外商，商業活絡，但民教
衝突頻傳

(C) 朝廷正式在臺北設府，計畫開發瑠公圳，農業前景可期，有
發展潛力

(D) 漳州人吳沙召募大量同鄉，前往噶瑪蘭地區開墾荒地，較有
謀生機會

11. 有位外交官參加一次國際和會，原本期望大會能對戰費、領土等
議題作出公正明智的處置，但會中的決議卻令他失望。他表示：
許多代表運用詭辯來掩飾他們的報復行為；強索巨額賠款；又屈
從於強權，不能公正處理領土問題。這位外交官批評的是：

(A) 維也納會議中，戰勝國對拿破崙的安排

(B) 凡爾賽和約中，協約國對同盟國的處置

(C) 慕尼黑會議期間，希特勒對捷克的脅迫

(D) 九一八事變後，國際聯盟對事件的處理

12. 近代以前，一國政府為打擊敵人，往往發給船主特許狀，鼓勵本
國商船掠奪敵方船隻，攻擊敵方港口。英格蘭女王伊莉莎白一世
便曾經同意英格蘭海船掠奪加勒比海和中南美洲沿岸城市，引起
敵方報復，發生激戰。英格蘭船隻攻擊的主要對象是哪個國家？

(A) 西班牙　　　(B) 法蘭西　　　(C) 俄羅斯　　　(D) 荷蘭

13. 清代中期，臺灣漢人為獲得某種經濟利益，必須深入山區，經常
引發與原住民的衝突。此種經濟利益主要是指：

(A) 煤礦，漢人採煤經常破壞風水，侵擾原住民的祖靈

(B) 樟腦，漢人入山砍伐樟木，破壞原住民的居住環境

(C) 茶葉，種植茶樹的緯度愈來愈高，引起原住民不滿

(D) 稻米，水稻需大量用水，漢人入山引水，引發衝突

14. 民國 16 年（1927），時任南京國民政府代理主席並主持國民黨
　　中央黨部的胡漢民曾說：「倘若中央黨部和國民政府沒有在南京
　　行使職權，從 4 月起大家就要完全受共產黨的支配，可以說不但
　　大江南北的各省不得了，就連珠江流域也通通要受兩湖以往所受
　　的赤禍了。」胡漢民所說的「行使職權」是指什麼？
　　(A) 搜查俄國使館，驅逐俄國顧問
　　(B) 發動剿共戰爭，迫使共黨逃亡
　　(C) 揭發共黨陰謀，進行清黨運動
　　(D) 繼續二次北伐，完成全國統一

15. 一位皇帝登基後，立志恢復古羅馬帝國的版圖，他先派軍征服北
　　非，再回師進攻義大利，經過長久的戰爭，幾乎收復西南歐地區。
　　但因軍費支出龐大，難以維持，所以這位皇帝去世後，新征服的
　　土地又落入日耳曼人之手。這位皇帝是：
　　(A) 屋大維　　　　　　　　(B) 查理曼
　　(C) 查士丁尼　　　　　　　(D) 墨索里尼

16. 資料一：「文獻記載中國官方與臺灣住民的接觸，可以追溯到三
　　　　　　國或隋代，臺灣與大陸有著極其密切的歷史關係，臺灣
　　　　　　自古以來就是中國的領土，居住在臺灣的高山族是祖國
　　　　　　民族大家庭的成員。」

　　資料二：「在歷史時代，文獻記載中國官方與臺灣住民的接觸，
　　　　　　最早的可能可追溯到三國時代，或在隋代。假設文獻記
　　　　　　載的島嶼的確指臺灣，這類的接觸也是偶發的、不連續
　　　　　　的，數百年難得發生一次，在本質上不是隸屬的關係。
　　　　　　我們甚且可以說，正由於有這類的記載，我們可以確定
　　　　　　臺灣不是『自古即為中國領土』。」

我們應該如何理解這兩段文字？

(A) 資料一為歷史事實，資料二則是歷史解釋

(B) 資料一為歷史解釋，資料二則是歷史事實

(C) 學者引用相同史料，可能獲得不同的結論

(D) 兩者引用相同史料，結論不同，當有一誤

17. 一位住在上海的西方傳教士寫信給教廷，報告在華工作內容。他提到：最近中國與日本發生衝突，戰事發生之前，上海的外文報紙都認為中國一定能夠打敗日本，沒想到日軍卻打了勝仗。這場戰爭是：

(A) 甲午戰爭　　　　　(B) 瀋陽事變

(C) 淞滬之役　　　　　(D) 七七事變

18. 法、俄兩國宗教信仰不同，政治主張不同，拿破崙戰爭時期，法國甚至入侵俄國。到了十九世紀末，兩國卻締結了同盟。他們合作的原因為何？

(A) 工業革命後，英國勢力擴張，法俄聯合抵制

(B) 德意志統一，破壞原有均勢，法俄合作抗衡

(C) 義大利統一，影響法俄兩國在地中海的利益

(D) 土耳其復興，危及法俄兩國在巴爾幹的優勢

19. 學校牆上掛著一幅書法作品，寫著「為天地立心，為生民立命，為往聖繼絕學，為萬世開太平。」老師說：這幾句話的內容反映了宋代學者的抱負。老師判斷的依據最主要是：

(A) 為天地立心，說明宋代學者以人為主體解釋天理

(B) 為生民立命，說明宋代庶民崛起，受到政府重視

(C) 為往聖繼絕學，說明宋代印刷術發達，書籍流通

(D) 為萬世開太平，說明澶淵之盟後，宋遼關係穩定

20. 圖 (一) 是臺灣某一事項統計的變遷示意圖，這個統計的內容是：

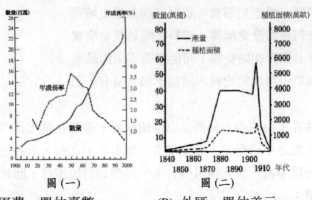

圖 (一)　　　　　　　　圖 (二)

(A) 軍費，單位臺幣　　　　　(B) 外匯，單位美元

(C) 人口，單位爲人　　　　　(D) 電話，單位爲具

21. 圖 (二) 是近代中國某一經濟作物的生產統計示意圖，該經濟作物是指下列哪一項？

(A) 菸草　　　(B) 甘蔗　　　(C) 罌粟　　　(D) 棉花

22. 司馬談嘗論諸子百家，認爲諸子百家學說雖然不同，但「天下一致而百慮，同歸而殊途」，其所謂「一致」、「同歸」，所指爲何？

(A) 治國安邦方案　　　　　　(B) 天人合一思想

(C) 追求國富兵強　　　　　　(D) 具大一統觀念

23. 表 (一) 是臺灣 1960 至 1970 年間，各項產業佔國內生產淨值的比重表，表中的數字變化，說明了臺灣經濟發展的哪一項事實？

表 (一)　　　　　單位：%

年度	農業	工業	服務業	合計
1960	28.5	26.9	44.6	100
1965	23.6	30.2	46.2	100
1970	15.5	36.8	47.7	100

(A) 朝野運用外資發展加工出口業已明顯見效

(B) 十大建設已成功扮演了工業發展的火車頭

(C) 經濟自由化制度化和國際化的政策已奏效

(D) 發展小而美的高科技產業已發揮相當效果

24. 圖 (三) 是中國大陸一幅描述人民經濟
生活的漫畫，圖中的文字是「歡迎選
購」，這是哪一個時代的經濟生活？
(A) 1950 年代中
(B) 1960 年代末
(C) 1970 年代初
(D) 1980 年代初

圖（三）

25. 相較於基督教與佛教，儒家在中國既無教堂也無廟宇，但兩千年
來，其學說不僅居中國學術思想的正統地位，而且深入基層，成
為維繫世道人心的社會規範，其主要原因為何？
(A) 儒家的經典，是歷代教育及選任人才的重要依據
(B) 全國各地普設孔廟，並由官方定期舉辦祭孔典禮
(C) 儒家思想集諸子百家大成，深獲帝王愛好與提倡
(D) 通俗戲劇小說，將儒家忠孝節義觀念普及於庶民

26. 二十世紀「六○」年代是個激情和叛逆的年代，其時間大約是指
1963 至 1973 年之間。這與我們通常將 1961 年到 1970 這十年視
為「六○年代」的作法不同，我們如何正確理解這種分期方法？
(A) 世界各國有關歷史的分期都有公認的標準，不可任意調整
(B) 各國分期方法不同，雖求同存異而年代終始計算仍有歧異
(C) 史家因主題而設定分期標準，故各種分期都有其學理根據
(D) 20 世紀各國曆法尚未統一，史家採用不同計年而出現差異

27. 一位近代地理學家在綜論四川人口地理結構時說：「雖然清代以前的本地人後裔還能在西南及西部少數地方找到，但相對來說數量很少。四川東部、西部和南部以湖廣籍為主，河南、安徽和江蘇籍，主要在南部各縣，相當多的陝西、甘肅籍在北部和西部某些縣份，廣東、福建、江蘇和浙江籍則主要住在成都和重慶等大城市。」這種人口地理結構的形成，主要的因素是：
    (A) 從順治到道光年間，各省過剩人口不斷移入四川
    (B) 太平天國之亂時，江南各省難民紛紛避亂到四川
    (C) 國軍剿共期間，各地的農民隨紅軍長征播遷四川
    (D) 八年抗戰期間，淪陷區的各省軍民大量湧入四川

28. 唐初佛教宗派林立，教義殊方，受中國影響的韓國、日本亦同。其後中國與日本、韓國的佛教各宗派漸至消沉，應時而興的是禪宗和淨土宗。這種現象反映了東亞佛教信仰變遷的哪一種特徵？
    (A) 佛教思想漸統於一尊
    (B) 由形而上走向世俗化
    (C) 儒釋道三教漸趨融合
    (D) 統一政權的思想控制

29. 曾國荃曾奏稱：「近年以來，印度、日本產茶日旺，售價較輕，西商皆爭購洋茶，以致華商連連折損。據皖南茶商估計，光緒十一、十二兩年，虧本自三四成至五六成不等；十三年虧損尤甚，統計虧銀將及百萬兩，不獨商販受累，即皖南山戶茶農亦因之交困。」造成上述情況的主要原因為何？
    (A) 外商在中國口岸設加工廠
    (B) 中國未納入世界經濟體系
    (C) 外人長期掌控海關稅務司
    (D) 列強商業資本主義的擴張

30. 某學者讚揚歷史上的一項技術，認為該技術的出現，推動了西方的文藝復興運動、啟蒙運動等歷史發展，稱得上是重大的「革命」。這位學者讚揚的是哪一項技術？

    (A) 煉金術　　　(B) 觀星術　　　(C) 航海技術　　　(D) 活字版印刷

31. 表 (二) 是 1500～1800 年間四個地區的一項統計，這個統計的項目最可能是：

    (A) 紡織品生產總值

    (B) 白銀的貯存總量

    (C) 罌粟的產量統計

    (D) 穀類作物生產量

    表（二）

年代	1500	1600	1700	1800
歐洲	68	83	106	173
中國	100	150	150	315
印度	79	100	200	190
非洲	85	95	100	100

二、多選題（6分）

說明：第 32 題至第 34 題，每題有 5 個選項，其中至少有 1 個是正確的選項，選出正確選項畫記在答案卡之「選擇題答案區」。各題之選項獨立判定，所有選項均答對者，得 2 分；答錯 1 個選項者，得 1.2 分，答錯 2 個選項者，得 0.4 分，所有選項均未作答或答錯多於 2 個選項者，該題以零分計算。

32. 臺灣在威權統治時期，政府對社會各層面都扮演領導和監督的角色。但威權統治並非密不透風，其間也有幾項有利於民主轉型的因素。這些有利的因素包括哪幾項？

    (A) 定期舉行的選舉制度，使政治上的反對勢力有發展的空間

    (B) 出版講學等文化政策開放，有效潛移默化國民的民主意識

    (C) 中產階級和資本家隨經濟發展崛起，為政治轉型提供活力

    (D) 外省人長期掌權，反使省籍問題成為民主運動的動員基礎

    (E) 推動多元平等的社會政策，使族群關係得以長期維持和諧

33. 民國八十年，政府順應學運訴求，終止「動員戡亂時期」，並廢止「動員勘亂時期臨時條款」，此舉對臺灣民主政治的發展，帶來哪些突破性的進展？
    (A) 總統的權力和任期受到憲法約束
    (B) 依法定期舉辦正、副總統的選舉
    (C) 依法定期舉辦中央民意代表選舉
    (D) 依法定期舉辦地方行政首長選舉
    (E) 依法定期舉辦地方民意代表選舉

34. 1971 年，日本政府發表的《經濟白皮書》中，難掩得意的表示：「回首往事，風雨 25 年，完成戰後復興的日本經濟，在技術革新和振興出口兩隻車輪驅動下，正朝著先進國的道路邁進。」但中外許多學者認為，在戰後「風雨 25 年」中，日本經濟的機遇與挑戰並存，且機遇大於挑戰。從戰後的國際情勢來看，學者所謂的「機遇」應該是指：
    (A) 在美蘇對立加劇下，美國急需日本產業技術協助重建歐洲
    (B) 在中韓相繼赤化下，反共陣營的日本倖免戰後的賠償責任
    (C) 在兩大陣營對抗下，美國扶植日本為對抗共產勢力的盟友
    (D) 在國際冷戰氛圍下，日本幸運成為馬歇爾計畫的援助國家
    (E) 在共產勢力擴張下，韓戰越戰的軍需景氣強化了日本出口

三、題組題（12 分）

說明：第 35 題至第 40 題為題組題，每題 4 個選項，其中只有 1 個是最適當的選項，畫記在答案卡之「選擇題答案區」。各題答對得 2 分，未作答、答錯、或畫記多於 1 個選項者，該題以零分計算。

第 35-36 題爲題組

　　最近花蓮縣吉安鄉一尊供奉在市場邊的土地公，罕見的由縣長冊封晉升城隍爺，引發道教界對相關教義理論與信仰習俗的熱烈討論。

35. 根據道教的信仰傳統，城隍與土地公位階不同、職司有別。城隍被視爲玉皇大帝管理下界蒼生的代表，祂有哪一項土地公所沒有的職權？
　　(A) 安胎順產　　　　　　　(B) 貧富貴賤
　　(C) 陰間審判　　　　　　　(D) 消災解厄

36. 就道教的發展而言，自元明清以降，造成道教日益世俗化，並且成爲中國、臺灣等地華人社會俗文化重要內涵的主要理論與實踐方法是什麼？
　　(A) 鬼神信仰、儀式法術的社會活動
　　(B) 自然恬淡、少私寡欲的生活哲學
　　(C) 清淨虛明、無思無慮的靈修方法
　　(D) 神清氣朗、健康長壽的醫療養生

第 37-38 題爲題組

　　有三個人針對中國教育史上的書院，分別發表評論。甲：書院教學，師徒極重視啓發的思考方式。乙：書院的主要工作有三：藏書、供祀、教學。丙：書院所在多位於風景秀麗之地。

37. 綜合三人的評論，可知影響書院興起的主要因素是：
　　(A) 清談玄風　　　　　　　(B) 禪林風尚
　　(C) 官學沒落　　　　　　　(D) 科舉取士

38. 某書院講堂上，師徒們針對宇宙人生的道理展開了熱烈的討論。
最後，師徒們獲得的結論是：「我們雖然身在宇宙之中，但宇宙
之理卻存在於我們的心中。」這些師徒們的結論最接近哪個時代
的思潮？
   (A) 兩漢經學　　　　　　　　(B) 隋唐佛學
   (C) 宋明理學　　　　　　　　(D) 清代樸學

第 39-40 題為題組

臺灣某家跨國企業的專業經理人，在一場「二十一世紀企業大趨
勢」的專題演講中強調：現代企業除了具備靈活細膩的經營手
法，還必須善盡社會責任才能永續發展。21 世紀的企業經營，不
能只知利益而輕忽道義，只重眼前而不計後果，一味競爭而忽略
合作，尤不可缺少關懷與尊重的世界一家觀念，才能營造圓融和
諧且富創造力的未來世界。

39. 這家跨國企業在各國推出的商品廣告，表達了該企業瞭解世界各
地不同的經驗與價值：同一產品，在 A 地是豪邁瀟灑的代表，在
B 地是幸福美滿象徵，在 C 地則是環保節能的模範生。這家跨國
企業廣告所傳達的經營理念為何？
   (A) 消弭階級與貧富差距　　　(B) 重視公平性與安全性
   (C) 結合全球化與在地化　　　(D) 平衡單邊與多邊主義

40. 這家跨國企業，為了避免剝削產業勞工的利益，通常會以合理的
價格自國內外採購商品，然後在旗下各大百貨超市中，以適當而
穩定的價位陳列販售。這種行銷的手法落實了哪一種經營理念？
   (A) 公有共享　　　　　　　　(B) 社會救助
   (C) 社會公平　　　　　　　　(D) 社會福利

第貳部分：非選擇題（佔 20 分）

說明：本大題共有四題，作答都要用筆尖較粗之黑色墨水的筆書寫。
　　　各題應在「答案卷」所標示題號（一、二、三、四）之區域
　　　內作答，並標明子題號（1、2、…）。請依子題號作答，未
　　　標明題號或答錯題號者均不計分。每題配分標於題末。

一、 一位日本將領自我辯護說：「我們就像一大群人擠在一間狹小的
　　 房間內，只有三扇門供我們逃出去，也就是說移居外地、打入世
　　 界市場和領土擴張。第一扇門，移居外地，已經被其他反對日本
　　 移民的國家堵死了。第二扇門，打入世界市場，又已被關稅壁壘
　　 關上了。三扇門關上了兩扇，日本該怎麼辦？很自然，日本只有
　　 從剩下的一扇門奪門而出了。」請問：

　　 1. 這位將領最可能是為日本的哪一次擴張行動辯護？（2 分）

　　 2. 這位將領說日本的第二扇門也被關上了，導致此事發生的原
　　　　因為何？（2 分）

二、 歌劇大師普契尼（Giacomo Puccini）創作的著名歌劇《杜蘭朵
　　 公主（Turandot）》，是描述中國宮廷公主選婿的故事。全劇是
　　 以流傳歐洲已兩百餘年的〈茉莉花〉旋律為經，中國民間故事為
　　 緯的結構建立起來的。據學者考證，〈茉莉花〉傳入歐洲，最可
　　 靠的紀錄，可追溯到乾隆 58 年隨英使馬戛爾尼來華的日耳曼籍
　　 教師惠納（J. C. Huttner），惠納將當時收集到的〈茉莉花〉等
　　 十首中國民歌傳入歐洲，一時轟動藝文界，並迅速傳播各地。

　　 1. 上文中的〈茉莉花〉，能在兩百多年前的歐洲大受歡迎的原
　　　　因為何？（2 分）

　　 2. 文中的英使馬戛爾尼來華，除為了解並收集中國的民情風俗
　　　　資料外，主要目的為何？（2 分）

三、美國波士頓猶太人屠殺紀念碑上，銘刻著一位新教牧師馬丁尼莫拉（Martin Niemoller）所作的短詩：「在德國，起初他們追殺共產主義者，我沒有說話，因為我不是共產主義者；接著他們追殺猶太人，我沒有說話，因為我不是猶太人；後來他們追殺工會成員，我沒有說話，因為我不是工會成員；此後，他們追殺天主教徒，我沒有說話，因為我是新教教徒；最後他們矛頭指向我，卻再也沒有人站起來為我說話了。」請問：

1. 短詩中的情境大約發生在哪個時期（年代）中？（2分）

2. 短詩中的情景，反映了作者當時正處在哪一種政治思想與行動的恐怖氣氛中？（2分）

3. 作者在詩中深切反省的是「壞人所以得逞，就是因為好人袖手旁觀！」以此推論，當時美國也曾對歐、亞侵略國家袖手旁觀，造成侵略氣焰高漲，世局更加動盪，美國的袖手旁觀主要是受哪一種思想影響？（2分）

4. 直到哪一事件爆發，才促使美國不再袖手旁觀，並且積極參與對抗侵略者，成為克敵制勝的關鍵力量？（2分）

四、「歐洲從某一時代開始，不同國家的知識份子，都可以共同享有一些超越國界的文化和思想，形成一種『知識的國度』。在這個國度中，任何人不論出身背景，只要知識水準夠，都可以平起平坐的互相討論。即使路途遙遠不便參加討論，也可以藉簡訊的流通來保持聯絡。」請問：

1. 文中「知識的國度」大約形成於哪個時代？（2分）

2. 文中的「知識份子」經常在什麼地方聚會討論？（2分）

100年度指定科目考試歷史科試題詳解

第壹部分：選擇題

一、單選題

1. A

【解析】 (B) 縮小公營事業範圍：擴大私人經濟活動空間，將專賣局改制為菸酒公賣局，開放樟腦、火柴業民營。

(C) 39 年縣（省轄市）、鎮鄉行政首長以及民意代表才直選。

(D) 民國 76 年結束戒嚴，才准許民眾組黨及創辦報刊、雜誌。

2. A

【解析】 (A) 39 年韓戰爆發，美國出兵並派第七艦隊協防台灣，且提供軍經援助，是一種圍堵政策。

(B) 韓戰是聯合國的安理會首度表決通過動武案出兵到南韓；1950 年 6 月 25 日凌晨，韓戰爆發，6 月 25 日安理會 82 號決議「要求立刻停止敵對行動」，6 月 25 日晚美國總統杜魯門授權在朝鮮半島北緯 38 度以南地區使用美海空部隊攻擊朝軍，7 月 7 日安理會通過第 84 號決議，「建議…會員國將此項部隊及其他援助置於美國主持之聯合司令部指揮之下」，「請美國指派此項部隊之司令」，「授權聯合司令部斟酌情形於對北韓軍隊作戰時將聯合國旗幟與各參戰國旗幟同時使用」。

　　　　(C) 美國未借重臺灣國民黨軍隊協助南韓反攻。

　　　　(D) 美國為阻止赤禍蔓延，在 1961 年派兵參加越南的
　　　　　　剿共戰爭。

3. **D**

　　【解析】(D) 漢武帝「罷黜百家，獨尊儒術」是用利祿獎勵儒學，
　　　　　　　　學子須讀詩、書、易、禮儒家之書，即有機會任官，
　　　　　　　　故有「遺子黃金滿籯，不如一經」的俗諺。

4. **D**

　　【解析】(D) 日本治臺時期，台灣人口約六百多萬，號召「六百
　　　　　　　　萬民齊崛起，誓將熱血為義死」，即指日本治臺時
　　　　　　　　期，臺人不滿日本的差別待遇；「六百萬民齊崛起，
　　　　　　　　誓將熱血為義死」出自吳濁流《亞細亞的孤兒》。

　　　　　　(A) 荷蘭統治臺灣時期，漢人約幾萬人。

　　　　　　(B) 鄭成功時期，漢人約幾十萬人。

　　　　　　(C) 康熙時，漢人約幾萬人。

5. **C**

　　【解析】(C) 1823 年美國門羅總統發表門羅宣言（The Monroe
　　　　　　　　Doctrine）；美國不願意干涉歐洲事務，也希望歐洲
　　　　　　　　國家不要干涉美洲事務，如果歐洲各國要將專制推
　　　　　　　　展到美洲來，美國將以武力抵抗，後歐洲國家不再
　　　　　　　　聲援西班牙。

　　　　　　(A) 19 世紀上半葉中南美洲國家未推行工業化。

　　　　　　(B) 十六世紀西班牙與英國海戰失利，不是 19 世紀。

　　　　　　(D) 美西戰爭在 1898 年。

6. **C**

【解析】(C) 中古（五—十四世紀）西歐莊園的耕作採取「三田制」（three-field system），把耕地分為春耕地、秋耕地、休耕地三種，實施輪耕以保持地力。

(B) 七世紀的希臘屬於東羅馬帝國。

7. **B**

【解析】(B) 十七世紀歐洲盛行君主專制政治，如俄羅斯、法蘭西、普魯士等國，光榮革命（1688 年）後的英國實行君主立憲，君主與國會共治，這本書出版於十七世紀後的 (B)。

8. **A**

【解析】(A) 韓愈師說中有一段「愛其子，擇師而教之，於其身也，則恥師焉，惑矣！彼童子之師，授之書而習其句讀者，非吾所謂傳其道、解其惑者也。句讀之不知，惑之不解，或師焉，或不焉，小學而大遺，吾未見其明也」，反映唐代學子學習過程中不重師道的現象，主因是唐行科舉重視進士科不重明經，有「三十老明經，五十少進士」，進士科以文取士，強調創作，不再依賴經師傳授。

(B) 隋唐帝國雜染胡人風俗，並沒有不重視學術，相反的唐代是中國文學史上的黃金時代。

(C) 佛學傳入中國，主張眾生平等，指眾生皆可成佛，並非學生因而不重視師道。

(D) 唐代經濟繁榮，但在傳統「士農工商」的等級下，商人地位不高，學子學習過程中不重師道無關。

9. **D**

【解析】 (D) 十七世紀荷蘭人用羅馬字拼音傳授新港社（台南縣新市）西拉雅族基督教義，並用羅馬字拼寫西拉雅族的語言，故稱爲「新港文」（番仔文、西拉雅文、紅毛字），是最早被書寫成文字的台灣原住民語言，此「福爾摩沙語」是指西拉雅語。

10. **D**

【解析】 (D) 乾隆年間（1787年），漳州人吳沙召募大量同鄉，前往噶瑪蘭地區開墾荒地，時間符合。

(A) 爲十七世紀荷蘭統治臺灣時的情形，時間不符。

(B) 臺南安平一帶有許多西方傳教士及外商，是英法聯軍後中英法天津、北京條約簽訂後，台灣開港清領後期（1860年）的事，時間不符。

(C) 臺北設府是牡丹社事件（1874年）後，沈葆楨來台設立的，時間不符。

11. **B**

【解析】 (B) 題幹中「強索巨額賠款；又屈從於強權，不能公正處理領土問題」只有 (B) 凡爾賽和約中，協約國對同盟國的處置，符合題意；(A)、(C) 和 (D) 未有巨額賠款。

12. **A**

【解析】 (A) 題幹中「英格蘭女王伊莉莎白一世便曾經同意英格蘭海船掠奪加勒比海和中南美洲沿岸城市，引起敵方報復，發生激戰」，可知答案爲 (A) 西班牙，因伊莉莎白一世在位期間（1558-1603年），加勒比海與中南美洲是西班牙的殖民地。

(B) 法蘭西以北美洲爲殖民地。

(C) 俄羅斯並未殖民美洲。

(D) 十七世紀初荷蘭才建立美洲殖民地。

13. **B**

【解析】(B) 1860 年臺灣開港後，樟腦是第三大出口物資，樟樹生長在中、北部原住民居住的山區，漢人入山砍伐樟木，破壞原住民的居住環境，經常引發與原住民的衝突。

(A) 清代中期臺灣開採煤礦區未深入原住民居住的深山，不會引發與原住民的衝突。

(C) 臺灣茶葉主要產地在以漢人居住的北部丘陵地帶，不會引發與原住民的衝突。

(D) 清代臺灣漢人興建瑠公圳、貓霧捒圳等，曾入山引水，引發與原住民的衝突，但後來採取割地換水等方式解決爭端。

14. **C**

【解析】(C) 民國 16 年 4 月中國國民黨人看見共產黨分化國民黨，展開清黨工作，清除軍中與黨部中共分子，是國民黨首次反共。

(A) 民國 16 年搜查俄國使館，驅逐俄國顧問是張作霖發動，影響中俄絕交，後來還發生「中東路事件」，與題義無關。

(B) 民國 21 年發動剿共戰爭，殘共往陝北延安，謂之國軍五次圍剿，中共稱之爲「二萬五千里長征」，時間不合。

(D) 北伐對象爲割據各地的軍閥，與共產黨無關。

15. **C**

【解析】 (C) 查士丁尼（Justinian, 527-565 A.D.）是東羅馬帝國
強盛的皇帝，在位期間拜占庭國勢達到鼎盛，查士
丁尼採取東守西攻的戰略，重振古羅馬帝國的聲威，
締造歐、亞、非三洲帝國，可惜查士丁尼死後，外
患接踵而至，拜占庭與波斯的薩桑帝國長期相戰，
結果兩敗俱傷，新征服的土地又落入日耳曼人之手。

(A) 屋大維為羅馬帝國第一位皇帝，不需要立志恢復古
羅馬帝國的版圖。

(B) 查理曼帝國領土至北非。

(D) 墨索里尼為1922-1943年義大利王國總理，非皇帝。

16. **C**

【解析】 (C) 學者引用相同史料（『文獻記載中國官方與臺灣住
民的接觸，可以追溯到三國或隋代』、『文獻記載中
國官方與臺灣住民的接觸，最早的可能可追溯到三
國時代，或在隋代』），可能獲得不同的結論（『臺
灣自古以來就是中國的領土』、我們可以確定臺灣
不是『自古即為中國領土』）。

(A)、(B) 「資料一」和「資料二」皆為歷史解釋，答
案錯誤。

(D) 從各種角度做歷史解釋，無當有一誤。

17. **A**

【解析】 (A) 題幹「戰事發生之前，上海的外文報紙都認為中國
一定能夠打敗日本」，甲午戰爭前，外國各界都認
為中國的實力應在日本之上，但因海軍軍紀不佳，

裝備維修不良，且軍費被慈禧太后挪用來修建頤和
園等，甲午戰爭日軍卻打了勝仗。

(B)、(C)、(D) 從清末甲午戰爭到日俄戰爭是日本成為
世界強國之一，相對民國初年中國內憂外患頻仍，
國力懸殊，中日衝突或戰事發生，外國人不會認為
中國能打敗日本。

18. **B**

【解析】 (B) 普法戰爭後，德國首相俾斯麥想孤立法國，奧國在
柏林會議得到巴爾幹半島西北部兩州遭俄嫉妒，奧
欲聯德以自保，於 1879 年訂立德奧同盟，義大利
因爭奪北非殖民地與法國交惡，在 1882 年加入，
結成「三國同盟」；德皇威廉二世高唱「大日耳曼
族主義」，支持奧國向巴爾幹半島發展，俄國備受
威脅，法國乘機拉攏，1894 年訂立法俄協約，威
廉二世又高唱「世界政策」和「大海軍主義」，使
英國感到威脅，乃放棄光榮孤立的外交政策，1904
年訂英法協約，1907 年訂立英俄協約，結成「三國
協約」；兩個軍事壁壘彼此激盪，歐洲局勢日趨緊
張。

(D) 土耳其復興是二十世紀初第一次世界大戰後的事，
與題意不符。

19. **A**

【解析】 (A) 北宋理學家張載（1020-1078 年）名言：「為天地立
心，為生民立命，為往聖繼絕學，為萬世開太平」，
以「為天地立心」最能反映宋代學者的抱負，因先

秦儒家及宋明理學極力闡發天道性命之學，孔子
「天生德於予」、「五十而知天命」、「下學而上達」，
孟子「盡心知性知天」與《中庸》「天命之謂性，
率性之謂道」等皆為「天道性命相貫通」的哲學脈
絡，宋明理學將倫理學與形上學連結在一起，「為
天地立心，說明宋代學者以人為主體解釋天理」。

(B) 宋代庶民崛起，是受到當時經濟情況改變而致。

(C) 宋代重文輕武政策，影響印刷術發達。

(D) 宋受遼侵略，澶淵之盟後，宋遼關係穩定，是因送
每年輸給遼歲幣等所致。

20. **C**

【解析】 (C) 圖中臺灣「數量」統計每年上升，表示固定增加；
「年成長率」1915年降，1945年升，1950年後下降，
1915年日治時期派兵參加一次大戰，人口年成長率
降；1945年國民政府遷臺，人口年成長率升，1950
年代中期推行家庭計畫節育，人口年成長率降，圖
中「數量」統計穩定成長，並於2000年左右超過
二千萬，符合題意。

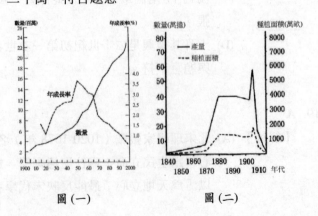

圖 (一)　　　　　圖 (二)

(A) 圖中「數量」統計只有二千多萬臺幣，不符題意，1990 年代台灣軍費支出已超過 100 億美元。

(B) 政府遷臺初期有外匯短缺的現象，不符合年成長率上升圖。

(D) 臺灣二千多萬人口，電話具數不可能每人一具到達二千萬具。

21. **C**

【解析】 (C) 從生產統計示意圖中可知此項經濟作 1840 年代種植，產量與種植面積在 1870、1905 年增加，1910 年後又減少，可知為 (C) 罌粟，鴉片之原料，1840 年代鴉片戰爭後，中國有部分地區種罌粟，後來中國有弛禁鴉片、課徵稅釐的作法，使罌粟產量與種植面積大增，1900 年代庚子後新政後宣布禁煙，1910 年產量縮少，符合題意。

(A) 菸草原產於中南美洲等地，於地理大發現後十六世紀時傳入中國，明末便已種植，非十九世紀。

(B) 中國甘蔗的種植可能始於春秋戰國時期，並非十九世紀才種植。

(D) 宋代就種植棉花，並非十九世紀。

22. **A**

【解析】 (A) 東周（春秋戰國）是中國學術思想的黃金時代，因封建沒落，官府藏書流散民間，促成學術普及，時代動盪，出現諸子百家，學者為救時之弊，各自提出治國安邦方案，故「天下一致而百慮，同歸而殊途」。

23. **A**

【解析】 (A) 表 (一) 可見農業比重逐漸下降，工業比重相對提高，1960 年代正值出口擴張 (經濟起飛) 時期，政府設置高雄、楠梓、台中三加工出口區，以廉價勞力有效吸引外資，提升工業生產的比重。

表 (一)　　　　　　　　單位：%

年度	農業	工業	服務業	合計
1960	28.5	26.9	44.6	100
1965	23.6	30.2	46.2	100
1970	15.5	36.8	47.7	100

(B) 十大建設於 1970 年代推動，與表 (一) 不符。

(C) 經濟自由化、國際化為 1980 年代後施行的政策，與表 (一) 不符。

(D) 臺灣產業自 1970 年代轉型，由勞力密集轉向高科技產業，1980 年設立「新竹科學園區」後，高科技產業有更顯著的發展，與表 (一) 不符。

24. **D**

【解析】 (D) 圖 (三) 上有「歡迎選購」的文字，表示中國大陸當時有自由買賣的現象，這是 1980 年代鄧小平進行經濟開放改革，走向市場經濟和私有財產的資本主義，人民公社解散，允許農民

圖 (三)

經營各種副業，才會出現的景象；以前中國大陸採取統購統銷政策，不允許任何糧食買賣。

25. **A**

【解析】 (A) 漢武帝採董仲舒建議統一思想－罷黜百家，獨尊儒術，以後各朝政府透過教育及選才任官（科舉考試）制，將儒家學問融入中國各階層的思想與日常生活中，兩千年來，儒家學說不僅居中國學術思想的正統地位，而且深入基層，成爲維繫世道人心的社會規範。

(B) 各地普設孔廟，並由官方定期舉辦祭孔典禮，是統治者掌控道統、政教合一的象徵，教化作用不大。

(C) 儒家並非集諸子百家大成。

(D) 通俗戲劇小說盛行約在宋代庶民文化興起時，宋代前儒家忠孝節義觀念已普及於庶民。

26. **C**

【解析】 (C) 「1960 年代」是個激情與叛逆的年代，這時期發生不少事件，包括美國加入越戰陷入苦戰、種族衝突（美國、南非黑白問題等）、反戰示威學運（如法國抗議戴高樂政府事件、最激烈是美國的反越戰）等，其時間應始於 1963 年美國甘迺迪總統被暗殺，至 1973 年美國退出越戰爲止，以標準的西洋紀元計算，1960 年代應是指 1960-69 年，史家因主題而設定分期標準，故各種分期都有其學理根據。

(A) 世界各國有關歷史的分期難有公認標準。

(B) 各國分期方法不同，未想要求同存異。

(D) 歷史的分期和史家採用不同紀年無關。

27. **A**

【解析】 (A) 明末流寇張獻忠入川和清初吳三桂出征，使四川人口銳減，為恢復四川的生產力，清政府頒布「招墾令」，湖南、湖北、江西人大量移民四川；清初利用「改土歸流」，將東南人民大量遷移到西南，緩和東南人口過多與耕地不足現象。

(B) 太平天國之亂時，難民避走各地，江南各省難民未特別避亂到四川。

(C) 國軍剿共是從江西到陝甘。

(D) 八年抗戰期間，淪陷區的各省軍民大量湧入四川，非如題幹敘述以某些籍貫為多。

28. **B**

【解析】 (B) 唐初佛教宗派林立，其後佛教各宗派消沉，應時而興的是禪宗和淨土宗；禪宗是佛教各宗派中最不重經論、不種有形儀式、最富生活化，教學修行最灑脫自在的宗派，唐武宗排佛時禪宗一支獨秀；念「阿彌陀佛」即可到淨土極樂世界，修持方法簡捷易行的淨土宗流傳民間，象徵佛教由形而上走向世俗化。

(A) 佛教思想未統於一尊。

(C) 儒釋道三教於明代以後漸趨融合，不是表現在禪宗和淨土宗的興起。

(D) 統一政權未對佛教進行思想控制。

29. **D**

【解析】 (D) 十六世紀地理大發現後，歐洲各國從事海外擴張，中國茶葉本受到歐洲王室貴族的喜愛，後受到列強商業資本主義的擴張，西歐商人改向售價較低的日本、印度等地大量購買茶葉，導致中國皖南茶農虧損嚴重，虧銀將及百萬兩。

(A) 外商在中國口岸設加工廠在光緒 21 年中日馬關條約簽訂後。

(B) 鴉片戰後中國納入世界經濟體系。

(C) 咸豐 10 年海關總稅務司成立後外人即掌控海關稅務司，當時未虧銀，後來虧銀與此無關。

30. **D**

【解析】 (D) 西方的文藝復興運動（14 世紀）與啟蒙運動（18 世紀）都屬於文化與思想的革命，書籍需求量大增，活版印刷術的發明，加速文化的傳播。

(A) 煉金術影響現代化學的萌芽，無助於文藝復興與啟蒙運動的發展。

(B) 觀星術、(C) 航海技術的進步有助於十五世紀末的歐洲地理大發現，和文藝復興、啟蒙運動無關係。

31. **B**

【解析】 (B) 白銀在十六世紀地理大發現後成為中國通行的

表（二）

年代	1500	1600	1700	1800
歐洲	68	83	106	173
中國	100	150	150	315
印度	79	100	200	190
非洲	85	95	100	100

交易媒介，使明代中葉後到清朝中國採銀銅雙本位制，自歐美和日本輸入大量白銀，到十九世紀，鴉片貿易使中國貿易逆差，白銀開始流入歐洲，此情形與表(二)符合。

(A) 歐洲紡織業興盛，許多時期歐洲的紡織品產量不應同時落後中國、非洲與印度。

(C) 罌粟歐洲不適合種植。

(D) 穀類作物非洲產量有限，表(二)非洲高於歐洲與印度，與事實不符。

二、多選題

32. **ACD**

【解析】(A) 國民政府來臺後，1950年開始推動地方自治，選舉地方行政首長及省級以下民代，使政治上的反對勢力有發展的空間。

(B) 1987年解除戒嚴前台灣文化政策未開放，限制出版、講學等文化活動。

(C) 1950年代後，臺灣經濟發展，中產階級和資本家隨經濟發展崛起，為政治轉型提供活力，有助於民主政治的推展。

(D) 臺灣在威權統治時期外省人長期掌權，被臺灣人稱為「外省政權」，反使省籍問題成為民主運動的動員基礎。

(E) 威權統治時期政府長期推行國語政策，忽視或歧視其他族群母語，未推動多元平等的社會政策，使族群關係未能維持和諧。

33. **AC 或 A**

【解析】 (A)《動員戡亂時期臨時條款》規定「動員戡亂時期，總統、副總統不受連任一次之限制」，民國八十年廢止《動員戡亂時期臨時條款》，總統的權力和任期受到憲法約束。

(B) 民國 81 年「第二次憲法增修條文」中明定。

(C) 民國八十年廢止《動員戡亂時期臨時條款》，制定「憲法增修條文」，明定依法定期舉辦中央民意代表選舉。

(D)、(E) 民國 39 年開始定期舉辦地方行政首長、民意代表選舉。

34. **CE**

【解析】 (A)、(D) 二次戰後日本亦受重創，美國「馬歇爾計畫」經濟援助歐洲重建，並未利用日本的產業技術或援助日本。

(B) 二次戰後在美國主導下，日本賠償各國的金額大幅降低，不過未完全倖免戰後賠償責任。

(C) 冷戰期間，美國扶植日本為對抗共產勢力的盟友。

(E) 在共產勢力擴張下，美國在韓戰與越戰期間將日本作為軍事後勤基地，故說韓戰越戰的軍需景氣強化了日本出口。

三、題組題

第 35-36 題為題組

35. **C**

【解析】 (C) 「城隍爺」早期未脫保衛城池的職能，隋唐時城隍
的職能擴大，「城隍」職司陰陽二界的善惡功過、管
理陰間冥籍、審訊鬼魂，有如冥界的地方官，明清
時城隍已從地方的保護神，升格爲護國安邦、除暴
安良、統轄亡魂之神，成爲影響大、信仰廣泛的神
祇；「土地公」源於遠古土地崇拜的「社神」；秦漢
後地方社神則成爲「土地神」，由自然崇拜變爲人格
神崇拜，將祂視爲下層官吏的一級小神，在民間信
仰中，土地公類似基層維護治安的警察或村里長，
和生活相關的生老病死活動多要迎請祂參加，但祂
沒有如同城隍的官職身分，不具有陰間審判權力。

36. **A**

【解析】 (A) 中國早期道教原爲追求神仙長生理論的宗教，與人
民生活較有距離，到宋元明清後，道教中的正一道
與全眞道互相融會爲大衆化宗教，相信鬼神信仰、
運用儀式法術的社會活動，影響人體健康與運勢。

(B)、(C)、(D) 只是道教修行的次要部分。

第 37-38 題爲題組

37. **B**

【解析】 (B) 魏晉南北朝寒門子弟無力負擔學費，山林（寺院精
舍）講學興起，唐末五代的動亂中，山林寺院的講
學延續中原文化命脈，且爲宋代書院制度奠下基礎。

(A) 「清談玄風」盛行於魏晉時期，知識分子轉向老莊
之學，自由抒發宇宙與人生哲理，與「藏書、供祀、
教學」無關。

(C) 官學在唐宋書院開始或盛行時皆很盛，未沒落。

(D) 科舉制度題目僵化，與「書院教學，師徒極重視啓發的思考方式」不符。

38. **C**

【解析】 (C) 由題幹「我們雖然身在宇宙之中，但宇宙之理卻存在於我們的心中。」可知是強調心性與天理的「宋明理學」。

(A) 兩漢經學未觸及宇宙人生的討論。

(B) 佛學主張宇宙起源爲空，宇宙之理未存在於我們的心中。

(D) 清代樸學即乾隆嘉慶年間考據學，與題意不符。

第 39-40 題爲題組

39. **C**

【解析】 (C) 由題幹「尤不可缺少關懷與尊重的世界一家觀念」可知「結合全球化與在地化」是這家跨國企業廣告所傳達的經營理念。

40. **C**

【解析】 (C) 由題幹「通常會以合理的價格自國內外採購商品」，「以適當而穩定的價位陳列販賣」，可知是「社會公平」經營理念。

(A) 「公有共享」，指共同擁有，非販售營利行爲。

(B) 「社會救助」，指對弱勢團體或個人提供無償協助。

(D) 「社會福利」，指透過制度提供對某些人或群體補助。

第貳部分：非選擇題

一、【解答】 1. 九一八（瀋陽）事變；
2. 經濟大恐慌。

二、【解答】 1. 啓蒙時期受到中國影響，仰慕中國文化；
2. 爭取國交平等（打破貿易限制，爭取自由通商）。

三、【解答】 1. 1930 年代；
2. 法西斯主義；
3. 孤立主義；
4. 珍珠港事變。

四、【解答】 1. 18 世紀（啓蒙運動時期）；
2. 沙龍。

100 年大學入學指定科目考試試題
地理考科

壹、單選題（78 分）

說明：共有 39 題，每題 4 個選項，其中只有 1 個是最適當的選項，
畫記在答案卡之「選擇題答案區」。各題答對得 2 分，未作答、
答錯、或畫記多於 1 個選項者，該題以零分計算。

1. 照片一是臺灣某地一間廢棄屋牆壁的廣
   告。該廣告最可能出現在下列何處？
   (A) 埔里盆地　　　(B) 竹苗丘陵
   (C) 雲嘉沿海　　　(D) 澎湖群島

照片（一）

2. 近年來，政府積極鼓勵鄉村地區發展特色產業、舉辦節慶活動，
   例如客家桐花季、古坑咖啡節等。這些措施可能對鄉村地區帶來
   下列哪些改變？甲、外來遊客人數大量增加；乙、中心商業區的
   逐漸成形；丙、都市化程度的明顯提升；丁、社區風貌及景觀的
   改善；戊、地方特色商品市場擴大。
   (A) 甲乙丙　　　　　　(B) 甲丁戊
   (C) 乙丙戊　　　　　　(D) 丙丁戊

3. 照片二是一張由南向北拍攝的風
   積地形照片。此種地形的塑造，
   主要受盛行風的影響：迎風坡成
   凸形緩坡，背風坡則成凹形陡坡。

照片（二）

根據盛行風向判斷，該照片最可能位於下列何處？

(A) 祕魯西北部的塞丘拉沙漠

(B) 澳洲西北部的大沙地沙漠

(C) 埃及西南部的撒哈拉沙漠

(D) 中國西部塔克拉瑪干沙漠

4. 某學者利用 1992-1994 年間繪製的 1:5000 土地利用調查圖，和 2005 年拍攝的福衛二號衛星圖，分析 1990 年代到 2000 年代臺灣某都市土地利用的變遷趨勢。初步結果發現：甲、道路的面積減少約 10%；乙、耕地減少約 4%；丙、建地增加約 15%；丁、林地變化極微，河川、湖泊等水體面積大致不變。這些初步結果，哪些變遷趨勢最可能符合實際情況？

(A) 甲乙丙　　　　　　(B) 甲乙丁

(C) 甲丙丁　　　　　　(D) 乙丙丁

5. 1992 年聯合國於里約全球高峰會提倡：「地方政府應扮演倡導、溝通與資源供給者的角色。」我國政府在《國土空間發展策略計畫》中，也特別將「如何將都市獨特的文化更進一步反映、融合與固化於都市景觀、建設、產業、居住環境及居民的認同感中，從而提升都市的競爭力。」列為都市區域發展重點。聯合國高峰會的提倡和我國政府的都市區域發展重點，係以下列哪個理念為基礎？

(A) 環境負載力

(B) 全球在地化

(C) 區域差異與均衡

(D) 城鄉供需互補作用

6. 圖一是某項資料在 1965-
2025 年的世界變化趨勢
圖。該圖係根據下列哪
項資料繪製而成？

(A) 勞動力

(B) 貿易額

(C) 汽車數量

(D) 國內生產毛額

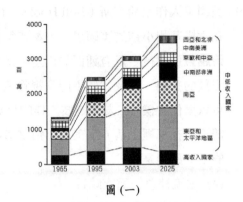

圖 (一)

7. 臺灣某都市市政府為解決都市公共設施不足的問題，鼓勵民間自
行設置休憩設施，允許於住宅區、商業區、文教區內設置遊憩設
施，工業區、風景區及保護區等地區，則是有條件設置。另外，
並規定社區的遊憩設施為非營利性、屬社區之附屬設施性質，惟
設置比例不得超過總樓地板面積之 15%。該市政府鼓勵民間自行
設置休憩設施的內容，最符合下列哪項規定的精神？

(A) 開放空間使用辦法

(B) 公共設施使用許可

(C) 土地使用分區管制

(D) 社區總體營造條例

8. 圖二是某四個地區的都市
和鄉村人口成長趨勢圖。
哪個地區的都市化歷程速
度最快？

(A) 甲　　　　(B) 乙

(C) 丙　　　　(D) 丁

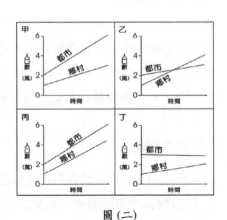

圖 (二)

9. 美國黑人作家胡克斯（Bell Hooks，1952－）寫道：「身為居住在肯塔基州小鎮的美國黑人，鐵道每日都提醒了我們邊緣處境。跨越鐵道之後，是有鋪面的街道，是我們不能進入的商店和不能用餐的餐廳，以及我們不能直視臉龐的人群。鐵道那頭，是我們可以擔任女僕、工友和娼妓工作的世界。我們可以進入那個世界，卻不能在那裡生活。」美國小鎮鐵道兩側呈現明顯不同生活方式的主要原因是：

(A) 主流社會的種族歧視

(B) 因應城鄉供需互補關係

(C) 促進城鎮邊緣發展的策略

(D) 黑白種族的地方認同差異

10. 一項研究指出：「近年來全球通貨膨脹居高不下，和工業產品價格大致穩定或下跌，而能源和食品價格卻持續飆升有關。」工業產品價格穩定或下跌、能源和食品價格飆升的原因，和下列哪項事實關係最密切？

(A) 日本自 2005 年以來海外投資規模不斷擴大

(B) 中國挾世界工廠和新興資本市場之姿進入全球經濟體系

(C) 受美國金融市場影響，歐元區經濟在 2008 年出現明顯下滑

(D) 2007 年非洲商品和服務出口額成長 15.2%，進口額成長 13.2%

第 11-12 題為題組

◎ 圖三是 1920 年臺灣郡級行政區的霍亂死亡人數概況圖。當時數個郡的空間範圍，相當於 1949 年以後的縣級行政區。請問：

11. 圖中圓餅符號代表的意涵，可能有：

圖 (三)

　　甲、圓餅面積大小表示疫情的規模；

　　乙、圓餅的位置顯示霍亂是地方病；

　　丙、圓餅面積大小表示病床數多寡；

　　丁、圓餅的位置代表霍亂發生地點。

　　其中正確的有哪兩項？

　　(A) 甲乙　　　　　(B) 乙丙

　　(C) 丙丁　　　　　(D) 甲丁

12. 下列哪條河川下游地區，霍亂的疫情最為嚴重？

　　(A) 烏溪　　　　(B) 濁水溪　　　　(C) 高屏溪　　　　(D) 淡水河

第 13-14 題為題組

◎ 2011 年 3 月 11 日日本東北外海發生芮氏規模 9.0 的淺層地震，引發大海嘯，除造成嚴重傷亡外，也導致福島核電廠輻射外洩、高科技產業工廠停產、交通運輸基礎設施受損。日本震災對臺灣的半導體、面板、太陽光電所使用的原料與零組件供應帶來影響，惟影響程度須視各公司原料庫存和是否有替代供應商等狀況決定。請問：

13. 如果福島核電廠外洩的輻射物質影響到臺灣，最可能是以下列何種方式影響？

　　(A) 隨著黑潮影響臺灣沿海漁業資源

　　(B) 隨著中國沿岸流影響臺灣沿海漁業資源

　　(C) 隨著蒙古高壓外圍環流擴散到臺灣陸地上空

　　(D) 隨著太平洋高壓外圍環流擴散到臺灣陸地上空

14. 從日本東北大地震對臺灣高科技產業的影響，說明臺灣與日本產業的關係相當緊密。此種關係最適合以下列哪個概念說明？
    (A) 跨國企業
    (B) 技術移轉
    (C) 區位擴散
    (D) 空間分工鏈

第 15-16 題為題組

◎ 金門除酒廠及陶瓷廠等少數工業外，因水源不足及其他因素影響，各種產業發展有限，過去一直是人口外流的地區。但自1993 年初開放觀光、1995 年成立金門國家公園以來，金門設籍人口已逐漸增加；2001 年初實施小三通，因小三通僅限金門居民和中國往來，以致設籍人口成長更快。請問：

15. 金門地區水源供應有限，是當地發展觀光產業待解決的問題。導致金門水源不足的重要原因為何？
    (A) 河水遭受工業嚴重污染
    (B) 水田灌溉佔用大部分水量
    (C) 地層下陷導致海水入侵
    (D) 缺乏較大集水面積的水庫蓄水

16. 金門設籍人口的大量增加，最可能是下列哪些原因的影響？
    甲、中國籍人士移居金門；
    乙、志願役軍人大量定居；
    丙、觀光農業吸引新的農耕人口；
    丁、居住臺灣的金門人回鄉設籍；
    戊、臺商為方便來往兩岸而移籍金門。
    (A) 甲乙
    (B) 乙丙
    (C) 丙丁
    (D) 丁戊

第 17-18 題為題組

圖四是某一河流的某一測
站，在 2008 年 7 月 18 日
至 20 日的水文歷線圖。
請問：

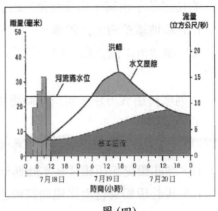

圖(四)

15. 降雨停止多少小時以後，測
　　站附近才開始出現氾濫？
　　(A) 9　　　　　(B) 18
　　(C) 27　　　　(D) 36

18. 如果未來在相同的降雨狀態下，該地水文歷線的「洪峰」點卻呈
　　現向左偏移的情形，最可能反映下列哪種現象？
　　(A) 測站上游植被遭受破壞　　(B) 測站上游興築大型水庫
　　(C) 測站下游開始興築堤防　　(D) 測站下游大量引水灌溉

第 19-20 題為題組

◎ 近年來，花蓮港的港口防波堤興建後，南側的南濱公園海岸，
　　發生相當嚴重的海岸侵蝕、濱線後退問題（圖五）；高雄梓官
　　的蚵仔寮地區，在漁港防波堤興建後，北側海岸也發生類似的
　　情況（圖六）。請問：

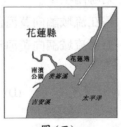

圖(五)

圖(六)

19. 相對於防波堤,蚵仔寮和花蓮南濱公園發生海岸侵蝕、濱線後退的位置並不相同,造成此差異的最直接因素是:
   (A) 兩地潮差的大小差異
   (B) 兩地沿岸海水的深度差異
   (C) 兩地沿岸流方向不同
   (D) 兩地受颱風侵襲頻率不同

20. 下列哪種研究方法,可以同時應用於南濱公園與蚵仔寮環境問題的快速研判?
   (A) 調閱清代繪製古地圖進行疊圖分析
   (B) 調閱築堤前後相片基本圖進行比對
   (C) 親赴現場進行沿岸風向與風速測量
   (D) 分析海灘剖面堆積物質的粒徑大小

第 21-23 題為題組

中國某地區的年降水量在 500~750 mm 之間,乾濕季節分明,年雨量變率大。請問:

21. 該地區的河川,由於上游人為攔截大量河水,中下游流量減少,常常造成無水入海的狀況。此水文現象可稱作:
   (A) 斷流　　　(B) 伏流　　　(C) 襲奪　　　(D) 分洪

22. 為解決該地區水源不足的問題,當代中國實施了跨流域調水工程。這些工程的實施,最可能是下列哪兩項?
   甲、遼河流域調向黃河流域;乙、長江流域調向黃河流域;
   丙、長江流域調向海河流域;丁、海河流域調向黃河流域;
   戊、長江流域調向珠江流域。
   (A) 甲乙　　　(B) 乙丙　　　(C) 丙丁　　　(D) 丁戊

第 23-24 題爲題組

　　豬、羊都是人類常畜養的家畜。其中豬性喜濕潤環境，但怕生、敏感、移動性弱，屬雜食性牲畜，適合畜養的溫度爲 15～25℃，每日需水量是羊隻的 2-3 倍，而當溫度超過 30℃ 時，需以灑水方式（或在泥沼中）降溫，是定耕民族最常畜養的家畜。羊性喜乾燥環境，每日需水量爲各類牲畜中偏低者，環境適應力良好，疾病的抵抗力也較佳，合群性與移動性皆強，屬草食性牲畜，故爲游牧民族最常畜養的牲畜。請問：

23. 在沒有人爲影響前題中，依照豬隻畜養的氣溫與需水量條件，下列哪個氣候區較適合豬隻的畜養？
    (A) 副極地氣候　　　　　　　　(B) 熱帶沙漠氣候
    (C) 溫帶草原氣候　　　　　　　(D) 溫帶地中海型氣候

24. 下列哪條界線，最符合豬隻畜養區與羊隻畜養區的大致分界？
    (A) 美國北美大平原的密士失必河
    (B) 內蒙古與華北平原之間的長城
    (C) 南歐與中西歐之間的阿爾卑斯山
    (D) 伊朗高原與阿拉伯半島之間的兩河流域

第 25-26 題爲題組

　　全球最大的連鎖咖啡店販賣的咖啡飲料，使用的材料包括咖啡豆、奶、糖和紙杯等。圖七爲該連鎖店咖啡飲料各種原料的來源地。請問：

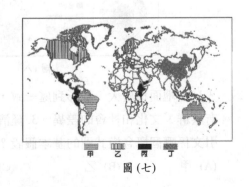

圖(七)

25. 該連鎖咖啡店主要是透過大量採購各種原料來壓低成本，但這種作法受到來自公平交易組織（FTOs）的質疑，尤其是咖啡豆的交易最受到關注。圖七中哪個地區，是公平貿易組織最關注的對象？

   (A) 甲　　　　　(B) 乙　　　　　(C) 丙　　　　　(D) 丁

26. 圖七中代號丙的國家，最可能出現下列哪些經濟或社會特徵？

   (A) 種姓制度、首要型都市
   (B) 科技化農業、資訊化社會
   (C) 首要型都市、殖民式經濟
   (D) 資訊化社會、產業空洞化

第 27-28 題為題組

圖八是四個地理學理論概念的模式圖。請問：

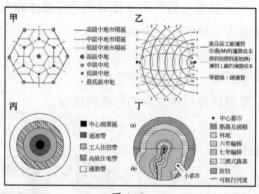

圖（八）

27. 「1. 土地面積廣大，地形到處一致，各地交通難易相同。2. 居民有族群、文化和社會的差異。3. 經濟活動以商業和輕工業為主。」引文係哪個概念模式圖的基本假設？

   (A) 甲　　　　　(B) 乙　　　　　(C) 丙　　　　　(D) 丁

28. 行政院核定的《國土空間發展策略計畫》，將臺灣的國土空間結構，規畫成北北基宜、桃竹苗、中彰投、雲嘉南、高高屏、花東和離島七個區域生活圈。區域生活圈的規畫，係以哪個理論概念為基礎？

　　(A) 甲　　　　　(B) 乙　　　　　(C) 丙　　　　　(D) 丁

第 29-31 題為題組

　　圖九是世界四種宗教的發源地及其擴散路線圖。請問：

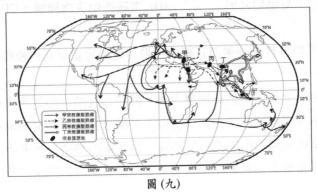

圖 (九)

29. 2010 年，東南亞某國的人口將近越南的 3 倍，但豬肉產量卻只有越南的 1/3，該國最可能位於圖九中哪種宗教的擴散區內？

　　(A) 甲　　　　　(B) 乙　　　　　(C) 丙　　　　　(D) 丁

30. 在不考慮施肥與灌溉的前提下，哪種宗教發源地的農業環境最佳？

　　(A) 甲　　　　　(B) 乙　　　　　(C) 丙　　　　　(D) 丁

31. 整體而言，哪種宗教普及的地區，其都市化程度最高？

　　(A) 甲　　　　　(B) 乙　　　　　(C) 丙　　　　　(D) 丁

第 32-33 題為題組

某企業接到美國客戶的訂單後,在東南亞的零件廠第二天便將生產好的零件,進行分裝整理,第三天即以空運送至墨西哥,與其他工廠生產的零件進行組裝,產品組裝完成後,隨即運往美國。請問:

32. 該企業在東南亞設立的工廠,最可能製造的產品是:
(A) 汽車引擎　　　　　　(B) 冷氣機壓縮機
(C) 桌上型電腦外殼　　　(D) 電腦的中央處理器(CPU)

33. 該企業將零件送往墨西哥組裝,最可能是考量下列何種經濟利益?
(A) 擁有大量且廉價的研發人員,同時存在廣大的銷售市場
(B) 與美國同屬北美自由貿易區,可減少進出口關稅的成本
(C) 鄰近美國西南部的石油產區,組裝廠所需動力不虞匱乏
(D) 工廠勞工福利制度相當完善,所需勞動力素質水準整齊

第 34-36 題為題組

表一是 2010 年某四個國家的經濟發展資料。請問:

國家	就業結構 (一:二:三級)	失業率(%)	貧窮人口比例(%)	前10%收入家庭佔總消費的比例(%)	後10%收入家庭佔總消費的比例(%)	外債 (億美金)	出口值 (億美金)	進口值 (億美金)
甲	5:23:72	7.9	30.0	32.6	1.2	128.6	68.0	52.6
乙	7:24:69	3.3	15.0	24.2	2.7	370.1	466.3	417.9
丙	42:20:38	1.2	9.6	33.7	1.6	82.5	191.3	156.9
丁	85:6:9	14.0	64.0	38.8	1.2	3.5	6.5	4.9

表(一)

34. 這四個國家中，哪個國家的貧富差距最小？

　　(A) 甲　　　　　(B) 乙　　　　　(C) 丙　　　　　(D) 丁

35. 哪個國家的資料，最可能是阿根廷的經濟發展概況？

　　(A) 甲　　　　　(B) 乙　　　　　(C) 丙　　　　　(D) 丁

36. 丁國的人口成長，最可能處在人口轉型的哪個發展階段中？

　　(A) 低穩定期或高穩定期

　　(B) 低穩定期或晚期人口擴張

　　(C) 高穩定期或早期人口擴張

　　(D) 早期人口擴張或晚期人口擴張

第 37-39 題為題組

　　臺灣氣候高溫潮濕，適合登革熱病媒蚊的孳生。一般來說，登革熱患者就醫後多可完全康復，但最讓防疫人員擔心的是登革熱重症—出血性登革熱的發生，其致死率高達 30-50%，而且目前尚無法有效掌握出血性登革熱發生的原因。以下圖十與表二為疾病管制局人員針對某地區的登革熱疫情統計。請問：

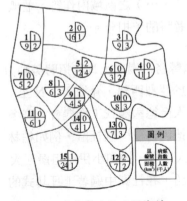

圖 (十) 登革熱流行地區資料

里編號	1	2	3	4	5	6	7	8	9	10	11	12	13	14	15	16
1								1	1	1		2				2
2								2	1	1	1					
3		4	3	3	1	3	4	2		1						
4	1		2		1	1										
5			3					1	1	1						
6	3	2	1	1	2	3		1	3							
7	1						1									
8													3	1		
9		1	1	2	1	3										
10			1	1	1	1	2									
11								1	1	1	1	1	1			
12			2		1								1			
13				2												
14					1	1										
15							1		2		3		2		1	

表 (二) 各週病例數

37. 登革熱疫情在該區域中的空間擴散方式，最符合下列哪種類型？
    (A) 擴張型　　　(B) 階層型　　　(C) 位移型　　　(D) 混合型

38. 某研究人員歸納相關資料後，發現當某村里與其（共邊）相鄰村里的病媒蚊指數總和大於 5，且本里連續 4 週以上有一般性登革熱病例時，就可能發生出血性登革熱重症病例。根據上述資訊，以下哪個村里是最需要注意登革熱疫情的地區？
    (A) 2 號　　　(B) 3 號　　　(C) 9 號　　　(D) 11 號

39. 出血性登革熱的發生可能與人口密度及一般性登革熱的罹患率（病例數/人口數）有關，即單位面積罹患率愈高的地區，愈有機會發生出血性登革熱疫情。以 9 至 12 週的一般性登革熱統計來看，以下哪個村里最可能發生出血性登革熱疫情？
    (A) 2 號　　　(B) 8 號　　　(C) 11 號　　　(D) 15 號

貳、非選擇題（22 分）

說明：共有三大題，每一子題的配分標於題末。作答務必使用筆尖較粗之黑色墨水的筆書寫，且不得使用鉛筆。各題應在「答案卷」所標示之大題號（一、二、…）之區域內作答，並標明子題題號（1、2、…）。違者將酌予扣分。

一、 1961 年德國與土耳其簽定「德國勞務市場向土耳其招聘勞動力協議」，促使許多小亞細亞（位於亞洲西部，介於 36° N 至 42° N 之間）生活困苦的土耳其人至德國尋找工作機會。許多到德國工作的移民滯留不歸，在德國自成一個社區，例如柏林的 Kreuzberg 區就有許多土耳其人集中，宛如小伊斯坦堡。大部分的土耳其人一生都不會講德語，在社區中過著土耳其式的生活。請問：

1. 土耳其到德國的國際移民現象，可以用哪個理論來解釋？
（2分）

2. 根據小亞細亞的位置判斷，這些依「協議」到德國尋找工作的土耳其移民，其原鄉最可能是哪兩種氣候類型的過渡區？【兩個答案正確才給分】（2分）

3. Kreuzberg 區的外籍移民，在舉辦婚喪喜慶或從事宗教祭儀行為時，最可能前往什麼場所（建築物）進行這些活動？（2分）

二、 位於新北市淡水河支流的大豹溪流域，清末日治初期時，曾因遍布原始樟樹林，樟腦加工業相當發達。但是當日治時代中葉，該地樟樹砍伐殆盡，再往內山尋找樟樹林時，因為侵入了原住民的生活領域，使得樟腦加工業的發展受到限制；隨後再因歐洲化學工業的發達，化學合成的樟腦逐漸取代了天然的樟腦，使得該地的樟腦事業逐漸沒落。二十世紀末，大豹溪只剩下幾家樟腦加工廠，持續從花蓮輸入樟木片，依循古法煉製天然樟腦。請問：

1. 日治中葉從大豹溪往內山尋找樟樹林時，主要侵入哪個原住民族的生活領域？（2分）

2. 對於大豹溪流域天然樟腦加工業而言，日治中葉以後，當地的天然樟腦已進入產品週期(Product life-cycle)的哪個階段？（2分）

3. 二十世紀末樟腦加工廠的樟木片，最可能來自臺灣五大山脈中的哪兩座山脈？【兩個答案正確才給分】（2分）

4. 二十世紀末大豹溪樟腦加工廠的經營，工業區位考量主要為何？（2分）

三、 臺灣地窄人稠，隨著不斷的開發，各地的土地覆蓋和土地利用
也持續變化。圖十一中 (甲)～(丙) 圖大致呈現了臺灣某地區在
過去 80 年間的變化：(甲) 1920 年代初期、(乙) 1980 年代中期、
(丙) 2000 年代初期；三張
圖中的主要符號，列於丙
圖之下。請據以回答下列
問題。

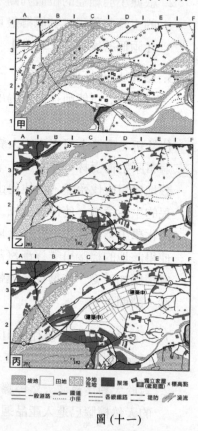

註明： 這些地圖均改繪自當時
出版的等高線地形圖，
圖上網格邊長代表實際
距離 1 公里，高度的單
位公尺；是為使畫面易
讀，改繪過程中，原圖
中有些符號沒有呈現。

1. 本區在地形上最顯著的變
化為何？（2 分）

2. 本區在最近二、三十年間
快速都市化，除了農地、
荒地縮減、建地大幅增加，
還有哪項土地利用的變化，
最能反映快速都市化現象？
（2 分）

圖 (十一)

3. 本區有一座創建於清乾隆年間的廟宇，至今仍為地方最重要
的信仰中心。該廟宇最可能位於哪個網格中？（2 分）
註明：請以標示於圖上的「網格坐標」回答，否則不予計分。

4. 本區在 2000 年代初期有一大型開發案（即丙圖標示「建築
中」的區塊）。該開發案所在地以何種自然災害的潛在威脅
最大？簡述你判斷的依據。【兩個答案正確才給分】（2 分）

100年度指定科目考試地理科試題詳解

壹：選擇題

1. **C**
   【解析】 台灣西南雲嘉沿海，因超抽地下水造成地層下陷，住屋易遭水患，故出現樓房昇高、遷移的廣告。

2. **B**
   【解析】 乙、中心商業區（C. B. D.）形成於都市而非鄉村地區。
   丙、都市化程度：指都市人口佔總人口的比例。

3. **D**
   【解析】 (A) 秘魯西北部塞丘拉沙漠：東南信風帶。
   (B) 澳洲西北部大沙地沙漠：乾燥的岩漠，無沙丘分布。
   (C) 埃及西南部的撒哈拉沙漠：東北信風區。
   (D) 中國西部塔克拉馬干沙漠：屬砂質沙漠，多沙丘和新月丘。

   新月丘：
   (1) 迎風坡成凸型緩坡，背風坡成凹型陡坡。
   (2) 平面形狀如新月，兩側尖角順盛行風去向延伸。
   (3) 照片由南向北拍攝，故：

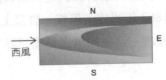

4. **D**

【解析】 甲、台灣都市土地利用中，道路的面積有增無減。

5. **B**

【解析】 由文中「將都市獨特文化更進一步反映，融合與固化…」可判知為「全球在地化」的理念。

6. **A**

【解析】 高收入國家的 (B) 貿易額、(C) 汽車數量、(D) 國內生產毛額在 1965 年到 2025 年間均應高於中低收入國家，圖中顯示相反，故判斷此圖乃依據 (A) 勞動力資料所繪成。

7. **C**

【解析】 「土地使用分區管制」為實施都市計劃的一種手段。
實施的主要目的：
(1) 維護良好的居住環境及提供合宜的「公共設施」。
(2) 確保各分區的經濟效益，消除土地不當利用。

8. **A**

【解析】 甲圖：都市人口數增加量＞鄉村人口數增加量。

9. **A**

【解析】 非洲黑人最初被引進美國當農奴，理論上林肯總統在 1863 年解放了黑奴，實際上仍出現種族隔離制度法令，歷經一連串的黑人民權運動才逐漸獲得平等權利。

10. **B**

【解析】 (1) 中國為世界工廠 → 大量廉價勞工使工業產品價格穩定或下跌。

(2) 中國為新興資本市場 → 13 億人口因經濟改善，消費增加，造成能源與食品價格飆升。

第 11-12 題為題組

11. **D**

【解析】 乙、圓餅的位置顯示霍亂的「地方」，而非「地方病」。

丙、圓餅面積大小表示病患人數。

12. **A**

【解析】 烏溪：因下游流經台中盆地和大肚台地，又稱「大肚溪」，為台中市與彰化縣的界河。

第 13-14 題為題組

13. **C**

【解析】 日本與台灣同屬季風氣候，冬、春季節福島輻射物質隨著蒙古高壓外圍環流（即冬季季風）擴散到台灣。

14. **D**

【解析】 (1) 空間分工鏈：在某產業中各階段的製程，由不同地區專門負責，形成一個相互聯繫的產業網路系統。

(2) 台灣高科技產業的關鍵原材料和零件多由日本進口，日本發生強震後工廠關閉，波及台灣產業零件的供應，若供應不及，生產則會被迫中斷，影響成品的出貨。

第 15-16 題為題組

15. **D**

【解析】 (A) 金門工業不發達，不易產生嚴重污染。

(B) 金門農業以高粱、甘藷、花生和蔬菜等為主，水田
灌溉有限。

(C) 金門多花崗岩層（火成岩），地層不易下陷。

16. **D**

【解析】 甲、中國籍人士不准移居金門。

乙、金門的國軍昔日有十萬多人，目前僅剩五千人左
右，志願役軍人退役後返台。

丙、當地農民發展觀光農業。

第 17-18 題為題組

17. **B**

【解析】 見圖示。

18. **A**

【解析】 水文歷線的
「洪峰」左
移，表示洪
峰滯延期縮
短，上升側
（漲水翼）
更陡，反應
測站上遊植被遭破壞。

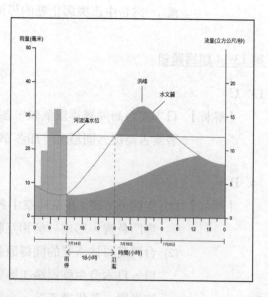

第 19-20 題為題組

19. **C**

　　【解析】　防波堤造成「突堤效應」：垂直於海岸的突堤，面向沿
　　　　　　　岸流的一側因漂沙受阻而堆積，背向沿岸流的一側，
　　　　　　　因漂沙減少而使堆積減少或侵蝕大於堆積。

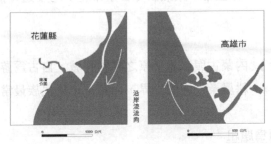

20. **B**

　　【解析】　海岸產生侵蝕或堆積均發生於築堤前後，故調閱築堤
　　　　　　　前後相片比對，便可快速研判。

第 21-22 題為題組

21. **A**

　　【解析】　中國黃淮海平原（華北平原）：年降水量約500 到 700 mm
　　　　　　　之間，乾溼分明，年雨量變率大，集中率大，屬溫帶季
　　　　　　　風氣候。黃河中下游常發生斷流現象。

22. **B**

　　【解析】　中國南水北調：
　　　　　　　(1) 中國水資源南多北少，故自長江上、中、下游分三
　　　　　　　　　線（西線、中線、東線）調水至華北和西北。
　　　　　　　(2) 南水北調跨長江、淮河、黃河、海河和大運河各流
　　　　　　　　　域。

第 23-24 題為題組

23. **D**

【解析】 豬隻畜養溫度為 15℃到 25℃，性喜濕潤環境，故 (A) 副
極地氣候（太寒冷）、(B) 熱帶沙漠氣候（太乾熱）和
(C) 溫帶草原氣候（冬季冷乾）均不適宜畜養。

24. **B**

【解析】 內蒙古與華北平原之間的長城，自古為游牧民族與定
耕農業民族的分界，而豬是定耕民族最常畜養的家畜。

第 25-26 題為題組

25. **C**

【解析】 公平貿易組織（FTOs）是一種有組織的社會運動，是
基於對話、透明和尊重的貿易夥伴關係，追求國際交易
的公平性，確保被邊緣化的勞工和生產者的權益（特
別是非洲、拉丁美洲和亞洲），確保作物以公平的價格
出售，為一種永續發展與減少貧窮的策略。

26. **C**

【解析】 中南美洲為首要型都市、殖民式經濟的代表區域。

第 27-28 題為題組

27. **C**

【解析】 甲、中地理論；乙、韋伯工業區位理論；丙、都市內
部結構的同心圓模式；丁、邱念的區位租理論。

28. **A**

【解析】 地方生活圈主要根據克里司徒勒的「中地理論」所建立：地方生活圈是一種中地和腹地連結的地理區，即地方生活圈的建立可健全都市體系，增進國土利用，使人口、產業合理分佈。

第 29-31 題為題組

29. **B**

【解析】 乙、位於伊斯蘭教的擴散區內，因伊斯蘭教徒禁食豬肉。

30. **D**

【解析】 佛教發源的丁地屬於熱帶季風氣候，比甲、乙、丙三地暖濕，較適合農業。

31. **A**

【解析】 甲、基督教。

第 32-33 題為題組

32. **D**

【解析】 電腦中央處理器（CPU）的「產品生命週期」短，故接單後才生產零件、組裝完成後運送給客戶，以減少庫存降低成本。

33. **B**

【解析】 北美自由貿易區（NAFTA）：美國、加拿大、墨西哥三國組成。該企業將零件運送往墨西哥組裝後再將產品運往美國，可減少進出口關稅的成本。

第 34-36 題為題組

34. **B**

【解析】 (1) 乙國前 10% 收入家庭佔總消費的比例 24.2%，為四國中最低國。

(2) 乙國後 10% 收入家庭佔總消費的比例 2.7%，為四國中的最高國。

故乙國貧富差距最小。

35. **A**

【解析】 甲國：阿根廷在西班牙統治期間形成了「大地主制度」，故第一級就業人口偏低，貧窮人口比例高達 30%，貧富差距大。

36. **C**

【解析】 (1) 丁國就業結構：一級 85：二級 6：三級 9，貧窮人口比例 64%，經濟生產能力低，相當於低度開發國家。

(2) 高穩定期：出生率和死亡率皆高，自然增加率低，人口成長呈緩慢穩定狀態。此時相當於低度開發國家階段。

(3) 早期擴張階段：出生率仍高，死亡率逐漸下降，自然增加率愈來愈大，人口成長逐漸加快。相當於開發中國家的早期階段。

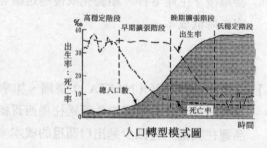

人口轉型模式圖

第 37-39 題為題組

37. **D**

【解析】　首先觀察前二週的病例分布，便可判斷綜合型的擴張
　　　　方式。擴張型＋位移型＝綜合型。見圖示。

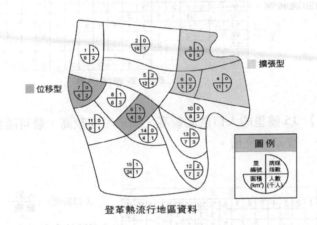

登革熱流行地區資料

38. **C**

【解析】

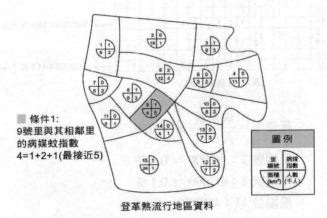

■ 條件1：
9號里與其相鄰里
的病媒蚊指數
4=1+2+1(最接近5)

登革熱流行地區資料

里編號	1	2	3	4	5	6	7	8	9	10	11	12	13	14	15	16
1								1	1	1		2				2
2									2	1	1	1				
3		4	3	3	1	3	4	2		1						
4	1		2		1	1	1									
5				3				1	1	1						
6	3	2	1	1	2	3		1	3							
7	1							1								
8									3	1						
9		1	1	2	1	3										
10			1	1	1	1	2									
11								1	1	1	1	1	1			
12			2		1									1		
13				2												
14					1		1									
15								1		2		3		2		1

條件2：
連續四週病例 —→ (里編號9)

表二 各週病例數

39. **D**

【解析】 15號里的人口密度較高、罹患率亦較高，最可能發生登革熱疫情。

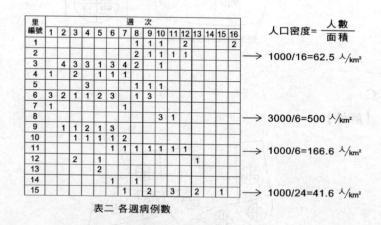

表二 各週病例數

$$\text{罹患率} = \frac{\text{病例數}}{\text{人口數}} \times 100\%$$

里編號 2：4/1000 = 0.4 %

里編號 8：4/3000 ≒ 0.1 %

里編號 11：4/1000 = 0.4 %

里編號 15：5/1000 = 0.5 %

貳：非選擇題

一、 1. 推拉理論。
　　2. 溫帶地中海型、乾燥氣候。
　　3. 清眞寺。

二、 1. 泰雅族。
　　2. 成熟期。
　　3. 中央、海岸山脈。
　　4. 工業慣性。

二、 1. 河道縮減。
　　2. 道路增加。
　　3. （C，1）。
　　4. 洪患、建築用地位在昔日河流的行水區。

100 年大學入學指定科目考試試題
公民與社會考科

一、單選題（76 分）

說明：第 1 題至第 38 題，每題 4 個選項，其中只有 1 個是最適當的
選項，畫記在答案卡之「選擇題答案區」。各題答對得 2 分，
未作答、答錯、或畫記多於 1 個選項者，該題以零分計算。

1. 針對報上一篇評論：「接納同性戀將造成生育率下降，不利社會
生產」，某知名同志作家為文抗議，指出這是一種歧視的言論。
請問下列哪一項是判斷同性戀的標準？
(A) 性徵（sex character）
(B) 性傾向（sexual orientation）
(C) 生物性別（sex）
(D) 社會性別（gender）

2. 根據社會學家的研究，不同型態的社會具有不同階層化與社會流
動形式，下列哪一種敘述代表崇尚自由競爭與機會均等的開放社
會？
(A) 高度的代間垂直流動
(B) 低度的代內水平流動
(C) 高度的代間水平流動
(D) 低度的代內垂直流動

3. 表一為我國 20 歲及以上同住夫妻平日處理家事之平均時數統計。
下列針對它的敘述，何者是錯誤的？

表一　20 歲及以上同住夫妻平日處理家事之平均時數　單位：小時

	民國 91 年 8 月	民國 95 年 9 月
夫	1.10	0.98
妻	3.11	2.70
平均量	2.10	1.84
按妻之就業狀況分		
妻就業		
夫	1.12	1.01
妻	2.46	2.18
妻未就業		
夫	1.08	0.95
妻	3.74	3.27

說明：平日係指週一至週五。

(A) 現代夫妻生活忙碌，平日處理家事的時間較往年減少

(B) 妻子不論就業與否，丈夫處理家事的時間並無明顯差異

(C) 妻子就業者的比率提高，雙薪家庭已爲社會的主要型態

(D) 妻子爲職業婦女時，平日處理家事的平均時數低於未就業者

4. 報載我國教育部正在推動成人彈性就讀大學「224 方案」，即年滿 22 歲、工作滿 4 年可申請入學大學，以增加成人入學機會。下列何者最符合這個方案設計所要提供的教育管道？
   (A) 社會教育　　　　　(B) 網際網路教育
   (C) 補習教育　　　　　(D) 學校教育

5. 隨著失業率的不斷上升，有關臺灣所實施的失業保險與福利制度，以下何者正確？
   (A) 依照就業保險法的「保險給付」，是專指失業給付
   (B) 爲尊重失業者的意願，社會保險採取自願參加爲原則
   (C) 企業規劃就業服務與職業訓練制度，以增進就業安全
   (D) 「失業給付」是以提供失業者的生活基本保障爲目的

6. 表二爲某國最近一年志願服務工作者參與服務情形之統計。下列哪個針對它的敘述是正確的？

表二　最近一年參與志願服務工作者參與之服務項目　單位：%

	醫院	學校	環保及社區	社會福利	文化休閒體育	急難救助及交通	宗教	政治團體	職業團體
男	2.7	8.7	32.1	20.2	8.2	13.8	36.0	10.9	12.5
女	6.7	17.3	30.6	25.8	6.4	2.1	39.2	5.1	5.5
15~24 歲	7.3	7.2	26.9	42.5	15.3	2.3	18.0	3.5	1.8
25~44 歲	5.3	19.1	30.2	21.7	7.3	10.7	34.4	8.3	9.4
45~64 歲	3.1	8.1	33.6	18.9	5.0	9.0	45.0	9.1	12.3
65 歲及以上	1.7	2.4	35.8	15.3	5.8	2.9	53.6	11.4	7.9

(A) 兩性參與志願服務情形的差異主要受該服務項目特質之影響

(B) 從志願服務工作者參與服務項目的比例看來，該國顯然是個宗教國家

(C) 青少年參與文化、休閒、體育及學校等項目服務高於其他年齡層

(D) 參與宗教、環保及社區、職業團體等服務項目者的比率隨年齡提高而增加

7. 童話故事「灰姑娘」中，灰姑娘的母親死後，父親新婚的妻子帶著她所生的二個女兒，三人一起住進灰姑娘家。之後她們就常常趁著父親出外時，強迫灰姑娘做許多粗重的工作，並且使她無法獲得溫飽。請依我國現行民法關於父母子女及繼承等規定，判斷下列敘述何者正確？

(A) 繼母不是生母，並無親權，繼母對灰姑娘的行為不適用家庭暴力防治法

(B) 繼母如合法收養灰姑娘，繼母與灰姑娘間的親屬關係為直系姻親一親等

(C) 父親疼愛新婚妻子，在遺囑中把所有的財產留給妻子，未違反民法規定

(D) 繼母的二個女兒，因母親和灰姑娘父親結婚，對於父親的遺產有繼承權

8. 小明參加好友小華的生日派對，小華拿出自國外帶回的大麻菸，
   問小明要不要抽兩口試試，小明遲疑的問：「這沒有問題嗎？」
   小華回答：「安啦！只是抽好玩的，這在國外都可以的啦！」試
   問下列敘述何者正確？
   (A) 小華只是讓小明吸兩口好玩而已，並不符合「成癮性」要
       件，所以法律並不處罰
   (B) 小華認為抽大麻菸在國外是合法的，才問小明要不要試試，
       並非明知故犯，法律並不處罰
   (C) 小明抽大麻菸雖是出於小華的慫恿所致，並非自己主動嘗
       試，但仍構成故意犯罪要處罰
   (D) 小明相信小華的話，認為吸食大麻菸沒事，情有可原，可依
       過失犯之規定減輕處罰

9. 同為十五歲的志明與春嬌是青梅竹馬，朋友都認為他們是天生的
   一對。某日，花前月下，兩人情不自禁的發生性關係。試問下列
   敘述何者最為正確？
   (A) 依據「罰男不罰女」條款，法律只處罰志明。但因志明未滿
       十八歲，可以減輕其刑
   (B) 兩人是情投意合的情況下發生性行為，並沒有「違反他人意
       願」，所以法律並不處罰
   (C) 兩人是情投意合的情況下發生性行為，並沒有任何金錢及對
       價交易，所以法律並不處罰
   (D) 雖然兩人是情投意合的情況下發生性行為，但因為均未滿十
       六歲，所以兩人都要受法律處罰

10. 某社會新聞內容如下：「涉及多起性侵案件的通緝犯阿明，(1) <u>經警方佈線逮捕後</u>，(2) <u>即由檢察官下令羈押於看守所</u>。日前，(3) <u>檢察官偵查終結，將阿明向地方法院提起公訴</u>，經過審理後，(4) <u>法院與陪審團一致認為阿明罪證確鑿且惡性重大</u>，(5) <u>判決阿明重刑且須化學去勢</u>。」請問以上哪些劃線敘述內容與現行法律規定<u>並不相符</u>？

    (A) 1、3、4　　(B) 2、3、5　　(C) 2、4、5　　(D) 1、2、5

11. 歷經七次修憲後，目前我國政府體制為同時具有總統制與內閣制特徵的「雙首長制」或「混合制」。請問下列何者足以彰顯我國具有總統制的特質？

    (A) 總統由人民直選　　　　　　(B) 總統具有覆議權

    (C) 總統具解散國會權　　　　　(D) 行政院長無副署權

12. 壓力團體是指「以各種方式對政府施壓，表達本身需求進而影響政府決策。」根據前述，下列有關壓力團體的敘述，何者較為正確？

    (A) 會利用各種方式影響政府決策，妨礙國家進步發展

    (B) 多數強調自利性的目的，欠缺公益性之社會性宗旨

    (C) 可以透過正式與非正式管道，表達意見並影響決策

    (D) 為一種非正式組織，且在其利益受影響時才會動員

13. 今年年初二代健保案在立法院三讀通過後，當時的衛生署長向媒體表示自己的階段性任務完成，隨即向行政院長請辭署長職務獲准。請問此乃何種責任政治之表現？

    (A) 政治責任　　　　　　　　　(B) 行政責任

    (C) 法律責任　　　　　　　　　(D) 道德責任

14. 民國 99 年考試院院會通過《公務人員考績法》修正草案，其中規定各機關考績列丙等的人數比率不得低於 3%，而公務人員若在 10 年內累積三次丙等，就要被資遣或強制退休。請問這項修正案的作法，最主要在於落實哪類政策作為，藉以提升公務員的表現與能力？
(A) 政策規劃
(B) 政策合法
(C) 政策執行
(D) 政策評估

15. 通貨膨脹係指物價水準持續上升的現象。當一國的通貨膨脹持續以兩位數字的水準變化時，下列哪一社會現象最可能出現？
(A) 人民的生活品質提升
(B) 人民的儲蓄意願降低
(C) 生產者投資意願提高
(D) 薪水階級處於有利的地位

16. 一國的貨幣供給量深受該國中央銀行的作為所影響。在下列中央銀行的各項作為中，何者將降低該國的貨幣供給量？
(A) 降低重貼現率
(B) 降低法定存款準備率
(C) 採行寬鬆的貨幣政策
(D) 公開市場操作賣債券

17. 中央銀行是主管貨幣的金融機構，對該國經濟具有重大影響。下列是有關我國中央銀行的描述，請問何者正確？
(A) 隸屬於行政院的營利事業機構
(B) 接受商業銀行兌現未到期的支票
(C) 往來對象包含政府部門、商業銀行、公司行號
(D) 可採增加貨幣供給的方式來抑制通貨膨脹

18. 公平與效率是政府課徵稅賦時必須要同時考量的兩大基本原則。下列是有關這兩大原則的敘述，請問何者正確？

(A) 依地價高低課徵地價稅係考量公平原則

(B) 累進所得稅的設計目的在符合效率原則

(C) 基於公平原則的考量，稅賦制度不應繁雜難行

(D) 基於效率原則的考量，納稅能力越高者應繳交越多的稅賦

19 在金融市場中，股票與債券均是籌措資金的管道。下列是有關股票與債券的描述，請問何者正確？

(A) 債券持有人是發行單位之股東

(B) 股票的到期期限為 10 到 15 年

(C) 與股票相比，債券之報酬較固定

(D) 股票之報酬計含利息與股利

20. 表三為小明面對甲、乙、丙、丁等四項資產投資時的投資金額與一年後的預期獲利金額。請問下列何者的預期投資報酬率最大？

表三

	甲項投資	乙項投資	丙項投資	丁項投資
投資金額	5萬元	8萬元	2萬元	10萬元
預期獲利金額	8千元	1萬元	4千元	1萬2千元

(A) 甲項投資   (B) 乙項投資

(C) 丙項投資   (D) 丁項投資

21. 若一國經濟受全球景氣持續回升、民眾消費信心隨勞動市場改善及金融市場活絡而增強。請問以下有關國民所得、就業以及經濟成長的敘述何者正確？

(A) 政府發放消費券，透過提升民間投資提高國民所得

(B) 全球經濟景氣回升，刺激臺灣出口成長，提高經濟成長率

(C) 民眾消費信心提高，積極投資股市，致使股價指數攀升

(D) 勞動市場改善、就業提高，使結構性失業人口降低

22. 一般而言，相同商品對每一個購買者的售價應該都一樣，不過有些則例外。依照駕駛人肇事頻繁與否，訂立不同汽車保險費率；或依照購買保險者之職業或年齡差異，要求支付不同費率。請問以上針對不同個人要求不同保險費率的原因為何？

(A) 風險程度之差異

(B) 市場競爭程度不同

(C) 維持環境永續發展

(D) 保險商品供不應求

23. 羅小玲自大學畢業後，順利考上高考並進入政府部門工作，但她常利用週末時間參加「兒童福利文教基金會」所成立的志工服務隊，協助小朋友的課業輔導與接送服務，在與兒童的互動過程中，她也成為小朋友心目中好姐姐，並把她當成仿效的對象。請問上文關於羅小玲所參與的活動及團體，下列哪一個敘述最為正確？

(A) 政府部門屬於第二部門

(B) 羅小玲是小朋友的重要他人

(C) 志工服務隊屬於非正式志願服務

(D) 兒童福利文教基金會屬於營利團體

24. 在資訊社會中，資訊科技對於人們的生活有著重要的影響，如年輕人使用網路的時間愈來愈增加。關於資訊科技對人類所造成的影響較符合下列哪個敘述？

(A) 網路世界中不易辨別真實身分

(B) 網路世界是以有形具體空間為主

(C) 互動增加且不會造成人際間疏離

(D) 青少年愈習慣於進行面對面互動

25-27 為題組

　　小惠常去日本旅行，每次都採購當地風行的粉紅色包裝眼藥水十瓶，返臺後，即在個人部落格上拍賣這些眼藥水，並順利賣出，未曾被處罰。今年二月，小惠再次於部落格上拍賣眼藥水時，衛生署卻以該眼藥水未經檢驗無販售許可，且不得於網路上買賣藥品為理由，決定裁處小惠罰鍰二十萬元。

25. 關於小惠與買家間的交易行為，下列敘述何者正確？
    (A) 基於私法自治精神，小惠與買家間的交易行為不受法律拘束
    (B) 小惠與買家雖然未簽訂書面契約，但契約並不會因此而無效
    (C) 當拍賣結束時，十瓶眼藥水即因交易行為完成而歸買家所有
    (D) 買家依民法相關規定，可向小惠主張享有七日猶豫期的權利

26. 下列何者<u>不是</u>衛生署作成裁處罰鍰的決定時應考量的事項？
    (A) 是否已經給予小惠表示意見的機會
    (B) 裁處二十萬元罰鍰的額度是否過高
    (C) 對於小惠裁處罰鍰是否有法律的依據
    (D) 小惠是否可主張信賴原則而不受到處罰

27. 如果小惠對於衛生署的裁罰決定不服，可能採取何種救濟途徑？
    (A) 民事訴訟   (B) 刑事訴訟
    (C) 行政訴訟   (D) 公務員懲戒

28-29 為題組

　　阿龍現年十七歲，未得父親同意，即利用暑假到便利超商打工，賺取一些零用錢。未料在超商搬貨時，不慎壓傷顧客小花。小花一氣之下，考慮向阿龍、阿龍的父親以及超商老闆請求民事賠償。

28. 試問關於各人間民事責任的敘述，何者正確？
    (A) 除非有法定之免責事由，原則上小花可向阿龍、阿龍父親以及超商老闆任一人請求全部賠償
    (B) 阿龍父親與超商老闆對於阿龍未盡監督照顧之責，依法各應對小花負責一半的賠償責任
    (C) 傷害發生地點在超商內，所以小花應先向超商老闆求償，如無結果，才可向阿龍父親求償
    (D) 阿龍是在便利超商打工搬貨時造成小花的傷害，並非在家務範圍，所以阿龍父親不負賠償責任

29. 試問下列關於各人刑事責任之敘述，何者正確？
    (A) 如果小花已獲得民事上所有賠償，就不能再追究刑事責任
    (B) 阿龍是不慎壓傷小花，非出於故意，所以他不負刑事責任
    (C) 阿龍未滿二十歲，屬於未成年人，因此僅負部分刑事責任
    (D) 超商老闆雖可能要負民事賠償責任，但依法不負刑事責任

30-31 為題組

兩岸關係對我國國家安全、經濟成長、外交與內政等政策皆具關鍵性的影響，其中部分政策間形成相互對立或彼此間具有張力的關係。關於此，請回答以下問題：

30. 我國的外交政策與兩岸關係具有密切的關係，故兩者間如何取得平衡成為我國開展對外關係的重要關鍵。以下為我國不同時期政府的外交政策宣示，請問其出現的先後順序為何？
    （甲）活路外交　　　　　（乙）務實外交
    （丙）漢賊不兩立　　　　（丁）全民外交
    (A) 丙乙丁甲　　(B) 丁丙乙甲　　(C) 丙丁甲乙　　(D) 丁丙甲乙

31. 「經濟成長」與「國家安全」向來是我國發展兩岸經貿關係的政策辯論核心，前者主張兩岸經貿的擴大有助於我國經濟成長，後者強調過多對大陸的經貿依賴將不利於國家安全。請問上述兩種觀點分別代表何種意識型態？
    (A) 自由主義與民族主義　　(B) 社會主義與第三條路
    (C) 民族主義與社會主義　　(D) 自由主義與第三條路

32-34 為題組

2011 年 3 月 11 日，日本東北發生大地震，引發海嘯淹沒城鎮，核電廠因此毀損，引起輻射污染，導致嚴重的人員傷亡及財物損失。此外，產業生產因此中斷，交通運輸受損，商品無法順利出口，加上後續重建問題，使政府面對龐大的支出。

32. 請問下列情形中，何者屬於日本政府為保障該國人民生存權所採取的措施？
    (A) 處罰未經許可而進入警戒區的人民
    (B) 對於全國各地實施輪流限電的措施
    (C) 禁止出口受輻射污染的菠菜和牛奶
    (D) 對東京有新生兒的家庭配送礦泉水

33. 按照日本政治體制，下列關於政府的救災行動以及可能發展的敘述，何者正確？
    (A) 日本首相為國家元首，發表電視講話鼓舞民心眾士氣
    (B) 天皇為國家最高行政首長，親自指揮並說明救災狀況
    (C) 在野黨可因執政黨救災不力對內閣提出「不信任案」
    (D) 日本為聯邦制國家，故地方必須承擔較多的救災責任

34. 請問下列有關此次地震對日本經濟影響的敘述，何者正確？
    (A) 財政盈餘提高
    (B) 貿易赤字降低
    (C) 經濟成長趨緩
    (D) 生產可能曲線外移

35-38 為題組

　　2010 年底，一名突尼西亞青年因無照擺攤被警察沒收攤販車後，抗議無效而自焚身亡，引發人民因對於高失業率及糧價不滿而走向街頭示威抗議，此情勢快速擴散至全國，迫使領導人下台，導致威權政府被推翻。2011 年初，此種反威權統治的抗議席捲北非與中東大部分地區，進而導致埃及威權政體垮台以及利比亞等多個國家內部衝突不斷。

35. 關於威權轉型的條件甚多，以下何者最能解釋上述現象？
    (A) 經濟發展造成社會變遷與政治民主
    (B) 伊斯蘭文化為帶動威權轉型的動力
    (C) 國際干預與施壓是革命發動的主因
    (D) 單一強人長期統治造成正當性危機

36. 根據上述出現的民眾示威抗議活動，較接近下列哪一種性質的社會運動？
    (A) 革命式社會運動
    (B) 革新式社會運動
    (C) 保守式社會運動
    (D) 反動式社會運動

37. 上述事件反映了現代民主法治國家應具備的特徵及要求。以下相關敘述，何者正確？
    (A) 降低失業率及糧價以確保人民的生存，是保障平等權的要求
    (B) 非暴力的示威抗議，是法治國家中人民拒絕服從惡法的表現

(C) 國家領導人被推翻下台已承擔政治責任，不受司法機關審查

(D) 民主國家中，人民的基本人權必須經由革命抗爭而獲得保障

38. 盛產石油的利比亞因此次衝突出現社會動盪，請問對國際經濟產生的影響為：

(A) 原油價格上漲、黃金價格下跌

(B) 天然氣價格下跌、黃金價格上漲

(C) 原油價格上漲、天然氣價格下跌

(D) 天然氣價格上漲、黃金價格上漲

二、多選題（24 分）

說明：第 39 題至第 50 題，每題有 5 個選項，其中至少有 1 個是正確的選項，選出正確選項畫記在答案卡之「選擇題答案區」。各題之選項獨立判定，所有選項均答對者，得 2 分；答錯 1 個選項者，得 1.2 分，答錯 2 個選項者，得 0.4 分，所有選項均未作答或答錯多於 2 個選項者，該題以零分計算。

39. 近年來，商品仿製及購買在中國大陸極為盛行，舉凡服裝、皮包、手錶、手機等國際品牌的產品皆在列，形成當地獨特的所謂「山寨文化」現象。下列哪些關於文化的概念可以說明這種現象？

(A) 次文化　　　　　　(B) 主流文化

(C) 大眾文化　　　　　(D) 精緻文化

(E) 流行文化

40. 國家在行政法上對於人民應負之責任，主要為國家賠償、損失補償及社會補償等責任。請問下列關於國家所負責任的類型，哪些相同？

(A) 市政府對於夜店消防安全疏於管制，夜店發生大火造成民眾死亡

(B) 縣政府為興建科學園區以及附近聯外道路，徵收農民所有的土地

(C) 情報人員從事情報工作，在執行勤務期間被敵人發現，入獄多年

(D) 公立國中教師對於學生進行性騷擾，導致學生身心受到嚴重創傷

(E) 政府未積極規劃防洪工程並興建堤防，致颱風時民眾的工廠淹水

41. 隨著傳播科技的發達，媒體對一個國家政治運作與公共政策制訂扮演越來越重要的角色。以下關於媒體與政治的敘述，哪些正確？

(A) 世界各國的媒體皆以監督政府施政作為其「天職」

(B) 媒體被稱為與行政立法司法鼎足而立的「第四權」

(C) 媒體發達後，政治人物愈來愈要有「推銷與表演的才能」

(D) 政治人物經營媒體有助於減少政治運作與新聞報導間的差距

(E) 隨著網路發達，「網路民意」已可代表「實體社會民意」

42. 政治學者指出：「民主的單位越小，公民參與的可能性就越大，公民把政府決策的權力移交給代表的必要性就越小；而民主的單位越大，處理各種重大問題的能力就越強，公民把決策權移交給代表的必要性就越大。」根據上述理念，「五都」改制的效應，對於我國民主發展的可能影響為何？

(A) 五都改制的優勢，在於強化中央政府的統籌能力

(B) 五都改制後，將帶領區域之間的競爭與合作關係

(C) 五都內鄉鎮市選舉取消，相對遏止地方惡質選風

(D) 五都含括我國多數人口，地方與中央衝突性漸增

(E) 五都內鄉鎮市選舉變革，強化了民主的基層參與

43. 近來，比利時因組閣問題無法解決，這種無政府領導人的時間打破金氏世界紀錄，但其國家可以正常運作，許多人認為是該國公務員支撐其政府運作。請問，公務員成為國家運作骨幹，根據學理下列敘述何者為可能原因？

(A) 公務員任用主要為通過國家考試及格任用，不受政黨影響

(B) 為求行政中立，公務員不得加入任何政黨與參與競選活動

(C) 所謂「鐵飯碗」是指公務員受到法律保障，終身不得免職

(D) 根據法治原則，首長交辦事務與法律有所牴觸時應可拒絕

(E) 公務員依法辦理國家公務時，不因個人、政黨或團體而異

44. 根據我國現行選舉辦法，下列哪些的任期、選舉制度與總統選舉相同？

(A) 立法委員　　　(B) 直轄市長　　　(C) 縣市議員

(D) 鄉鎮市長　　　(E) 村里長

45. 當市場狀況改變時，將會使需求曲線出現移動變化。請問以下哪些因素會使牛肉的需求曲線出現移動？

(A) 牛肉的價格改變　　　　(B) 豬肉的價格改變

(C) 消費牛肉的人數增加　　(D) 生產牛肉的技術提昇

(E) 牛肉的預期價格下跌

46. 若世界僅由甲、乙兩國組成，且甲國生產所有商品的效率皆比乙國的水準高。請問以機會成本的觀點而言，有關甲、乙兩國生產以及貿易的敘述哪些正確？

(A) 甲國出口所有產品到乙國

(B) 甲、乙兩國不會出現國際貿易

(C) 自由貿易對甲、乙兩國皆有利

(D) 甲國生產所有商品均具比較利益

(E) 自由貿易使甲、乙兩國專業化分工

47-48 為題組

近三十年來，不少國家的製造業面臨國際經濟循環及競爭，其境內一些工業重鎮出現工廠大量關閉及外移的情形，隨著失業率大幅提高，很多失業人口遷出，從而影響當地其他人口的生存，結果造成地區的沒落，諸如英國南威爾斯、美國底特律、日本鹿耳市等都是明顯的例子。

47. 下列哪些敘述符合上文描述的情形？

(A) 人們的社會流動是一種歷史過程

(B) 資本主義制度強調競爭、效率以及適者生存

(C) 社會福利與社會保險在現代社會中具有必要性

(D) 地區在全球化過程中會出現不同的本土化現象

(E) 在地的轉變及其社會關聯是全球化過程的一部分

48. 針對這三個已開發國家特定地區失業率上升的問題，下列哪些是上文敘述中明顯可見的造成因素？

(A) 全球經濟不景氣及危機的影響

(B) 開發中國家的工業化發展及競爭

(C) 龐大的服務業提供大量的工作機會

(D) 工業上對新科技及微電子的擴大使用

(E) 更多的婦女進入就業市場尋求有酬工作

49-50 為題組

2010 年 12 月 14 日經濟部在彰化縣舉辦「國光石化興建案行政聽證會」，報紙上除刊登相關報導外，也刊登了一張警方隔離支持與反對雙方的照片。因該設廠計畫可能破壞生態濕地、妨礙中華白海豚生存，甚至危害農、漁業的安全，故引起環保團體、學界以及社運團體的反對。

49. 以經濟分析觀點而言，有關此設廠爭議的敘述哪些正確？
    (A) 此屬於共有財悲歌的現象
    (B) 此與財產權界定不明無關
    (C) 透過自由的市場機制運作，可以解決此爭議
    (D) 若設廠具外部效益，反對設立將降低社會福利
    (E) 若設廠具外部成本，贊成設立將降低社會福利

50. 同學們在上課時討論國光石化開發案時，表達了不同意見，請問下列意見哪些正確？
    (A) 民眾於聽證中表達意見，可避免經濟部作成不利於己的決定
    (B) 聽證是嚴謹的正當程序，人民如對於決定不服不得再提救濟
    (C) 贊成和反對的民眾都可以表達意見，是保障言論自由的表現
    (D) 警察執行公權力同時阻隔雙方民眾，是基於平等原則的考量
    (E) 以遊行方式表達對政府執法行為不滿，和民主法治要求不合

100年度指定科目考試公民與社會考科試題詳解

一：單擇題

1. **B**

【解析】 (A) 性徵，指男性、女性的性別特徵，如喉節…等。
(B) 性傾向，指性別認同，有同性戀、異性戀、雙性戀。
(C) 生物性別，指藉由與生俱來的性徵區別生理性別。
(D) 社會性別，指社會對不同性別有不同期待，進而形塑不同的性別角色期望。

2. **A**

【解析】 社會流動是指社會成員由一個社會地位或階層，轉移到另一個社會地位或階層的現象，因此依題意『崇尚自由競爭與機會均等的開放社會』，即指該社會的社會流動較為容易。而所謂代間流動，是指子女與父母兩代之間社會地位的變動；代內流動則是指自己一生中職業的變動，又稱生涯流動；因此依題意應選擇『高度的代間流動』，而因 (C) 所題到的『水平流動』不涉及社會階層的改變，故應選 (A) 高度的代間垂直流動。

3. **C**

【解析】 (A) 從平均量觀察，95 年的平均值皆低於 91 年的數字。
(B) 以 91 年的數字看來，妻就業、妻未就業，夫處理家務時數為 1.12、1.08，相差僅 0.04；再以 95 年的數字看來，妻就業、妻未就業，夫處理家務時數為 1.01、0.95，相差僅 0.06，可見妻子不論就業與否，丈夫處理家事的時間並無明顯差異。

(C) 以上表所給資訊，無法判斷妻的就業者比率。

(D) 以 91 年的數字看來，妻就業、妻未就業，妻子處理家務時數為 2.46、3.74，妻未就業者處理家務時數顯然高於妻就業者；再以 95 年的數字看來，妻就業、妻未就業，妻子處理家務時數為 2.18、3.27，妻未就業者處理家務時數也顯然高於妻就業者，因此可推斷妻子為職業婦女時，平日處理家事的平均時數低於未就業者。

4. **D**

　【解析】 本題所指「224 方案」年滿 22 歲、工作滿 4 年可申請入學大學，符合「回流教育」的概念，即學業完成後，投入職場一段時間，再進入學校接受教育，但題目中無該選項，且題意是指可申請進入「大學」，因此屬正規教育且畢業後會取得文憑故應該選 (D)「學校教育」，而 (A) 社會教育是指「除了學校教育外，所有促進全民身心發展的各種學習活動」，因此並不符合題意。

5. **D**

　【解析】 (A) 就業保險法的「保險給付」，除失業給付外，尚有提早就業獎助津貼、職業訓練生活津貼、育嬰留職停薪津貼…等。

　　　　　 (B) 社會保險制度，除有特殊規定外，皆為強制納保，非自願參加。

　　　　　 (C) 應由政府規劃，非由企業規劃就業服務與職業訓練制度，以增進就業安全。

6. **A**

【解析】 (A) 男性與女性在參與志願服務的服務項目上，包含醫院、學校、社會福利、急難救助、政治、職業之參與比例皆有明顯的差異，因此兩性間的參與程度的確受到服務項目特質之影響。

(B) 兩性在宗教項目的參與比重的確較高，但並無法因此就認定該國為宗教國家。

(C) 青少年參與文化、休閒、體育項目服務高於其他年齡層，但學校方面則低於 25～44 歲的參與者。

(D) 參與職業團體者的比率，並沒有隨年齡提高而增加。

7. **無答案**

【解析】 (A) 依家暴法第 3 條：『本法所定家庭成員，包括下列各員及其未成年子女：…二、現有或曾有同居關係、家長家屬或家屬間關係者。』，因此繼母雖非生母，但因兩者為『家屬間關係』所以仍適用家庭暴力防治法。

(B) 繼母如經合法收養灰姑娘，則繼母與灰姑娘間在法律上及成立『法定血親』的關係（又稱擬制血親），故為直系血親。

(C) 依民法規定『遺囑不可侵害特留份』，因此若父親在遺囑中把所有的財產留給妻子，將會侵害其他繼承人之『特留份』。

(D) 繼母的二個女兒與繼父間，並不會因母親與繼父結婚就自然產生『法定血親』的關係，還必須由繼父辦理『收養』，才會取得『法定血親』的關係。

8. **C**

【解析】 (A) 只要吸食或持有毒品，法律就會禁止或處罰，不論是否具「成癮性」。

(B) 刑法第16條『除有正當理由而無法避免者外，不得因不知法律而免除刑事責任。但按其情節，得減輕其刑。』，因此小華不能以不知法律而免除責任。

(C) 小明抽大麻菸雖是出於小華之教唆，但小明仍為犯罪主體，因此構成故意犯罪。

(D) 依據前述刑法第16條規定，小明雖誤信小華的話，認為吸食大麻菸沒事，但小明仍不能主張『不能以不知法律而免除責任』，只能等待法官於量刑時考量上述情節，依刑法第57條從減輕處罰。

9. **D**

【解析】 依據刑法227條第三項（準妨害性自主罪）「對於十四歲以上未滿十六歲之男女為性交者，處七年以下有期徒刑。」，依題意兩人皆為十五歲，(B) 因此情不自禁的發生性關係兩人都構成該罪，(A) 並無所謂「罰男不罰女」條款，且(C) 該條規定不因「沒有任何金錢及對價交易」就不處罰。

10. **C**

【解析】 (2) 我國「羈押權」在法院，檢察官若要收押嫌犯須向法院聲請羈押並經法官同意，(4) 我國目前並無陪審團制度，(5) 在我國刑法保安處份中並未規定「化學去勢」。

11. **B 或 A**

【解析】 總統制係以美國為代表，而我國體制中較符合總統制的
特色。

(A) 美國總統選舉型式上為間接選舉但實質上為直接選
舉，而我國經修憲後將總統產生方式改為直接選舉，
兩者有相似之處。

(B) 美國總統對國會所通過的法案具有覆議權，而我國
總統亦具有『被動的覆議否決權』，兩者亦有相似
之處。

(C) 我國總統所具有的『被動解散國會權』則是屬於內
閣制的特色。

(D) 行政院長的副署權亦屬於內閣制的特色。

12. **C**

【解析】 (A) 壓力團體的確會利用各種方式影響政府決策，但並
不全然都會妨礙國家進步發展，有些壓力團體的努
力可促進社會進步。

(B) 壓力團體依其組成目的可分為公益型團體及私利型
團體，因此並非多數都強調自利性為目的。

(D) 壓力團體類型多元，多數會依人民團體法向相關單
位登記設立，因此為正式組織。

13. **A**

【解析】 (A) 政治責任是指政務官因政策違反民意，或執政不
力…等。

(B) 行政責任則是政策執行者失職，導致行政缺失所
負起的責任。

> (C) 法律責任指行政行爲違反法律所負的責任。
>
> (D) 道德責任則是個人私德上的瑕疵，而本題楊志良署長推動二代健保案通過，其並未涉及行政責任、法律責任或道德責任，但也無明顯的政治責任。
>
> 本題只能以排除法選出勉強接近的答案 (A) 政治責任（只能解釋爲二代健保可能違反部分民意，引起社會爭論）。

14. **D**

【解析】 (A) 政策規劃：採取科學方法，將該議題處理方式列出數個可行方案。

(B) 政策合法化是將決定之方案，送交有關單位加以審議核准，完成立法程序。

(C) 政策執行是指擬訂具體實施辦法、決定權責機關，配置人員付諸實行。

(D) 政策評估，是指以系統化及客觀的方法評估政策執行的效果，因此依題意《公務人員考績法》修正草案，目的即在考核及評估公務員之執行效能，並對效能不佳者適度淘汰，故選 (D) 政策評估。

15. **B**

【解析】 通貨膨脹發生時，所可能出現的社會現象，(A) 物價飛漲，人民的生活品質會下降，(B) 因物價飛漲，貨幣儲蓄後其購買力將會較儲蓄前下降，更不具價值，因此人民的儲蓄意願會降低，(C) 物價飛漲成本也因此墊高，生產者的投資意不一定會提高，(D) 固定收入者（薪水階級或領退休金的人）因爲收入來不及調整或不能調整，就會處於不利地位。

16. **D**

　【解析】 (A) 降低重貼現率，市場取得資金的成本（利息）將會
　　　　　　下降，人們會更願意借錢。

　　　　　(B) 降低法定存款準備率，會使銀行可放款資金增加，
　　　　　　會增加貨幣供給量。

　　　　　(C) 採行寬鬆的貨幣政策，會增加貨幣供給量。

　　　　　(D) 公開市場操作賣債券，央行賣出債券將會收回市場
　　　　　　上的游資，因此會降低該國的貨幣供給量。

17. **B**

　【解析】 (A) 央行隸屬於行政院，但為非以營利為目的。

　　　　　(B) 央行可接受商業銀行兌現未到期的支票或本票，稱
　　　　　　之為「重貼現」。

　　　　　(C) 央行往來對象只限於政府部門及商業銀行。

　　　　　(D) 要抑制通貨膨脹，需採取緊縮性的貨幣政策，減少
　　　　　　貨幣供給。

18. **A**

　【解析】 (B)、(D) 累進所得稅的設計，將使收入越高的人民負擔
　　　　　較高的稅賦，反之收入越低的人民負擔較低的稅賦，
　　　　　因此符合平等原則。(C) 效率原則強調課稅方式應簡單
　　　　　方便且不應影響人民工作意願，因此稅賦制度不應繁
　　　　　雜難行屬於效率原則。

19. **C**

　【解析】 所謂債券其實就是一種借據，發行者為公司企業、政府
　　　　　或是政府旗下機構，而投資人購買債券，就等於是借了

一筆本金給發行者，發行者則承諾在債券到期日時，將本金歸還給投資人，而股票則是公司為了向投資人募集資金，而在向投資人募集資金的同時，會發給投資者一個憑證以做證明，這個憑證就是股票。因此 (A) 股票的持有人才是發行單位之股東，債券的持有人則是債權人，(B) 債券才有 10 到 15 年的到期期限，到期時發行者會將本金歸還給投資人，(C) 債券在借款期間，發行者必須按期付利息給投資人，通常會支付固定的票面利率，因此常被稱為固定收益投資工具，(D) 股票之報酬除公司配發的利息與股利外，還包含資本利得，也就是買賣股票的差價。

20. **C**

【解析】 投資報酬率公式 =

$$\frac{\text{資本利得（損失）} + \text{其他收入}}{\text{原來投入的資金}} \times 100\%$$

因此各投報率分別如下：

	甲項投資	乙項投資	丙項投資	丁項投資
投資金額	5 萬元	8 萬元	2 萬元	10 萬元
預　　期 獲利金額	8 千元	1 萬元	4 千元	1 萬 2 千元
投　　資 報　酬　率	16%	12.5%	20%	12%

21. **B**

【解析】 (A) 若一國經濟已持續回升，則政府應不須發放消費券（屬寬鬆的財政政策），且發放消費券將會提升民間消費，而非「投資」。

(C) 民眾消費信心提高，並不必然會發生積極投資股市的結果，且股價上升並不會增加 GDP。

(D) 勞動市場改善、就業提高，會使『循環性』失業降低。

22. **A**

【解析】 駕駛人肇事若越頻繁，則對保險公司而言理賠風險較高；反之駕駛人肇事機率低者，保險公司之理賠風險較低，因此依「肇事頻繁與否」來訂立不同汽車保險費率，主要是考慮到 (A) 風險程度之差異。

23. **B**

【解析】 (A) 政府部門屬於第一部門。

(B) 依題意在與兒童的互動過程中，兒童將羅小玲當成仿效的對象，因此接近重要他人的概念。

(C) 「兒童福利文教基金會」所成立的志工服務隊，應屬於正式團體及志願團體。

(D) 兒童福利文教基金會屬於私法人中的財團法人，並非營利團體。

24. **A**

【解析】 (B) 網路世界為虛擬空間，(C)、(D) 人們雖在網路上互動增加，但人與人實際的面對面接觸卻反而減少，因此可能造成人際間疏離，且青少年愈依賴網路互動反而減少面對面互動。

<u>25-27 為題組</u>

25. **B**

【解析】 (A) 原則上基於私法自治精神，國家不會介入私人契約，但在例外情況下國家法律仍可介入，如國家為保障人民權利，所制訂的藥事法、消保法…等，因此其交易行為仍受法律拘束。

(B) 契約的制訂不以書面契約為限，口頭契約也有效。

(C) 當拍賣結束時，雙方會成立一個買賣契約（債權關係），但買家取得眼藥水的所有權則是要等到賣家交付貨品時才取得（物權關係）。

(D) 買家依消保法『特種買賣』之規定，可向小惠主張享有七日猶豫期的權利。

26. **D**

【解析】 行政機關在作成行政處分時，應遵守正當行政程序及行政法的一般法律原則，包含 (A) 當事人陳述意見的權利，(B) 應考量是否合於比例原則，(C) 裁罰是否有法律依據，應考量是否符合法律保留原則，(D) 至於小惠是否可主張信賴原則，則是於小惠收到行政機關的處分後，向行政機關主張其是否具有『信賴利益值得保護』的情況。

27. **C**

【解析】 (C) 衛生署裁處小惠罰鍰二十萬元，屬行政處分，對行政處分不服可提起訴願，而若對訴願結果仍不服，可再提出行政訴訟。

<u>28-29 為題組</u>

28. **A**

【解析】 依題意阿龍華現年 17 歲屬民法規定之限制行為能力
人，故依據民法 187 條規定（法定代理人的侵權行為
責任）：『…限制行為能力人，不法侵害他人之權利者，
以行為時有識別能力為限，與其法定代理人連帶負損
害賠償責任。…』，又同法第二項『前項情形，法定代
理人如其監督並未疏懈，或縱加以相當之監督，而仍
不免發生損害者，不負賠償責任。』，另外，同法第
188 條（雇用人的侵權責任）『受僱人因執行職務，不
法侵害他人之權利者，由僱用人與行為人連帶負損害
賠償責任。但選任受僱人及監督其職務之執行，已盡
相當之注意或縱加以相當之注意而仍不免發生損害者，
僱用人不負賠償責任。』因此 (A) 正確。(B) 阿龍父親
與超商老闆及阿龍三人應負『連帶負損害償責任』，並
無各負責一半責任之規定，(C) 因侵權行為人為阿龍，
因此小花可依『法定代理人的侵權行為責任』或『雇
用人的侵權責任』求償，並無須一定要先向超商老闆
求償之限制，(D) 法定代理人的侵權行為責任，並不限
定在『家務範圍』，因此阿龍父親仍有可能負起賠償責
任。

29. **D**

【解析】 阿龍不慎壓傷小花，可能會涉及刑法的傷害罪及民法
上的侵權行為，因此阿龍需負起民事及刑事責任，(A)
兩項責任各自獨立，因此就算小花已獲得民事上的賠

償，仍然可依刑法再追究刑事責任，(B) 阿龍的行為，可能涉及過失傷害，在刑法上除處罰故意行為外，仍會處罰部分的過失行為，所以他仍可能須負刑事責任，(C) 應負擔何種的刑事責任，應以是否滿十八歲或十四歲，來區分完全責任、限制責任及無責任，阿龍未滿十八歲，因此僅負部分刑事責任，(D) 超商老闆雖可能會因民法特殊侵權行為中的『雇傭關係』而負擔民事賠償責任，但刑事責任只會由阿龍負擔。

30-31 為題組

30. **A**

【解析】 （甲）活路外交，為馬總統提出、

（乙）務實外交，為李總統提出、

（丙）漢賊不兩立，為兩蔣時期提出、

（丁）全民外交，則屬陳總統提出，

因此依時序排列即為 (A) 丙乙丁甲。

31. **A**

【解析】 (A) 自由主義，強調市場經濟主張自由競爭，而民族主義則追求主權獨立，強調族群團結，因此「經濟成長」與「國家安全」的兩項主張，與 (B) 自由主義與民族主義的主張相符。(D) 第三條路，則是主張保護弱勢、自主性的自由、以責任為基礎的權利、普世的多元主義、強化民主、平等與包容兼顧…等，與題目較無關係。

<u>32-34 為題組</u>

32. **D**

【解析】　生存權係指人民為維持其生存，得向國家要求予以扶
　　　　助之權，因此生存權屬於社會權的性質。依題意 (D) 因
　　　　幼兒所能承受之輻射計量較低，因此政府為避免幼兒
　　　　遭受感染，對東京有新生兒的家庭配送礦泉水，此即
　　　　為政府積極保障人民之生存權，而 (A) 處罰未經許可而
　　　　進入警戒區的人民，(B) 對於全國各地實施輪流限電的
　　　　措施，(C) 禁止出口受輻射污染的菠菜和牛奶，則應為
　　　　政府的相關管制措施，屬消極的行為。

33. **C**

【解析】　(A)、(B) 日本為內閣制，天皇才是國家元首但為虛位元
　　　　首；首相才是國家最高行政首長，(D) 日本為君主立憲
　　　　政體，且為單一國（由單一民族構成的國家），並非聯
　　　　邦制國家。

34. **C**

【解析】　(A) 救災支出龐大，政府財政盈餘將可能下降。
　　　　(B) 所謂貿易赤字是指進口大於出口，支出大於收入，
　　　　　　會形成貿易逆差，而震災使國內產業生產中斷，商
　　　　　　品無法順利出口，將可能使進口大於出口。
　　　　(D) 震災使國內產業生產中斷，產能下降，生產可能曲
　　　　　　線將會內移。

35-38為題組

35. **D**

【解析】 (D) 題目中提到的突尼西亞、埃及、利比亞皆為單一強人長期統治,因此在政局動盪時遭人民推翻而下台,(A) 題目中雖提及『高失業率及糧價不滿…』問題,但突尼西亞、利比亞,其經濟情況並不相同,不具有共同性,(B)、(C) 則與題意無關。

36. **A**

【解析】 社會運動的類型可分為:

類　型	目　的	實　例
革命式的社會運動	全部制度的改變	孫中山先生的國民革命
革新式的社會運動	局部性的改變	消費者運動
保守式的社會運動	抵制改變	為免破壞風水而抵制鐵路建造
反動式的社會運動	回復傳統	道德重整運動

故依題意『突尼西亞…迫使領導人下台,導致威權政府被推翻』,屬於 (A) 革命式社會運動。

37. **B**

【解析】 (A) 降低失業率及糧價以確保人民的生存,應該是保障『生存權』而非平等權。

(B) 非暴力的示威抗議,即是指『公民不服從』,是法治國家中人民拒絕服從惡法的表現。

(C) 國家領導人被推翻下台雖已承擔政治責任，但若任
內有違法行為仍然應負起法律責任。

(D) 民主國家中，人民的基本人權應該由憲法明文保障，
而非須經由革命抗爭而來。

38. **D**

【解析】　產油國利比亞出現社會動盪，恐影響石油及天然氣的
供給，因此在預期心理之下石油及天然氣的需求量會
上升將抬高價格，更可能會引發通貨膨脹的問題，而
黃金則是避險工具，當局勢動盪時人們會轉而持有實
物，以避免通貨膨脹。

二：多選題

39. **ACE 或 CE**

【解析】　依題意中國大陸極為盛行的仿冒行為，所謂的「山寨
文化」現象，(A) 通常會購買仿冒品的人士，多為經濟
力較弱或對仿冒品有偏好的人士，因此屬於社會中的
小團體或次級團體，可歸類為『次文化』，(B) 在官方
及多數人的觀點裡，仿冒仍屬違法即為違反道德的行
為，故無法歸類為主流文化，(C) 因仿冒品為普羅大眾
皆能享用，且具普遍的、標準化、大量生產的性質，
故屬大眾文化，(E) 在大陸仿冒品形成一種消費風潮，
因此屬流行文化。

40. **ADE**

【解析】 (A) 市政府對於夜店消防安全疏於管制，屬國家賠償。

(B) 縣政府為興建科學園區以及附近聯外道路，徵收農民所有的土地，國家基於公益目的之必要，依法徵收人民之財產，國家應給予合理之補償，屬損失補償（釋字第 579 號）。

(C) 情報人員從事情報工作，因特殊公務而受有損害，應屬社會補償。

(D) 公立國中教師為廣義的公務員，屬國家賠償。

(E) 政府未積極規劃防洪工程致颱風損害人民財產，屬國家賠償。

41. **BC**

【解析】 (A) 在威權體制國家，如北韓…等，媒體多為政府的傳聲筒，因此並非『世界各國』的媒體皆以監督政府施政作為其「天職」，應改為民主國家。

(C) 媒體發達後，人民對政治人物的瞭解主要透過媒體的報導，因此政治人物越來越重視與媒體的互動及媒體形象。

(D) 媒體是公器且應扮演監督政府的角色，政治人物不應介入媒體經營。

(E) 「網路民意」具一定之參考性，但仍無法完全代表「實體社會民意」。

42. **BCD**

　【解析】(A) 五都改制能強化地方政府的權能，中央政府職權力下放地方政府 (C)、(E) 五都內鄉鎮市選舉取消，改制為區且區長改為官派，的確能能相對遏止地方惡質選風，但也因此使人民無法直選鄉鎮市長，剝奪了人民參與基層選舉的機會。(D) 五都含括我國多數人口，因此中央與地方所管轄的範圍及人口高度重疊，易出現地方與中央政府的衝突。

43. **ADE**

　【解析】(B) 加政黨為憲法所保障的結社權，不因擔任公務員而遭剝奪，僅要求公務員須秉公處理依法行政，不介入政黨紛爭。

　　　　(C) 公務人員仍可因懲戒或考績不佳，而有淘汰機制，並非終身不得免職。

44. **BDE 或 BD**

　【解析】總統選舉，為單一選區制、任期四年、連選得連任一次，(A) 立法委員，為單一選區兩票制、任期四年、連選得連任。(B) 直轄市長，為單一選區制、任期四年、連選得連任一次。(C) 縣市議員，為複數選區單記不可讓渡制制、任期四年、連選得連任。(D) 鄉鎮市長，為單一選區制、任期四年、連選得連任一次。(E) 村里長，為單一選區制、任期四年、連選得連任。因此若不考慮『連任次數』，則直轄市長、鄉鎮市長、村里長，與總統選制相同；反之若考慮『連任次數』，則村里長無連任限制，與總統選制不相同。

45. BCE

【解析】　『需求』是指當價格以外的其他因素發生變動，（如：所得、偏好、預期心理、替代品或互補品的價格）會使整條需求曲線產生位移，而『需求量』則是指產品本身的價格變動所引起的該物需求數量之變化，會在需求曲線上做點的移動；因此本題『使需求曲線出現移動變化』，即指需求的改變。(A) 牛肉的價格改變，屬需求量的變化。(B) 豬肉（假設為牛肉的替代品）的價格改變，屬需求的變化。(C) 消費牛肉的人數增加，屬需求的變化。(D) 生產牛肉的技術提昇，技術提昇會使供給線移動，而非需求線。(E) 牛肉的預期價格下跌，屬需求的變化。

46. CE

【解析】　既使甲國在各項產品上都具有『絕對利益』，但兩國仍可依『比較利益』的概念進行貿易，故並非皆由甲國出口所有產品到乙國。(D) 甲國生產所有商品均具絕對利益。(C)、(E) 各國間透過比較利益原理進行分工（專業化分工），從事較擅長的生產工作，再經由交換，使彼此可以得到較多、較好的產品。

47-48 為題組

47. ABE 或 BE

【解析】　因全球化之下，產業的發展隨著廉價勞動力或生產要素而移動，因此 (A) 這些人口的移動過程可視為是一

種，社會流動（水平流動或因產業沒落，而出現的向下流動）的歷史紀錄，(B) 全球化競爭，符合資本主義的精神，(C) 文中並無提及，社會福利與社會保險的議題，(D) 文中並無提及，全球化過程中的本土化現象。

48. **AB**

【解析】 因全球化之下，產業的發展隨著廉價勞動力或生產要素而移動，(B) 因此部分國家在面對開發中國家的工業化發展及競爭下，出現工廠大量關閉及外移的情形，(A) 再加上全球化的連結，全球經濟不景氣或危機，都將會使藉由生產產品並行銷全球的地區或產業，隨著全球經濟景氣變化而起伏，(C) 上述三地區的失業問題，主因為全球競爭與不景氣，並非因其他地區服務業發達而使本地人口外流，(D) 上述三地區的失業問題，是否因新科技及微電子的擴大使用而影響，於文中無法判斷，(E) 文中並未提及婦女就業問題。

49-50為題組

49. **ADE**

【解析】 (A) 環境（空氣、海洋…等）皆為無主物，因此極易發生每個人基於自己的最大利益考量下，便拚命使用，終使資源耗竭的共有財悲歌的現象。

(B) 正因環境（空氣、海洋…等）為無主物，因此無人會站在私權的立場上，維護該資源，此與財產權界定不明『有關』。

(C) 此為『市場失靈』的情況，需由政府介入管制，並非由市場解決。

(D)、(E) 外部效益可增加社會福利，反之外部成本會減少社會福利。

50. **AC**

【解析】 (B) 聽證雖經嚴謹的程序，但對於行政機關之決定（即行政處分），人民仍可依法提出救濟。

(D) 警察執行公權力同時阻隔雙方民眾，其主要目的應是避免衝突發生，並非基於平等原則。

(E) 遊行為憲法所保障之集會權，屬人民之基本權利，符合民主法治的精神。

100 年大學入學指定科目考試試題
物理考科

第壹部分：選擇題（佔 80 分）

一、單選題（60 分）

說明：第 1 題至第 20 題，每題 5 個選項，其中只有 1 個是最適當的
選項，畫記在答案卡之「選擇題答案區」。各題答對得 3 分，
未作答、答錯、或畫記多於 1 個選項者，該題以零分計算。

1. 一條長度為 5.0 m、兩端固定的繩上所形成的駐波，其示意圖如
圖 1。此駐波是由波形相同，但行進方向相反的二波重疊而成，
此二波的波長為何？

(A) 1.0 m
(B) 1.5 m
(C) 2.0 m
(D) 2.5 m
(E) 3.0 m

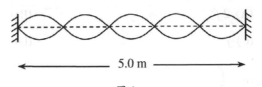

5.0 m

圖 1

2. 下列有關熱的敘述何者正確？
(A) 當兩物體接觸時，熱量一定由溫度高的物體流向溫度低的
物體
(B) 互相接觸的兩物體在達到熱平衡後，一定含有相同的熱量
(C) 溫度高的物體比溫度低的物體一定含有更多的熱量
(D) 物體吸收熱量之後，其溫度一定會升高
(E) 熱容量的因次與能量的因次相同

3. 一個物體掛在彈簧下，如圖 2 所示。當物體沿鉛直方向振動時，

其質心位置的最高點為甲，最低點為戊，

且物體的質心在甲點時，彈簧的長度大於

其自然長度。在振動過程中，彈簧作用在

此物體上的力在哪一點最小？

(A) 甲　　　　　(B) 乙

(C) 丙　　　　　(D) 丁

(E) 戊

圖 2

4. 假設繫住高空彈跳者的繩索可近似為質量可忽略的理想彈簧，而
空氣阻力亦可忽略。一彈跳者甲自高處鉛直落下，最後以頻率 f
作上下的小振幅簡諧振盪。若換成一個體重為甲的 2 倍之彈跳者
乙，以同一繩索重覆相同的過程，則乙最後作簡諧振盪的頻率為
下列何者？

(A) $2f$　　　　　　　　　　(B) $\sqrt{2}f$

(C) f　　　　　　　　　　(D) $\dfrac{f}{\sqrt{2}}$

(E) $\dfrac{f}{2}$

5. 質量為 2000 kg 的轎車，原本在水平地面上以等速度前進，接著
駕駛急踩煞車，使車輪迅速停止轉動，在車輪不轉的情況下，轎
車隨即減速滑行至靜止。若地面與輪胎間的動摩擦係數為 0.4，且
取重力加速度 g = 10 m/s²，則減速滑行時的加速度量值為多少？

(A) 0 m/s²　　　　　　　　　(B) 0.4 m/s²

(C) 4 m/s²　　　　　　　　　(D) 80 m/s²

(E) 800 m/s²

6. 原來靜止於高處的質點，在時間 $t = 0$ 時
沿水平方向被拋射出去，假設在其後的
運動過程中僅受重力作用，且重力加速
度為定值。在質點落地前，其動量的量
值 p 隨時間 t 的變化，可用圖 3 中的哪一
條圖線來描述？

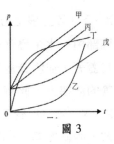

圖 3

(A) 甲　　(B) 乙　　(C) 丙　　(D) 丁　　(E) 戊

7. 已知某行星自轉週期為 T，半徑為 R。環繞它的某一衛星之圓軌
道半徑為 $32R$，繞行週期為 $8T$。則環繞該行星運行的同步衛星，
其圓軌道半徑應是多少？

(A) $16R$　　(B) $8R$　　(C) $4R$　　(D) $\sqrt{8}R$　　(E) $\sqrt{2}R$

8. 一個半徑為 R、沒有大氣的星球，在其表面處的重力加速度為 g。
若由該星球表面以 $v = \sqrt{gR}$ 的初速，垂直向上發射一個沒有推進力
的物體，則此物體上升的最高點與星球表面的距離，為下列何者？

(A) $\dfrac{R}{4}$　　(B) $\dfrac{R}{2}$　　(C) R　　(D) $\dfrac{3R}{2}$　　(E) $2R$

9. 如圖 4 所示，水平光滑桌面上的
甲球向右等速滑行，過程中無滾
動，接著與靜置於桌邊的乙球作
正向（面）彈性碰撞。碰撞後兩
球各自落於水平地面上，落地過
程中兩球僅受重力。已知甲、乙

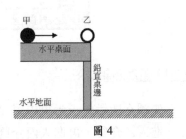

圖 4

兩球半徑相同，質量分別為 $2m$ 及 m，落地點與鉛直桌邊底部的
水平距離分別為 P 和 Q，則 $\dfrac{P}{Q}$ 之值為何？

(A) 2　　(B) 1　　(C) $\dfrac{1}{2}$　　(D) $\dfrac{1}{4}$　　(E) $\dfrac{1}{8}$

10. X、Y、Z 三根上方開口的垂直管子，管內半徑之比為 1：2：1，底部由一水平導管連接成連通管，注入水後以質量可忽略的活塞封蓋著，並將質量為 M_X、M_Y 和 M_Z 的物體依序置於 X、Y、Z 三管的活塞上，此時三者的液面等高。當施一外力 F 於 M_X 上時，X、Y、Z 三根管子的液面高度分別為 h、$2h$ 和 $2h$，如圖 5 所示。若水的密度為 d，重力加速度為 g，則下列選項何者正確？

(A) 外力 F 對 X 管液面產生的壓力為 $\frac{1}{2}dgh$

(B) 外力 F 對 X 管液面產生的壓力為 dgh

(C) 外力 F 對 X 管液面產生的壓力為 $2dgh$

(D) $M_X : M_Y : M_Z = 1 : 2 : 1$

(E) $M_X : M_Y : M_Z = 1 : 8 : 1$

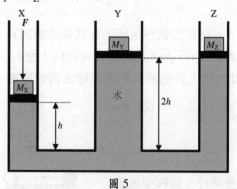

圖 5

11-12 題為題組

如圖 6 所示，一光束由甲介質進入乙介質，再進入丙介質，θ_1、θ_2 與 θ_3 為該光束與各界面的夾角。已知丙介質為空氣，其折射率為 1。

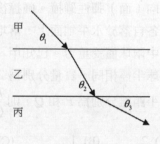

圖 6

11. 當 $\theta_1 = 45°$，$\theta_2 = 60°, \theta_3 = 30°$ 時，甲、乙兩介質的折射率 $n_甲$、$n_乙$ 分別為下列何者？

   (A) $n_甲 = \dfrac{1}{\sqrt{2}}, n_乙 = \dfrac{1}{\sqrt{3}}$　　　　(B) $n_甲 = \sqrt{2}, n_乙 = \sqrt{3}$

   (C) $n_甲 = \dfrac{1}{2}, n_乙 = \dfrac{1}{3}$　　　　(D) $n_甲 = 2, n_乙 = 3$

   (E) $n_甲 = \sqrt{\dfrac{3}{2}}, n_乙 = \sqrt{3}$

12. 若光束在乙、丙間的界面發生全反射，則 $\sin\theta_1$ 的範圍為下列何者？

   (A) $\sin\theta_1 \leq \dfrac{1}{\sqrt{2}}$　　　　(B) $\sin\theta_1 \leq \dfrac{1}{\sqrt{3}}$

   (C) $\sin\theta_1 \leq \sqrt{\dfrac{2}{3}}$　　　　(D) $\sin\theta_1 \geq \dfrac{1}{\sqrt{3}}$

   (E) $\sin\theta_1 \geq \dfrac{1}{\sqrt{2}}$

13. 以波長為 λ 的平行光，垂直入射單狹縫作繞射實驗。單狹縫的上端為甲，下端為乙，如圖 7 的示意圖所示。若圖中屏幕距狹縫極遠，且屏幕上 P 點為第二暗紋，則甲、乙二點到 P 點的光程差為下列何者？

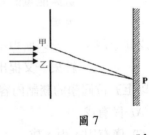

圖 7

   (A) $\dfrac{\lambda}{2}$　　(B) λ　　(C) $\dfrac{3\lambda}{2}$　　(D) 2　　(E) $\dfrac{5\lambda}{2}$

14. 有兩個形狀與大小完全相同的實心圓柱體，分別由純矽與甲材質做成，下表為兩圓柱體的溫度、電阻及施加於其兩端的電壓關係。已知在 20℃ 時純矽的電阻率約為純鍺的 5000 倍，則甲材質在常溫下最可能是下列何者？

圓柱材質	溫度	圓柱兩端電壓	圓柱電阻
純矽	20℃	10V	1000kΩ
甲材質	20℃	10V	5Ω
甲材質	100℃	10V	3Ω

(A) 超導體　　　　　　　(B) 絕緣體

(C) 金屬導體　　　　　　(D) 純鍺半導體

(E) P 型或 N 型半導體

15. 五位同學談到他們最敬佩的科學家在近代物理上的貢獻：

甲同學說：「普朗克首提量子論，完整解釋黑體輻射能量分布的實驗結果，開啟近代物理研究之門」

乙同學說：「拉塞福由 α 粒子的散射實驗，發現了原子核內的中子與質子，使人類對原子核結構的了解更為深入」

丙同學說：「侖琴發現 X 射線，對近代科學的發展及醫學上的應用，貢獻極大」

丁同學說：「波耳依據德布羅依的物質波假說，提出氫原子角動量與能量的量子化，使人類對原子結構的了解跨進一大步」

戊同學說：「愛因斯坦不但以光量子說完美解釋光電效應的實驗結果，又提出相對論，開啟近代物理的新頁」

以上五位同學的談話內容，正確的為哪幾位？

(A) 僅有戊　　　　　　　(B) 僅有甲、丙

(C) 僅有甲、丙、戊　　　(D) 僅有甲、乙、丙、戊

(E) 甲、乙、丙、丁、戊

16. 日本福島核電廠因大地震及海嘯而產生核災變，凸顯核能發電與其安全使用在現代生活上的重要性。$^{235}_{92}$U 原子核吸收熱中子後產生核分裂，分裂後減損的質量轉換成能量而可用來發電。下列有關核能基本知識的相關敘述，何者正確？

(A) 核衰變產生的 γ 射線、α 與 β 粒子，穿透物質能力的順序為
$\gamma > \beta > \alpha$

(B) ${}^{235}_{92}U$ 原子核吸收熱中子後，每次核分裂後僅可釋出 1 個中子

(C) ${}^{235}_{92}U$ 原子核分裂後的碎片不再具有放射性

(D) 太陽輻射的能量主要來自核分裂反應

(E) ${}^{235}_{92}U$ 約佔天然鈾元素中的 99%

17-18 題為題組

有一個半徑為 10.0 cm 的金屬球體，遠離其他導體，而可將其表面的正電荷近似為均勻分布，經測得其表面與地面間的電位差為 1.0×10^3 V。已知庫侖常數 $k = 9 \times 10^9 N \cdot m^2/C^2$。

17. 此帶電金屬球在距其球心 1.0 cm 處的電場量值為多少 V/m？

(A) 0　　　　　　　(B) 1.0×10^2　　　　　(C) 1.0×10^3
(D) 1.0×10^4　　　　(E) 1.0×10^5

18. 此金屬球上所帶的電量大小約為多少庫侖？

(A) 1×10^{-4}　　　　(B) 1×10^{-5}　　　　(C) 1×10^{-6}
(D) 1×10^{-7}　　　　(E) 1×10^{-8}

19. 圖 8 所示，一條細長的直導線與水平桌面垂直，桌面上平放的小磁針沿桌面到導線的距離 $R = 10$ cm。設導線未通電流時，小磁針保持水平且其 N 極指向北方；而當導線上的直流電流為 I 時，小磁針 N 極與北方的夾角為 θ。當 R 改為 20 cm 時，若欲使小磁針 N 極與北方的夾角仍為 θ，則導線的電流大小必須調整成下列何者？

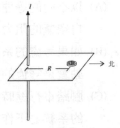

圖 8

(A) $I/4$　　　(B) $I/2$　　　(C) I　　　(D) $2I$　　　(E) $4I$

20. 如圖 9 所示，xy 平面上有一半徑為
a 的圓形細線圈，其上的電荷線密度
λ（即每單位長度的電量）均相同。
當線圈以 ω 的等角速度繞通過圓心且
垂直 xy 平面的轉軸轉動時，則線圈
上所產生的電流 I 為下列何者？

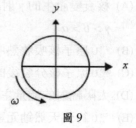

圖 9

(A) $\dfrac{a\lambda}{\omega}$ (B) $a\lambda\omega$ (C) $\dfrac{2\pi a\lambda}{\omega}$ (D) $\dfrac{\lambda\omega}{a}$ (E) $\dfrac{a\lambda\omega}{2\pi}$

二、多選題（20 分）

說明：第 21 題至第 24 題，每題有 5 個選項，其中至少有 1 個是正確
的選項，選出正確選項畫記在答案卡之「選擇題答案區」。各
題之選項獨立判定，所有選項均答對者，得 5 分；答錯 1 個選
項者，得 3 分，答錯 2 個選項者，得 1 分，所有選項均未作答
或答錯多於 2 個選項者，該題以零分計算。

21. 某人於無風的狀態下在水平路面上沿一直線騎腳踏車。若輪胎與
路面間的靜摩擦係數大於動靜摩擦係數，則下列有關其騎車過程
的敘述，哪些是正確的？

(A) 以不同的等速行進時，車速越快越費力，主要是需要克服來
自空氣的阻力

(B) 如果考慮的系統包括人和腳踏車，則腳踏車行進時，系統的
動量是守恆的

(C) 腳踏車行進時，地面與輪胎間的正向力，對人和腳踏車構成
的系統並不作功

(D) 腳踏車行進時，地面與輪胎間如有滑動，則動摩擦力對人和
腳踏車構成的系統並不作功

(E) 如果考慮的系統包括人、腳踏車和地球，則腳踏車在加速、
減速時，整個系統的力學能是守恆的

22. 圖 10 為某生做「波以耳定律」實驗，以密閉容器內氣體壓力 P 為
　　縱坐標，體積 V 的倒數為橫坐標所作的數據圖，在 1、2、3 三種
　　不同的狀況下，得到斜率不同的圖形。若以 n_1、n_2、n_3 與 T_1、T_2、
　　T_3 分別代表三種情況下的氣體分子莫耳數與氣體溫度，則下列有
　　關容器內氣體狀態的敘述，哪些是正確的？

(A) 若溫度 $T_1 = T_2 = T_3$，則氣體分子
　　莫耳數的關係為 $n_1 < n_2 < n_3$

(B) 若溫度 $T_1 = T_2 = T_3$，則氣體分子
　　莫耳數的關係為 $n_1 > n_2 > n_3$

(C) 若莫耳數 $n_1 = n_2 = n_3$，則氣體溫
　　度的關係為 $T_1 > T_2 > T_3$

(D) 若莫耳數 $n_1 = n_2 = n_3$，則氣體溫
　　度的關係為 $T_1 < T_2 < T_3$

(E) 若溫度一定，且莫耳數一定，
　　則氣體的壓力 P 與體積 V 成反比

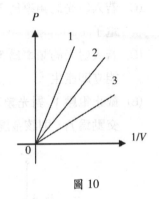

圖 10

23. 一螺線管置於一固定金屬板的正
　　上方一小段距離處，螺線管通有
　　電流 I，電流方向如圖 11 所示。
　　下列哪些情況，可使金屬板產生
　　逆時針方向（如圖）的感應渦電
　　流？

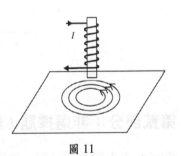

圖 11

(A) 電流 I 及螺線管的位置均不變動

(B) 螺線管不動，但其電流 I 逐漸增大

(C) 螺線管不動，但其電流 I 逐漸減小

(D) 電流 I 不變，但使螺線管垂直向下移動

(E) 電流 I 不變，但使螺線管垂直向上移動

24. 有一光電效應實驗，以不同頻率 f 的光入射同一金屬表面，並測量與各頻率對應的截止電壓 V_s，所得結果如圖 12 所示，若 h 代表普朗克常數，$-e$ 代表電子電荷，下列敘述哪些是正確的？

(A) 截止電壓 V_s 對光頻率 f 的關係為一直線，其斜率為 $\dfrac{h}{e}$

(B) 截止電壓 V_s 對光頻率 f 的關係為一直線，其斜率為 eh

(C) 若入射光的頻率為 3×10^{14} Hz，則需較長時間照射方能產生光電子

(D) 若入射光的頻率為 5×10^{14} Hz，則即使光強度很弱，光電子仍能立即產生

(E) 截止電壓 V_s 對光頻率 f 的關係為一直線，且此直線與橫軸的交點為 f_0，則該金屬的功函數為 hf_0

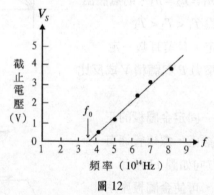

圖 12

第貳部分：非選擇題（佔 20 分）

說明： 本大題共有二題，作答務必使用筆尖較粗之黑色墨水的筆書寫，且不得使用鉛筆。答案必須寫在「答案卷」上，並於題號欄標明題號（一、二）與子題號（1、2、3…）。作答時不必抄題，但必須寫出計算過程或理由，否則將酌予扣分。每題配分標於題末。

一、 某生在物理實驗室做「氣柱的共鳴」
實驗，儀器裝置如圖 13 所示，包括
鉛直豎立的細玻璃圓筒、儲水器、
連通管、支架、音叉、擊槌、橡皮
筋等。細玻璃圓筒的管長約 75 cm，
其上並附有刻度尺，且玻璃圓筒的
管口位置刻度為零。將頻率為 620Hz
的振動音叉置於管口上方，再上下移

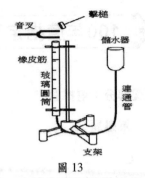

圖 13

動儲水器以調整玻璃圓筒中的水面高低，實驗上測得產生共鳴
的水面刻度有三，分別為 13.0、41.0 與 69.0 cm。

1. 依據題目所給定的產生共鳴時水面刻度的實驗數據，在答案
   卷作圖區畫出玻璃圓筒中空氣分子的位移出現波腹與波節的
   位置，並標示其刻度。（4 分）

2. 依據題目所給定的產生共鳴時水面刻度的實驗數據，計算當
   時的聲速。（3 分）

3. 若使用某一音叉卻始終無法找到任何共鳴的位置，應該是什
   麼原因造成的？（3 分）

二、 有一個斜角為 θ、長度為 L 的固定斜面，
其底端設有一與斜面垂直的牆面，如圖
14 所示。一個質量為 m 的小木塊從斜
面上端滑下，其初速度為零。小木塊滑

圖 14

至斜面底端與牆面發生彈性碰撞，設小木塊與斜面間的動摩擦
係數為 μ，重力加速度為 g。

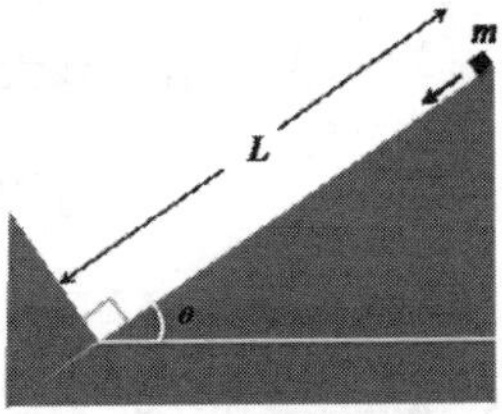

1. 求小木塊從斜面上端滑到斜面底端時，碰撞前瞬間的動能。
   （4 分）

2. 計算第一次碰撞牆面後，小木塊沿斜面向上滑行的加速度。
   （3 分）

3. 計算第一次碰撞牆面後，小木塊沿斜面向上滑行的最大距離。
   （3 分）

100年度指定科目考試物理科試題詳解

第壹部分：選擇題

一、單選題

1. **C**

 【解析】 由圖可知：$2.5\lambda = 5.0\,[\text{m}] \Rightarrow \lambda = 2.0\,[\text{m}]$

2. **A**

 【解析】 (B) 達熱平衡後，兩物不一定含有相同的熱量

 (C) 不一定

 (D) 吸收熱量後，其溫度不一定會升高。例如：0°C的冰

 吸熱後變成 0°C的水

 (E) 熱容量單位為[cal/°C]，而能量單位為[J]，$\therefore$由單位

 可知其因次不同

3. **A**

 【解析】 彈力 $F_s = kx$，x 為變形量，由題意所求彈力最小之位置，

 即 x 最小之處，故由圖可知，甲點時 x 最小，則此處彈

 力最小

4. **D**

 【解析】 由 SHM 之頻率 $f = \dfrac{1}{2\pi}\sqrt{\dfrac{k}{m}} \propto \dfrac{1}{\sqrt{m}}$

$$\therefore \frac{f_乙}{f_甲} = \sqrt{\frac{m_甲}{m_乙}} \Rightarrow \frac{f_乙}{f} = \sqrt{\frac{1}{2}} = \frac{1}{\sqrt{2}} \Rightarrow f_乙 = \frac{f}{\sqrt{2}}$$

5. **C**

【解析】 由 $\sum F = ma \Rightarrow f_k = ma \Rightarrow \mu_k N = ma \Rightarrow \mu_k mg = ma$

$$\therefore a = \mu_k g = 0.4 \times 10 = 4 \, [\text{m/s}^2]$$

6. **E**

【解析】 平拋過程中其速度量值 $v = \sqrt{v_0^2 + (gt)^2}$

所以動量量值 $P = mv = m\sqrt{v_0^2 + (gt)^2}$

故 P、t 為正相關，但並非直線方程，故為戊圖

7. **B**

【解析】 同步衛星之週期＝行星之自轉週期 T

由克卜勒第三定律：$\dfrac{R^3}{T^2} = $ 定值

$$\therefore \frac{r^3}{T^2} = \frac{(32R)^3}{(8T)^2} \Rightarrow r = 8R$$

8. **C**

【解析】 ∵只有重力作功 ⇒ 力學能守恆

$$\frac{1}{2}m(\sqrt{gR})^2 + (-\frac{GMm}{R}) = 0 + (-\frac{GMm}{R+h})，其中 g = \frac{GM}{R^2}$$

$$\Rightarrow \frac{GMm}{2R} - \frac{GMm}{R} = -\frac{GMm}{R+h}$$

$$\Rightarrow -\frac{GMm}{2R} = -\frac{GMm}{R+h}$$

$$\therefore h = R$$

9. **D**

【解析】 (1)甲與乙作正向彈性碰撞，由碰撞後速度公式可得：

$$\vec{v}_1' = 2\vec{v}_c - \vec{v}_1 = 2 \times \frac{2m\vec{v}_1}{2m+m} - \vec{v}_1 = \frac{1}{3}\vec{v}_1 \; ;$$

$$\vec{v}_2' = 2\vec{v}_c - \vec{v}_2 = 2 \times \frac{2m\vec{v}_1}{2m+m} - 0 = \frac{4}{3}\vec{v}_1$$

(2)甲與乙皆作平拋，水平距離 $x = v_0 t$（v_0 為水平初速）

而 $t = \sqrt{\dfrac{2h}{g}}$ $\because$甲與乙的 h 皆相同 $\therefore t$ 相同

故所求水平距離 $x \propto v$ $\therefore \dfrac{P}{Q} = \dfrac{v_1'}{v_2'} = \dfrac{\frac{1}{3}v_1}{\frac{4}{3}v_1} = \dfrac{1}{4}$

10. **B**

【解析】 (1) 由題意可知：當三者液面等高時，壓力平衡：

$$\frac{M_X g}{\pi(r)^2} = \frac{M_Y g}{\pi(2r)^2} = \frac{M_Z g}{\pi(r)^2}$$

$$\therefore M_X : M_Y : M_Z = 1 : 4 : 1$$

(2) 由圖可知：$\dfrac{F}{\pi r^2} + \dfrac{M_X g}{\pi r^2} = \dfrac{M_Z g}{\pi r^2} + dgh$，而 $\dfrac{M_X g}{\pi r^2} = \dfrac{M_Z g}{\pi r^2}$

$$\therefore \frac{F}{\pi r^2} = dgh$$

11. **E**

【解析】

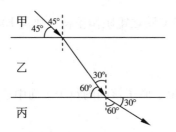

由折射定律：$n_1 \sin \theta_1 = n_2 \sin \theta_2 \Rightarrow$

乙 → 丙：$h_乙 \times \sin 30° = 1 \times \sin 60° \Rightarrow n_乙 = \sqrt{3}$

甲 → 乙：$h_甲 \times \sin 45° = \sqrt{3} \times \sin 30° \Rightarrow n_甲 = \sqrt{\dfrac{3}{2}}$

12. **B**

【解析】　欲在乙、丙界面發生全反射，則

$$n_甲 \sin (90° - \theta_1) = n_乙 \sin (90° - \theta_2) \geq 1 \times \sin 90° \quad 本題 v_0 = 0$$

$$\Rightarrow \sqrt{\dfrac{3}{2}} \sin(90° - \theta_1) \geq 1 \Rightarrow \cos \theta_1 \geq \sqrt{\dfrac{2}{3}} \quad \therefore \sin \theta_1 \leq \dfrac{1}{\sqrt{3}}$$

13. **D**

【解析】　單狹縫繞射：$\left| \overline{PS_甲} - \overline{PS_乙} \right| = n\lambda \cdots\cdots 暗紋$

由題意：$n = 2$

$\therefore 光程差 = 2\lambda$

14. **E**

【解析】　由數據表可知：甲材質隨溫度升高而電阻降底，則甲可

能為半導體，但由題意中，在 20℃時，

電阻率 $\rho_{矽} = 5000 \rho_{鍺} \quad \therefore R_{鍺} = \dfrac{1}{5000} \times 1000 [\text{k}\Omega] = 200 [\Omega]$，

與甲材質在 20°C 時之電阻值不符，故選(E)

15. **C**

【解析】 (1) 拉塞福發現了原子核內的質子，而中子為查兌克所

發現

(2) 物質波提出年代在波耳原子結構之後

16. **A**

【解析】 (B) 可同時釋放 2~3 個中子

(C) 具有放射性

(D) 核融合反應

(E) 約佔 0.72%

17. **A**

【解析】 ∵ 靜電平衡之金屬導體內部電場為零

18. **E**

【解析】 靜電平衡之金屬導體內部電位＝表面電位

由 $V = \dfrac{kQ}{r} \Rightarrow 1.0 \times 10^3 = \dfrac{9 \times 10^9 \times Q}{0.1} \Rightarrow Q = \dfrac{1}{9} \times 10^{-7} \approx 10^{-8}$ [C]

19. **D**

【解析】 由無限長直導線電流所產生之磁場 $B = \dfrac{\mu_0 I}{2\pi R}$

∵ 磁針 N 極偏轉方向不變 ⇒ 則 B 不變 ∴ $I \propto R$，

故 R 變 2 倍，則電流變 2 倍為 $2I$

20. **B**

【解析】 由 $I = \dfrac{\Delta Q}{\Delta t} = \dfrac{\lambda \times 2\pi a}{T} = \dfrac{\lambda \times 2\pi a}{2\pi \big/ \omega} = a\lambda\omega$

二、多選題

21. **AC**

【解析】 (B) 有外力(摩擦力)作用，動量不一定守恆，(B) 錯

(D) 動摩擦力抵抗輪胎與地面之間的滑動，作負功，
　　(D)錯

(E) 加速或減速均有非保守力作功，力學能不守恆，
　　(E) 錯

22. **BCE**

【解析】 由 $PV = nRT \Rightarrow P = nRT \times \dfrac{1}{V}$，可知 P 對 $\dfrac{1}{V}$ 圖斜率為 nRT

若 n 相同，則斜率愈大，T 愈大

若 T 相同，則斜率愈大，n 愈大

∴ (A)(D)錯，(B)(C)正確，(E)即波以耳定律，正確

23. **BD**

【解析】 由冷次定律可知，欲形成逆時針方向感應渦電流，板上
磁通量需向下增加，或向上減少，故選(B)(D)

24. **ADE**

【解析】 由光電方程式：$eV_s = hf - W \Rightarrow V_s = \dfrac{h}{e} \times f - \dfrac{W}{e}$

故 $V_s - f$ 圖斜率為 $\dfrac{h}{e}$，(A)正確，(B)錯

光源頻率需大於底限頻率(f_0)方能形成光電子與光源強

度無關，(C)錯，(D)正確

第貳部分：非選擇題

一、【答案】 (1) 略

(2) $347.2\,[\mathrm{m/s}]$

(3) 略

【解析】 (1) 由圖所示

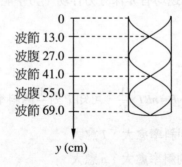

波節 13.0
波腹 27.0
波節 41.0
波腹 55.0
波節 69.0

$y\,(\mathrm{cm})$

(2) 相鄰兩波節之距離 $41.0 - 13.0 = \dfrac{\lambda}{2} \Rightarrow \lambda = 56.0\,[\mathrm{cm}]$

$\therefore$ 波速 $v = f \times \lambda = 620 \times 56.0 = 34720\,[\mathrm{cm/s}] = 347.2\,[\mathrm{m/s}]$

(3) 應該是所選用的音叉頻率太低，所產生之聲波波長

太長，以至於在管長 75cm 的範圍內找不到共鳴點

二、【答案】 (1) $mgL(\sin\theta - \mu\cos\theta)$

(2) $g(\sin\theta + \mu\cos\theta)$，方向為沿斜面向下

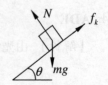

$$(3)\ S = \frac{\sin\theta - \mu\cos\theta}{\sin\theta + \mu\cos\theta} \times L$$

【解析】　(1) 如圖

　　　　　木塊之下滑力：$mg\sin\theta$

　　　　　所受之動摩擦力 $f_k = \mu N = \mu mg\cos\theta$

　　　　　由功能定理可知

　　　　　所求即下滑過程中，下滑力與動摩擦力所做之總功即

　　　　　為木塊之動能 E_k

　　　　　$\Rightarrow E_k = mg\sin\theta \times L - \mu mg\cos\theta \times L = mgL(\sin\theta - \mu\cos\theta)$

　　　　(2) 向上滑行時，動摩擦力方向沿斜面向下

　　　　　由牛頓第二定律 $\sum \vec{F} = m\vec{a}$

　　　　　$mg\sin\theta + \mu mg\cos\theta = ma \Rightarrow a = g(\sin\theta + \mu\cos\theta)$

　　　　　，方向為沿斜面向下

　　　　(3) 令可上滑之最大距離為 S，因為彈碰，故碰後瞬間小

　　　　　木塊之動能即 1 小題之動能由功能定理可知

$$-mg\sin\theta \times S - \mu mg\cos\theta \times S = 0 - mgL(\sin\theta - \mu\cos\theta) \Rightarrow S = \frac{\sin\theta - \mu\cos\theta}{\sin\theta + \mu\cos\theta} \times L$$

100年大學入學指定科目考試試題
化學考科

說明：下列資料，可供回答問題之參考

一、元素週期表（1～36號元素）

1 H 1.0																	2 He 4.0
3 Li 6.9	4 Be 9.0											5 B 10.8	6 C 12.0	7 N 14.0	8 O 16.0	9 F 19.0	10 Ne 20.2
11 Na 23.0	12 Mg 24.3											13 Al 27.0	14 Si 28.1	15 P 31.0	16 S 32.1	17 Cl 35.5	18 Ar 40.0
19 K 39.1	20 Ca 40.1	21 Sc 45.0	22 Ti 47.9	23 V 50.9	24 Cr 52.0	25 Mn 54.9	26 Fe 55.8	27 Co 58.9	28 Ni 58.7	29 Cu 63.5	30 Zn 65.4	31 Ga 69.7	32 Ge 72.6	33 As 74.9	34 Se 79.0	35 Br 79.9	36 Kr 83.8

二、理想氣體常數 $R = 0.08205$ L atm $K^{-1}mol^{-1} = 8.31$ J $K^{-1}mol^{-1}$

三、氯的同位素（在自然界中含量百分率）：^{35}Cl (75%)，^{37}Cl (25%)

四、1 法拉第＝96500 庫侖

五、$\log_{10} 2 = 0.301$

第壹部分：選擇題（佔 80 分）

一、單選題（36分）

說明：第 1 題至第 12 題，每題 5 個選項，其中只有一個是最適當的選項，畫記在答案卡之「選擇題答案區」。各題答對得 3 分，未作答、答錯、或畫記多於 1 個選項者，該題以零分計算。

1-2題為題組

黑火藥爆炸的反應式（係數未平衡）如下：

$$KNO_{3(s)} + C_{(s)} + S_{(s)} \xrightarrow{\text{點燃}} K_2S_{(s)} + N_{2(g)} + 3X_{(g)} \qquad (1)$$

1. 試問下列哪一化合物是式（1）中的X？
   (A) CO　　　(B) CO_2　　(C) NO　　　(D) NO_2　　(E) SO_2

2. 式（1）中的物質，哪一原子扮演還原劑的角色？
   (A) K　　　　(B) N　　　(C) O　　　(D) C　　　(E) S

3. 若壓力不變，溫度由 27℃ 升高為 327℃ 時，理想氣體分子間的平均距離會增為原來的幾倍？
   (A) 1.26　　(B) 1.41　　(C) 1.73　　(D) 1.85　　(E) 2.00

4. 下列有關某元素 $^{58}_{28}X$ 的敘述，何者正確？
   (A) 質子數為 30
   (B) 價層電子數為 8
   (C) 核心電子組態為 [Ne]
   (D) 為第二列元素
   (E) 其在化合物中最常見的氧化數為 +2

5. 四種有機化合物甲、乙、丙、丁的分子量、偶極矩及沸點如下表所示：

化合物	分子量	偶極矩（Debye）	沸點（℃）
甲	44	2.7	21
乙	44	0.1	-42
丙	46	1.3	-25
丁	46	1.69	78

試問下列何者為甲、乙、丙、丁四種化合物的正確排列順序？

(A) 二甲醚，丙烷，乙醇，乙醛

(B) 丙烷，乙醛，二甲醚，乙醇

(C) 二甲醚，乙醇，乙醛，丙烷

(D) 乙醇，乙醛，丙烷，二甲醚

(E) 乙醛，丙烷，二甲醚，乙醇

6. 過錳酸鉀是強氧化劑，在酸性條件下，紫色的過錳酸鉀會被還原成幾近無色的錳 (II) 離子。下列何者是在製備酸性過錳酸鉀溶液時，最常使用的酸？

(A) HF　　(B) HNO_3　(C) $HClO_4$　(D) H_2SO_4　(E) $H_2S_2O_3$

7. 已知某含溴的甲苯衍生物，分子式為 $C_7H_6Br_2$，其中兩個溴原子皆位於苯環上，試問此衍生物可能有幾個異構物？

(A) 3　　　(B) 4　　　(C) 5　　　(D) 6　　　(E) 7

8. 氫分子解離時可形成氫原子，氫原子中的部分能階如圖 1 所示。圖 2 為氫原子被激發時所顯現的光譜。

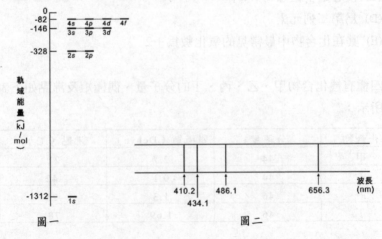

圖一　　　　　　　　　　　　　　圖二

試問圖 2 中的 656.3 奈米的譜線是經過下列何種能階躍遷所產生的？

(A) n = 4 → n = 1　　　　　(B) n = 4 → n = 3

(C) n = 3 → n = 2　　　　　(D) n = 3 → n = 1

(E) n = 2 → n = 1

9. 下列哪一選項中的各個化合物，溶於水後皆呈鹼性？

(A) NH_4Cl、$Cu(NO_3)_2$、C_2H_5OH

(B) NH_4Cl、KCl、$NaHCO_3$

(C) $Cu(NO_3)_2$、NaF、C_2H_5OH

(D) NaF、K_2CO_3、$NaHCO_3$

(E) KCl、$Cu(NO_3)_2$ 、K_2CO_3

10. 奈米碳管的電子傳輸效果佳，可用於導電材料。有一奈米碳管，由 180 個碳原子組成，且其兩端皆封閉。若將一莫耳的碳－碳雙鍵進行氫化，會釋放出約 80 仟卡的熱量。試問若將一個奈米 C_{180} 碳管完全氫化，產生 $C_{180}H_{180}$ 的產物，約可釋出多少卡的熱量？

(A) 10^{-23}　　(B) 10^{-20}　　(C) 10^{-17}　　(D) 10^3　　(E) 10^6

11. 目前手機多以鋰離子電池作為電源，其中石墨為負極，進行充電時，需要 6 莫耳碳與 1 莫耳鋰離子才能儲存 1 莫耳電子，反應式如下：

$$6C + Li^+ + e^- \xrightleftharpoons[\text{放電}]{\text{充電}} LiC_6$$

假設某一手機連續通話 3.0 小時後，其電能才會耗盡。若通話時的平均電流值為 0.30 安培，則該手機的鋰離子電池中至少約需幾克石墨（最接近的數值）？

(A) 14　　　　(B) 2.4　　　　(C) 1.5　　　　(D) 0.24　　　　(E) 0.15

12. 在固定溫度與體積時，於密閉系統中進行下列反應且也達到平衡：

$$H_{2(g)} + I_{2(g)} \rightleftharpoons 2\,HI_{(g)}$$

若所有的氣體均符合理想氣體的條件，而加入少量的 $Ar_{(g)}$ 使系統的總壓力大，則下列敘述何者正確？

(A) 加入 $Ar_{(g)}$ 後，各反應物的濃度不變

(B) 當再加入更多的 $Ar_{(g)}$ 後，達到平衡時會產生更多的 $HI_{(g)}$

(C) 反應會向左進行而達到平衡

(D) 反應的平衡常數會變大

(E) $Ar_{(g)}$ 會參與反應

二、多選題（44 分）

說明：第 13 題至第 23 題，每題有 5 個選項，其中至少有 1 個是正確的選項，選出正確選項畫記在答案卡之「選擇題答案區」。各題之選項獨立判定，所有選項均答對者，得 4 分；答錯 1 個選項者，得 2.4 分，答錯 2 個選項者，得 0.8 分，所有選項均未作答或答錯多於 2 個選項者，該題以零分計算。

13. 今年（西元 2011 年 3 月 11 日）在日本東北地區發生芮氏規模 9.0 大地震，並引發大海嘯，導致福島核電廠受損，放射性物質碘-131 外洩。碘-131 放射強度的半衰期為8天。試問下列有關碘-131 的敘述，哪些正確？

(A) 碘-131 在人體內，最容易累積在肺部

(B) 碘-131 的原子核內，中子數比質子數多出 25 個

(C) 在化合物中的碘-131，加硝酸銀溶液使其產生沉澱，就可消除其放射性

(D) 碘-131 經 80 天後，其放射性強度就減弱約為原來的千分之一

(E) 含有碘-131 的氣體化合物，若不考慮氣流等影響，則該氣體分布範圍由 1 公里擴散至 10 公里時，其平均濃度會減成約為千分之一

14. 下列反應哪些可產生氫氣？
   (A) 鋅與稀鹽酸反應
   (B) 碳酸鈉與鹽酸反應
   (C) 電解稀硫酸水溶液
   (D) 大理石和稀鹽酸反應
   (E) 水蒸氣通過炙熱的焦煤

15. 下列錯合物中，哪些中心金屬離子為 +2 價，且其配位環境是平面四邊形？（原子序：Ni、Pd、Pt 分別為 28、46、78）
   (A) $[Ag(NH_3)_2]^+$
   (B) $[Zn(NH_3)_4]^{2+}$
   (C) $[Pd(NH_3)_4]^{2+}$
   (D) $[Pt(NH_3)_2Cl_2]$
   (E) $[Ni(CN)_4]^{2-}$

16. 過氧化氫的分解反應如式 (1)，其反應的活化能（E_a）為 17.9 kcal/mol，反應熱（ΔH）為 -23.4 kcal/mol

   $$2H_2O_{2(aq)} \rightarrow O_{2(g)} + 2H_2O_{(l)} \qquad (1)$$

   實驗發現加入碘離子可有效加速過氧化氫的分解，其反應機構如下：

   $$H_2O_{2(aq)} + I^-_{(aq)} \rightarrow H_2O_{(l)} + IO^-_{(aq)} \qquad (慢) \qquad (2)$$

   $$IO^-_{(aq)} + H_2O_{2(aq)} \rightarrow O_{2(g)} + H_2O_{(l)} + I^-_{(aq)} \qquad (快) \qquad (3)$$

   而此時的活化能為 $E_a{}'$，反應熱為 $\Delta H'$。
   試問下列有關此反應的敘述，哪些正確？
   (A) 速率決定步驟的反應速率 $= k[H_2O_2][I^-]$
   (B) 加入催化劑的總反應式與反應式 (1) 相同
   (C) $E_a{}' = 17.9$ kcal/mol　　$\Delta H' = -23.4$ kcal/mol
   (D) $E_a{}' < 17.9$ kcal/mol　　$\Delta H' = -23.4$ kcal/mol
   (E) $E_a{}' = 17.9$ kcal/mol　　$\Delta H' < -23.4$ kcal/mol

17. 資源回收是配合永續發展的必要工作，標示有回收標誌♻之廢容器，皆應回收。常見的七大塑膠標示如下表所示：

回收標誌♻	名稱
①	聚對苯二甲酸乙烯酯（PET）
②	高密度聚乙烯（HDPE）
③	聚氯乙烯（PVC）
④	低密度聚乙烯（LDPE）
⑤	聚丙烯（PP）
⑥	聚苯乙烯（PS）
⑦	其它類

下列敘述哪些正確？
(A) 標示有①之塑膠容器可作為碳酸飲料瓶
(B) 標示②與標示④的塑膠材料是用不同的單體聚合而成
(C) 標示③之塑膠容器，燃燒時可能會產生具有毒性的戴奧辛
(D) 標示⑤之塑膠容器屬於熱塑性塑膠
(E) 標示⑥之塑膠容器，主要是由苯與乙烯兩種單體聚合而成

18. 實驗桌上有五支標明 1-5 的試管，含有未知成分的溶液，只知其可能為氯化鈉溶液、溴化鈉溶液、碘化鈉溶液、乙醇的正己烷溶液、乙炔的正己烷溶液。某生進行實驗測試，以「＋」表示有反應發生，「－」表示沒有反應，空白為未測試，得到的結果歸納如下表。

測試 \ 試管	1	2	3	4	5
$AgNO_{3(aq)}$	＋	－	＋	＋	－
$MnO_{2(s)}$	＋		＋	＋	
$Cl_{2(aq)}$	－		＋	＋	
Br_2 / CCl_4	－			＋	＋
$KMnO_4 / OH^-$	＋	＋	＋	＋	＋

下列有關測試結果的敘述，哪些正確？

(A) 試管 1、3 與 4 中，可能含有鹵素鹽類

(B) 試管 3 最可能是氯化鈉溶液

(C) 試管 2 最可能是乙炔溶液

(D) 試管 4 與 $AgNO_{3(aq)}$ 作用會生成白色的沉澱

(E) 試管 5 的化合物可使 $KMnO_4/OH^-$ 的溶液褪色

19. 在進行某熔點約在 $200 \sim 220°C$ 之間的有機
化合物熔點測定時，其實驗裝置如圖 3 所
示。下列有關此實驗的敘述，哪些正確？

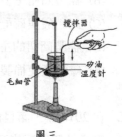

圖三

(A) 若實驗室無矽油時，可用沙拉油代替

(B) 若物質的純度愈高，則所測得的熔點
溫度範圍愈小

(C) 於簡易熔點測定裝置中，若無攪拌器，則可使用溫度計來攪拌

(D) 毛細管中填充的樣品粉末，即使緊密程度不同，仍可測得數
值相同的熔點

(E) 實驗剩餘的化合物，即使可溶於水，也不可將其直接倒入水槽

20. 在縫合傷口時，若使用生物可分解的
縫線，則在癒合後不需拆線。一般常
用的可分解縫線材質，其結構如右：
下列有關此聚合物的敘述，哪些正確？

$$HO\left[CH_2-\overset{\overset{\displaystyle O}{\|}}{C}-O-\overset{\overset{\displaystyle H}{|}}{\underset{\underset{\displaystyle CH_3}{|}}{C}}-\overset{\overset{\displaystyle O}{\|}}{C}-O\right]_n H$$

(A) 此聚合物為聚酯類化合物

(B) 此聚合物是由單體以加成反應聚合而成

(C) 此縫線材質含有不同分子量的聚合物

(D) 聚合物的構成單元間是以醚基連結，所以容易在生物體內被
酵素分解

(E) 構成此聚合物的單體均含有兩個官能基

21. 十九世紀，瑞士巴塞爾大學化學教授熊班（C. F. Schonbein），在廚房進行化學實驗時，不慎打翻一瓶硝酸與硫酸的混合溶液。情急之下，熊班拿起棉製圍裙擦拭桌上的傾倒液，隨後將圍裙置於壁爐上烘乾，不料圍裙竟然在烘乾後自燃，且幾乎完全燒光。試問下列敘述哪些正確？

    (A) 圍裙在烘乾後自燃，是因為有不穩定的硝化纖維生成

    (B) 棉製圍裙主要成份的化學式為 $(C_6H_{12}O_6)_n$

    (C) 此硝酸與硫酸的混合溶液即為王水

    (D) 棉製圍裙的主要成份屬多醣類

    (E) 硫酸能使棉製圍裙脫水

22. 在 2010 年，諾貝爾獎頒給發現及開創研究石墨烯的科學家，石墨烯是個單層的石墨。下列有關石墨烯的敘述，哪些正確？

    (A) 石墨烯中的碳具有 sp^2 混成軌域

    (B) 石墨烯與石墨具有相似的機械強度

    (C) 石墨烯與石墨具有相似的不透明黑色

    (D) 石墨烯中的碳－碳鍵序（鍵數）介於單鍵與雙鍵之間

    (E) 石墨烯只具有單原子層，所以是不導電的分子

23. 為紀念居里夫人發現鐳（Ra）元素，並獲諾貝爾化學獎 100 週年，訂定 2011 年為國際化學年。鐳屬於鹼土元素。下列有關鐳的敘述，哪些正確？

    (A) 鐳的價電子層為 $7s^2$ 組態

    (B) 鐳是製造雷射元件的材料之一

    (C) 鐳具有放射性是因其第一游離能極低

    (D) 鐳的碳酸鹽難溶於水

    (E) 鐳的氯化物的化學式為 RaCl

第貳部分：非選擇題（佔 20 分）

說明：本大題共有三題，<u>作答都要用筆尖較粗之黑色墨水的筆書寫</u>。答案必須寫在「答案卷」上，並於題號欄標明題號（一、二、三）及小題號（1、2、…），作答時不必抄題。計算題必須寫出計算過程，<u>最後答案應連同單位劃線標出</u>。每題配分標於題末。

一、 在室溫 20℃ 時，用燒杯稱取氫氧化鈉固體 2.0 克，然後<u>在燒杯沒有加以絕熱的情況下</u>，加入 20℃ 的水 50 克，使氫氧化鈉溶解，並測定溫度（假設在實驗的過程中，熱量的散失速率一定）。每隔 60 秒所測定的溶液溫度，其變化如表 1 所示：

時間（s）	0	60	120	180	240	300	360	480
溫度（℃）	20.0	25.3	28.0	28.8	28.6	28.0	27.4	26.2

表一

1. 試以時間為 X 坐標（橫軸），溫度為 Y 坐標，在答案卷上方的方格上以適當的<u>大小</u>，將實驗結果繪製成圖。（2 分）

2. 如果此實驗在絕熱條件下進行，則氫氧化鈉在溶解過程中，溫度共升高幾度？（2 分）

3. 已知此溶液的比熱為 4.2（J/g·℃），而攪拌所導致的熱量變化可以忽視。試求氫氧化鈉在溶解過程中所放出的熱量（單位 kJ）。（2 分）

二、 測量醋酸銀溶度積（K_{sp}）的步驟如下：量取 0.20 M 的硝酸銀溶液及 0.20 M 的醋酸鈉溶液各 10.0 mL，令其混合產生醋酸銀沉澱，俟反應達到平衡後，過濾分離沉澱物。取出 10.00 mL 濾液，加入數滴適當指示劑後，隨即以 0.050 M KSCN 滴定之。當滴定到達終點時，共耗去 10.00 mL KSCN。至於醋酸根離子濃度，則另以其他方法分析之。

試回答下列問題：

1. 以 SCN^- 滴定銀離子時，最常使用的指示劑為何？（2 分）
2. 滴定終點時，溶液的顏色為何？（2 分）
3. 醋酸銀飽和溶液中的醋酸根離子濃度為何？（2 分）
4. 計算醋酸銀的溶度積（K_{sp}）。（2 分）

三、 有兩種無機化合物甲與乙，在常溫常壓時甲為塊狀固體，乙為常見液體，分別用打火機的火焰，均無法將其點燃。以下為實驗步驟與觀察紀錄：

(1) 將一粒約 1 克的固體甲置於蒸發皿中，然後加入約 2 mL 的液體乙時，立見兩者劇烈反應，產生氣體丙。（在工業上，丙可作為製造 PVC 的原料。）

(2) 此時將火焰靠近蒸發皿，則見氣體丙燃燒發出火焰，而火焰上方有輕飄的黑煙。

(3) 等步驟 (1) 的反應完畢，蒸發皿冷卻後，將其液體過濾得澄清濾液丁。

(4) 在丁液中通入二氧化碳，得白色沉澱戊。

試回答下列問題：

1. 寫出甲與乙反應的平衡化學反應式。（2 分）
2. 步驟 (2) 所產生的黑煙是何種物質？（2 分）
3. 寫出步驟 (4) 產生白色沉澱戊的平衡化學反應式。（2 分）

100年度指定科目考試化學科試題詳解

第壹部分：選擇題

一、單選題

1. **B**

　　【解析】 $2KNO_{3(s)}+3C_{(s)}+S_{(s)}\xrightarrow{\text{點燃}}K_2S_{(s)}+N_{2(g)}+3x_{(g)}$

　　　　　　上述為平衡後的方程式，根據原子不滅定理，x 是 CO_2

2. **D**

　　【解析】 還原劑⇒自己氧化數上升者⇒自身氧化

　　　　　　$K\underline{N}O_3 \to \underline{N}_2 \Rightarrow$ 氧化數下降

　　　　　　$+5 \qquad\ \ 0$

　　　　　　$KN\underline{O}_3 \to C\underline{O}_2 \Rightarrow$ 氧化數不變

　　　　　　$-2 \qquad\quad -2$

　　　　　　$\underline{C} \to \underline{C}O_2 \Rightarrow$ 氧化數上升

　　　　　　$0 \qquad +4$

　　　　　　$\underline{S} \to K_2\underline{S} \Rightarrow$ 氧化數下降

　　　　　　$0 \qquad -2$

　　　　　　故還原劑為碳

3. **A**

　　【解析】 分子間的平均距離為 $\sqrt[3]{V}$

　　　　　　$\therefore$ 由 $PV=nRT$，$\because$ 定壓定量下，$\therefore V \propto T$

　　　　　　$\dfrac{V_2}{V_1}=\dfrac{(327+273)}{(27+273)}=\dfrac{600}{300}=2$

　　　　　　所以理想氣體分子間平均距離增為原來的 $\sqrt[3]{2}\fallingdotseq 1.26$ 倍

4. **E**

【解析】 (A) 質子數為 28

(C) $1s^2 2s^2 2p^6 3s^2 3p^6 \underline{4s^2 3d^8} \Rightarrow$ 價電子數為 10

(D) 核心電子組態 $\Rightarrow [Ar]$

(E) 第 4 週期（列）元素

5. **E**

【解析】 沸點：乙醇 > 乙醛 > 二甲醚 > 丙烷

（有分子間氫鍵）↑>極性：（乙醛>二甲醚>丙烷）

6. **D**

【解析】 由於硫酸沸點高，而且其中硫原子已為最高氧化數，

不會再氧化過錳酸鉀，所以常用來製備低沸點的酸

7. **D**

【解析】 先將兩個溴原子分為鄰、間、對，3 類異構物，再接甲

基

(一) 鄰

(二) 間

(三) 對

8. **C**

【解析】 由於 $656.3\,nm$ 波長在可見光範圍內（$400\,nm \sim 700\,nm$）

所以直接找最後回到 $n=2$ 的，故選 (C)

9. **D**

【解析】 (A) NH_4Cl、$Cu(NO_3)_2$、C_2H_5OH

　　　　　　酸　　　　酸　　　　　中

(B) NH_4Cl、KCl、$NaHCO_3$

　　　酸　　中　　　鹼

(C) $Cu(NO_3)_2$、NaF、C_2H_5OH

　　　酸　　　鹼　　　中

(D) NaF、K_2CO_3、$NaHCO_3$

　　鹼　　　鹼　　　鹼

(E) KCl、$Cu(NO_3)_2$、K_2CO_3

　　中　　　酸　　　　鹼

10. **C**

【解析】

碳碳鍵氫化代表使 $-\overset{|}{C}=\overset{|}{C}- \rightarrow -\overset{\overset{H}{|}}{C}-\overset{\overset{H}{|}}{C}-$

$\therefore C_{180}H_{180}$ 中 180 個 H，代表打斷 $\dfrac{180}{2}$ 個 π 鍵

$\therefore$ 釋放 $\dfrac{80\times10^3}{6.02\times10^{23}}\times90 = 1.19\times10^{-17}$ 卡

11. **B**

【解析】根據 $\dfrac{Q}{t}=I \Rightarrow$ 通話三小時的總電量

$Q=I \times t = 0.3 \times 3 \times 3600 = 3240$ 庫侖

因此共有 $\dfrac{3240}{96500} = 0.033F$ 的電子

依化學方程式係數得知 $\Rightarrow$ 碳需要 0.033×6 莫耳

$= 0.033 \times 6 \times 12$ 克石墨 $= 2.4$ 克石墨

12. **A**

【解析】(A)(B)(C) 定溫、定容下，加入 $Ar_{(g)}$，系統中各氣體的分壓和濃度均不變，所以平衡不動

(D) 平衡常數只受溫度、本性影響，故溫度不變，平衡常數不變

(E) $Ar_{(g)}$ 為惰性氣體，反應性極低

二、多選題

13. **BDE**

【解析】(A) 最容易累積在甲狀腺

(B) $^{131}_{53}I$，中子數為 $131-53=78$ $\quad \therefore 78-53=25$ 個

(C) 不能消除，因為 $I-131$ 其原子核具放射性，形成離子後仍具有放射性

(D) $A = A_0 \left(\dfrac{1}{2}\right)^{\frac{80}{8}} = \dfrac{1}{1024} A_0$

(E) 依 $\overline{C}_M = \dfrac{a}{V} \Rightarrow \dfrac{V_{1公里}}{V_{10公里}} = \dfrac{1^3}{10^3} = \dfrac{1}{1000}$

$\therefore$ 濃度減少為原本的 $\dfrac{1}{1000}$

14. **ACE**

【解析】(A) $Zn_{(s)} + 2HCl_{(aq)} \rightarrow H_{2(g)} + ZnCl_{2(aq)}$

(B) $Na_2CO_{3(aq)} + 2HCl_{(aq)} \rightarrow CO_{2(g)} + H_2O_{(l)} + 2NaCl$

(C) 陽極產生 $O_{2(g)}$，陰極產生 $H_{2(g)}$

(D) $CaCO_{3(s)} + 2HCl_{(aq)} \rightarrow CO_{2(g)} + H_2O_{(l)} + CaCl_2$

(E) $H_2O_{(g)} + C_{(s)} \rightarrow CO_{(g)} + H_{2(g)}$ ［水煤氣］

15. **CDE**

【解析】Ni^{2+} 碰 CN^- ⇒ 平面四邊形

$\left.\begin{array}{l} Pd^{2+} \\ Pt^{2+} \end{array}\right\}$ 碰任何配基 ⇒ 平面四邊形

其他都是正四面體

16. **ABD**

【解析】(A) 由最慢的反應式為速率決定步驟可知 $R = k[H_2O_2][I^-]$

$(H_2O_{2(aq)} + I^-_{(aq)} \rightarrow H_2O_{(l)} + IO^-_{(aq)})$

(B) $\quad H_2O_{2(q)} + I^-_{(aq)} \rightarrow H_2O_{(l)} + IO^-_{(aq)}$

$\underline{+) \ IO^-_{(aq)} + H_2O_{2(aq)} \rightarrow O_{2(q)} + H_2O_{(l)} + I^-_{(aq)}}$

$2H_2O_{2(aq)} \ \rightleftarrows \ O_{2(g)} + 2H_2O_{(l)}$

(C)(D)(E) 加催化劑，會使正逆反應的活化能均降低，但不改變其反應熱（ ΔH ）

17. **ACD**

【解析】(B) 相同單位聚合，但不同的聚合方式

(E) 苯乙烯為單位聚合而成

18. **AE**

【解析】 (A) 由 1、3、4 和 $AgNO_{3(aq)}$ 有反應可知，產生鹵化銀沉

澱，故可能含有鹵素鹽類

(B) 否，因為 $NaCl_{(aq)}$ 不會和 $Cl_{2(aq)}$ 有反應

(C) 否，若是乙炔則應和 $AgNO_{3(aq)}$ 產生末端炔沉澱，而

且乙炔會 Br_2 / CCl_4 褪色，產生加成反應

(D) 只有 $AgCl_{(s)}$ 是白色，但因有和 $Cl_{2(aq)}$ 反應，所以試管

4 裡面不會有 $Cl_{(aq)}^-$，故沉澱物不會是白色，而且

$AgBr_{(s)}$ 和 $AgI_{(s)}$ 沉澱物為黃色

(E) 有發生反應，所以會使 $KMnO_4 / OH^-$ 褪色，因為

$KMnO_4$ 原為紫紅色

19. **BE**

【解析】 (A) 否，∵ 本質不同，沙拉油穩定性低

(C) 否，溫度計絕不可以用於攪拌

(D) 緊密程度不同，包含空氣不同，受熱不均勻測得的

熔點則不同

20. **ACE**

【解析】

$$HO \left[CH_2 - \overset{O}{\underset{\|}{C}} - O - \overset{H}{\underset{\underset{CH_3}{|}}{C}} - \overset{O}{\underset{\|}{C}} - O \right]_n H$$

為 $HO - CH_2 - \overset{O}{\underset{\|}{C}} - OH$ 和 $HO - \overset{H}{\underset{\underset{CH_3}{|}}{C}} - \overset{O}{\underset{\|}{C}} - OH$ 聚合而成

(A) 酸 + 醇 ⇒ 酯 + 水　∴為聚酯類

(B) 脫水為縮合聚合反應

(D) 單元間是以酯基連結，容易被生物體內的酵素分解

(E) 羧基和羥基

21. **ADE**

【解析】(B) $(C_6H_{10}O_5)n$

(C) (一份硝酸 + 三份鹽酸)的混合溶液為王水

22. **AD**

【解析】(A) 正確 $\overset{\|}{C}$ ⇒ sp^2 混成軌域

(B) 石墨有層和層之間的凡得瓦力，石墨烯只有單層結構，機械強度不同

(C) 石墨烯為透明黑色

(D) 石墨烯的碳−碳間鍵數為 $1\frac{1}{2}$ 鍵

(E) 平面結構，可藉 π 鍵間的共振，傳遞電子而導電

23. **AD**

【解析】(A) IIA 族，第 7 週期，故價電子層為 $7s^2$ 組態

(B) 雷射為一束強光聚集而成和鐳無關

(C) 鐳具有放射性，原因為原子核內質子數太多，不穩定

(D) CO_3^{2-} 易和 IVA 族產生沉澱

(E) $RaCl_2$

第貳部分：非選擇題

一、【答案】 (1) 見詳解

(2) 2.11℃

(3) 3.2.4 kJ

【解析】 (1)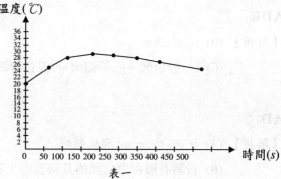

溫度(℃)

表一

(2) 表一顯示由 240 (s) 開始，每隔 60 秒下降 0.6 ℃，
表示燒杯在沒有絕熱狀態下，每 60 秒會散失熱量
0.6 ℃，故在絕熱狀態下進行實驗，8.6 + 0.6 × 4 =
11℃，其升高 11℃

(3) $\Delta H = (2+50) \times 4.2 \times 11 \times 10^{-3} = \underline{\underline{2.4kJ}}$

二、【答案】 (1) Fe^{3+} (2) 血紅色

(3) 0.05 M (4) 2.5×10^{-3}

【解析】 (3) $Ag^+ + \quad CH_3COO^- \rightarrow CH_3COOAg_{(s)}$

      0.1 M   0.1 M

     $-x$ $-x$ $+x$

    $0.1 - x$ $0.1 - x$

可知 $[Ag^+]=[CH_3COO^-]$

$$Ag + SCN^- \rightarrow AgSCN_{(s)}$$

$$\frac{10}{1000} \times 0.05 = \frac{10}{1000} \times M$$

$$M = 0.05(M)$$

(4) $Ksp = (0.1-x)^2 = \underline{2.5 \times 10^{-3}}$

三、【答案】　(1) 見詳解　　　(2) 碳粒　　　(3) 見詳解

　【解析】　(1) 甲爲 CaC_2；乙爲 H_2O

$$CaC_{2(s)} + 2H_2O_{(l)} \rightarrow C_2H_{2(g)} + Ca(OH)_{2(aq)}$$

　　　(2) 黑煙爲碳粒

　　　(3) $Ca(OH)_{2(aq)} + 2CO_{2(g)} \rightarrow Ca(HCO_3)_{2(aq)}$

100年大學入學指定科目考試試題
生物考科

第壹部分：選擇題（佔71分）

一、單選題（20分）

說明：第1題至第20題，每題4個選項，其中只有1個是最適當的
選項，畫記在答案卡之「選擇題答案區」。各題答對得1分，
未作答、答錯、或畫記多於1個選項者，該題以零分計算。

1. 以有性生殖繁殖的生物中，哪一種生物的性別，取決於卵細胞中
攜帶的性染色體？
(A) 雞　　　　　(B) 螞蟻　　　　　(C) 果蠅　　　　　(D) 蝗蟲

2. 下列哪一種胚外膜的功能與胚胎養分、氧攝取及代謝廢物排出有
關？
(A) 尿囊　　　　(B) 羊膜　　　　　(C) 絨毛膜　　　　(D) 卵黃囊

3. 下列哪一種酵素基因突變會導致岡崎片段（Okazaki fragment）在
細胞中累積？
(A) DNA 聚合酶　　　　　　　　(B) RNA 聚合酶
(C) DNA 連接酶　　　　　　　　(D) RNA 連接酶

4. 下列有關洒吞（W. S. Sutton）所提出的染色體學說之敘述，何者
正確？
(A) 描述基因控制遺傳性狀　　　(B) 推測基因位於染色體上
(C) 描述同源染色體聯會
(D) 推測染色體變異影響個體性狀

5. 下列何者與神經細胞膜電位的形成無關？
   (A) 細胞膜上鈉鉀幫浦
   (B) 細胞內外滲透壓差
   (C) 細胞內外各種離子濃度差
   (D) 細胞膜對不同離子的通透性不一樣

6. 經過高三整年準備學測與指考的壓力刺激，下列何種激素在血液的濃度可能增加？
   (A) 葡萄糖皮質素
   (B) 甲狀腺素
   (C) 生長激素
   (D) 胃泌素

7. 下列有關內分泌腺或組織器官與其所分泌激素的配對，何者正確？
   (A) 甲狀腺：甲狀腺刺激素
   (B) 腎上腺：促腎上腺皮質素
   (C) 腎臟：紅血球生成素
   (D) 腦下腺前葉：催產素

8. 視丘能將體內感覺訊息如聽覺、視覺等傳入大腦皮層以引起感覺。下列何種感覺不經過視丘？
   (A) 味覺
   (B) 痛覺
   (C) 溫覺
   (D) 嗅覺

9. 臺灣水韭目前只發現分布在陽明山國家公園的夢幻湖，部分學者認為是臺灣特有生物。惟其形態與分子證據卻與族群量較大的中華水韭和貴州水韭頗為相似，因而引起其他學者不同的看法。根據以上訊息，下列有關臺灣水韭來源的推論，何者最為合理？
   (A) 應是臺灣特有種
   (B) 應是臺灣原生種
   (C) 由外地移入並適應本地環境
   (D) 可歸類為外來入侵植物

10. 下列何構造無法影響水進出植物體的功能？
    (A) 葉面角質層
    (B) 氣孔
    (C) 卡氏帶
    (D) 皮孔

11. 下列有關雙子葉植物的敘述，何者正確？
    (A) 都有年輪　　　　　　　　(B) 維管束散生
    (C) 皆無形成層　　　　　　　(D) 皆有種子

12. 以下對苔類和蕨類的形態和生活史的描述，何者正確？
    (A) 苔類具維管束，蕨類無維管束
    (B) 於野外看見的蕨類多為其配子體
    (C) 土馬騌同一配子體上會發育出精子和卵
    (D) 苔類的孢子體和配子體會生長於同一個體上

13. 下列有關不同植物固定CO_2方法的敘述，何者錯誤？
    (A) 水稻葉肉細胞內的酵素能促使CO_2與三碳糖結合
    (B) 鳳梨的葉肉細胞可在夜間將CO_2固定於液胞內
    (C) 甘蔗的葉肉細胞僅能固定CO_2，但無法合成磷酸甘油醛
    (D) 仙人掌的葉肉細胞可以固定CO_2，又可以合成磷酸甘油醛

14. 下列有關原生生物界的敘述，何者正確？
    (A) 均為單細胞生物　　　　　(B) 細胞壁含有幾丁質
    (C) 細胞不具有細胞核與胞器　(D) 營養方式歧異度大

15. 下列有關植物的營養器官與功能之敘述，何者正確？
    (A) 根帽可保護生長點，但細胞與土壤摩擦易脫落，需經常補充
    (B) 多年生的雙子葉植物具有活躍的形成層，使莖不斷伸長
    (C) 水生植物的葉片具有很厚的角質層，可防水分不斷滲入植物體
    (D) 單子葉植物位於莖外部的維管束有韌皮部，位於莖內部者具
        有木質部

16. 下列哪種生物既沒有胚胎也沒有運輸組織？
    (A) 石松　　　　(B) 水綿　　　　(C) 銀杏　　　　(D) 木賊

17. 根據 1990 年 Carl Woese 將生物分成三域，分別是古細菌、細菌
　　和真核生物，其中前兩域的生物以前屬於原核生物。試問，下列
　　甲～己的特性中，哪些是古細菌與細菌共有的？

　　甲、具有核糖體　　　　　　　　乙、具有環狀染色體

　　丙、細胞膜的結構與真核細胞不同

　　丁、可以進行糖解作用產生能量

　　戊、不具有細胞壁　　　　　　　己、不具有內質網

　　(A) 甲乙丁戊　　　　　　　　　(B) 甲乙丁己

　　(C) 乙丙丁戊　　　　　　　　　(D) 乙丁戊己

18. 吞噬細胞以吞噬作用殺死病原體的消化酵素存在於細胞內何處？

　　(A) 粒線體　　　　　　　　　　(B) 溶體

　　(C) 液胞　　　　　　　　　　　(D) 過氧化體

第 19 至 20 題為題組

　　今年春節期間流感疫情達高峰，曾同時有 6 種病毒在流行，其中
　　包括 2 種 A 型流感病毒（H1N1 和 H3N2）和一種 B 型流感病毒，
　　而且同時得到 2 種感冒的風險很高。

　　根據上述，請回答第 19-20 題：

19. 人體專一性防禦系統主要誘發下列哪些細胞的增生和活性，才能
　　有效戰勝病毒感染而痊癒？

　　(A) 輔助 T 細胞、胞殺 T 細胞

　　(B) 抗原呈現細胞、輔助 T 細胞、胞殺 T 細胞

　　(C) 輔助 T 細胞、胞殺 T 細胞、B 細胞

　　(D) 抗原呈現細胞、輔助 T 細胞、B 細胞

20. 施打過 H3N2 疫苗或是曾經得過 H3N2 流感的人不易（甚至不會）再被 H3N2 感染而生病。此效應主要是因下列哪些專一性防禦特性所致？
    (A) 專一性、記憶性
    (B) 記憶性、不會對抗自身細胞
    (C) 專一性、不會對抗自身細胞
    (D) 記憶性、抗原會引發不同專一性反應

二、多選題（30 分）

說明：第 21 題至第 35 題，每題有 5 個選項，其中至少有 1 個是正確的選項，選出正確選項畫記在答案卡之「選擇題答案區」。各題之選項獨立判定，所有選項均答對者，得 2 分；答錯 1 個選項者，得 1.2 分，答錯 2 個選項者，得 0.4 分，所有選項均未作答或答錯多於 2 個選項者，該題以零分計算。

21. 下列哪些種類生物，其配子直接由 2n 細胞經減數分裂而來？
    (A) 人　　　　　(B) 豌豆　　　　　(C) 果蠅
    (D) 病毒　　　　(E) 大腸桿菌

22. 圖 1 為人類某性聯隱性遺傳疾病之族譜，圓形表女性，方形表男性，實心為呈現此遺傳疾病者。若第二世代中箭頭標示的個體與一正常男性結婚，其所生小孩的相關敘述，哪些正確？

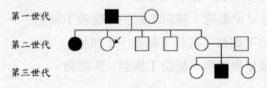

圖 1　性聯遺傳疾病族譜

    (A) 所有男孩都正常

    (B) 所有女孩都正常

    (C) 所有男孩都會得此遺傳疾病

    (D) 所有女孩皆為突變基因攜帶者

    (E) 男孩得此遺傳疾病之機率是 1/2

23. 下列有關幹細胞的敘述，哪些正確？

    (A) 幹細胞可以用來治療唐氏症

    (B) 幹細胞可以分化成多種細胞

    (C) 胚胎和成體中都有幹細胞的存在

    (D) 幹細胞可以不斷地增生更多幹細胞

    (E) 骨髓幹細胞可以分化成個體

24. 移除大鼠的胰臟，待動物恢復後進行實驗，推測下列哪些食物成份將難以消化並吸收？

    (A) 多醣   (B) 雙醣   (C) 脂肪

    (D) 胺基酸   (E) 蛋白質

25. 下列哪些生理狀況會增加抗利尿激素分泌？

    (A) 口渴時   (B) 喝大量水

    (C) 尿液增多   (D) 血液滲透濃度增加

    (E) 血液中的鈉離子濃度比正常高

26. 下列哪些因素會促使血壓升高？

    (A) 交感神經活性降低   (B) 迷走神經活性降低

    (C) 舌下神經活性增強   (D) 抗利尿激素分泌過多

    (E) 冬天溫度過低引起小動脈收縮

27. 下列有關生態系能量流動與物質循環的敘述，哪些正確？
    (A) 食物鏈的長度受限於營養階層間能量轉換的效率
    (B) 一生態系內的生物數量總是隨著營養階層上升而減少
    (C) 一般而言，河川下游較上游氧含量高
    (D) 細菌與真菌是連接有機生命世界和無機物質世界的主要生物
    (E) 快速消耗古生物所固定的碳是今日大氣中二氧化碳濃度升高
        的主要原因

28. 下列有關影響全球各類型生態系特性與分布的敘述，哪些正確？
    (A) 熱帶雨林生物多樣性高且四季景觀變化大
    (B) 寒原生態系鳥類多樣性常有顯著的季節性變化
    (C) 溫度和降水是影響全球各類型生態系分布的重要因子
    (D) 多數沙漠草本植物的根多而深，有利自深層土壤獲取水
    (E) 季節性降水不足是熱帶疏林草原無法發展成森林的重要原因

29. 2010 年 6 月 27 日桃園地區從山區到沿海一場午後雷陣雨持續二
    小時，降雨量達 75 釐米造成市區大淹水，但在 40 年前，同樣的
    降雨情況卻沒有造成大淹水，下列哪些是可能的原因？
    (A) 人口成長率下降
    (B) 集水區森林的開發
    (C) 全球氣候變遷
    (D) 廣設社區公園
    (E) 河岸及市區不透水的地面增加

30. 下列有關光敏素影響植物生長與開花之敘述，哪些正確？
    (A) 林下植物因為只能接受遠紅光，因此 Pr 的量一直偏低
    (B) 萵苣的種子接受紅光照射後，Pfr 會增加而促進種子萌發

(C) 陽性植物的幼苗在光照下，因為 Pfr 增加，而使節間不易伸長

(D) 短夜植物（長日照植物）葉部累積 Pfr 的量若高於臨界值，就會開花

(E) 長夜植物（短日照植物）若在連續黑暗期中照射紅光，則會因 Pr 減少而開花

31. 在自然環境下，植物有其各自的地理分布。圖 2 是臺灣本島地形圖。試問臺灣鐵杉與紅樹林依序各分布於圖中何處？

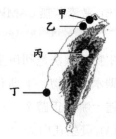

圖 2 台灣地形

(A) 甲、乙　　　　(B) 乙、丙

(C) 丙、甲　　　　(D) 丙、丁

(E) 丁、乙

32. 在下列哪些環境下，植物的氣孔會打開？

(A) 環境溫度太高　　　　　(B) 土壤水分不足

(C) 吉貝素濃度上升　　　　(D) 離層素濃度下降

(E) 照射藍光，促使鉀離子進入保衛細胞

第 33 至 34 題為題組

動物體的內分泌腺和神經內分泌腺會分泌激素，隨著循環系統流經全身。當此激素與目標細胞的受體結合後，在細胞內會引發一系列的化學反應，進而影響此目標細胞的生理反應。根據上述，請回答第 33-34 題：

33. 下列哪些激素的作用必須先與目標細胞膜上的受體結合？

(A) 黃體成長激素　　(B) 甲狀腺素　　　(C) 生長激素

(D) 腎上腺素　　　　(E) 雄性素

34. 在有 cAMP 參與激素作用於目標細胞的過程中，下列敘述哪些正確？
    (A) cAMP 是第二信使
    (B) 激素可以直接進入細胞
    (C) 激素可透過 cAMP 直接調節特定基因表現
    (D) cAMP 是在激素和受體結合後才被催化合成的
    (E) 激素若無 cAMP 參與，亦可引發下游的化學反應

35. 生物固碳法是利用生物具有光合作用的能力，將二氧化碳轉換成碳水化合物。下列有關景天酸代謝（CAM）植物之固碳作用的敘述，哪些正確？
    (A) 發生在白天
    (B) 需要水分子
    (C) 需要液胞
    (D) 發生在光反應，可以產生能量
    (E) 發生在碳反應，會消耗能量

三、閱讀題（21分）

說明：第36題至第44題，包含單選題與多選題，單選題有4個選項，多選題有5個選項，每題選出最適當的選項，標示在答案卡之「選擇題答案區」。單選題各題答對得2分，未作答、答錯、或畫記多於1個選項者，該題以零分計算。多選題所有選項均答對者，得3分；答錯1個選項者，得1.8分，答錯2個選項者，得0.6分，所有選項均未作答或答錯多於2個選項者，該題以零分計算。

閱讀一

　　目前全球約有一半的人口感染幽門螺旋桿菌（*Helicobacter pylori*）。幽門螺旋桿菌是一種具螺旋結構及鞭毛的革蘭氏陰性細菌，於 1983 年由澳洲醫師於胃黏膜標本中發現並培養出來。幽門螺旋桿菌感染人體時會分泌尿素酶，將尿素轉化為鹼性的氨以中和胃酸，利於長期存活在胃部。除了引起胃炎外，幽門螺旋桿菌也與十二指腸潰瘍及胃癌的形成相關。

　　幽門螺旋桿菌與感染的宿主胃部細胞間的互動非常有趣，研究顯示當人類胃部表皮細胞受到幽門螺旋桿菌感染時，會分泌第二型岩藻醣水解酶（FUCA2），催化水解醣蛋白寡醣側鏈上的岩藻醣（L-fucose），幽門螺旋桿菌可以從表皮細胞攝入水解產物岩藻醣，提供其生長的養分與能量。若以 RNA 干擾技術降低表皮細胞 FUCA2 的表現，可降低幽門螺旋桿菌附著到表皮細胞表面的能力，進而降低其毒性分子 CagA 轉移到表皮細胞內，顯示 FUCA2 與幽門螺旋桿菌致病有關。此外，FUCA2 的表現可增加幽門螺旋桿菌路易士X抗原的形成，此醣分子抗原可幫助幽門螺旋桿菌躲避宿主免疫系統的攻擊。故 FUCA2 可能成為胃部疾病的新型診斷標記，以及藥物研發目標。

依據上文內容和習得的知識，回答第 36-38 題：

36. 下列何者有助於幽門螺旋桿菌存活在人體胃部的酸性環境？
　　(A) 幽門螺旋桿菌分泌尿素酶　　(B) 人體胃部細胞分泌尿素酶
　　(C) 幽門螺旋桿菌分泌 FUCA2　　(D) 人體胃部細胞分泌 FUCA2

37. 下列何者有助於幽門螺旋桿菌對胃部表皮細胞的附著？
　　(A) 尿素酶　　　　　　　　　　(B) CagA 毒性分子
　　(C) FUCA2　　　　　　　　　　(D) 路易士 X 抗原

38. 下列哪些分子具有潛力發展成為治療幽門螺旋桿菌感染的藥物？
    (A) 尿素酶促進劑
    (B) FUCA2 抑制劑
    (C) 合成岩藻醣的酵素
    (D) 耐胃部強酸的抗生素
    (E) 抗路易士 X 抗原的口服抗體

閱讀二

　　人體攝食過多將引起肥胖，過多的能量以肝醣儲存於肝臟與肌肉或是以三酸甘油酯儲存於脂肪組織。

　　能量的儲存或攝取受激素與神經的調控。日常攝食後，血糖增多，葡萄糖在胰臟 β 細胞進行代謝，產生 ATP 會促使細胞膜上依賴 ATP 的 K^+ 通道關閉，致細胞電位升高，開啟 Ca^{2+} 通道，讓 Ca^{2+} 進入細胞，引起胰島素分泌，促進血糖運入肝臟、肌肉與脂肪組織。相對地，若血糖低，則促進胰臟 α 細胞分泌昇糖激素，作用於肝臟，使肝醣分解出葡萄糖。

　　當脂肪組織儲存過多的三酸甘油酯時，脂肪細胞會分泌瘦身素，隨血液循環流到下視丘，作用於厭食神經細胞上的瘦身素受體，使厭食細胞興奮，也同時抑制該處的攝食神經細胞。厭食細胞興奮，不但減少攝食，且會興奮支配脂肪組織的交感神經，促使脂肪細胞氧化脂肪酸，這種脂肪酸氧化產生的能量不是 ATP 而是熱，熱則直接散出體外。下視丘還會將訊息傳給延腦，興奮支配肝臟的迷走神經，抑制肝臟合成葡萄糖。動物實驗發現，小鼠兩個瘦身素基因突變後，體重是正常鼠的 3 倍。

依據上文內容和習得的知識，回答第 39-41 題：

39. 下列有關引起胰島素分泌的敘述，何者正確？
    (A) 鈣離子流出 β 細胞
    (B) 鉀離子進入 β 細胞
    (C) 胰臟 β 細胞去極化
    (D) 昇糖激素促使血糖增加

40. 下列有關瘦身素生理功能的敘述，哪些正確？
    (A) 引起厭食
    (B) 增加血糖濃度
    (C) 降低脂肪細胞的三酸甘油酯
    (D) 抑制攝取食物中的脂肪成份
    (E) 不需要受體參與即可抑制攝食神經細胞

41. 顧名思義瘦身素應該有減肥的效果，其引起瘦身的可能原因為何？
    (A) 因為由瘦身的基因所管制
    (B) 消耗脂肪酸卻不會產生 ATP
    (C) 減少肝醣與三酸甘油酯的儲存量
    (D) 脂肪酸代謝產生的 ATP 被立即轉換成熱能散出體外

閱讀三

　　所謂外來生物入侵是指移居新棲地的物種，成功建立新族群並對當地生態產生重大衝擊。越來越多研究發現許多外來生物在被引入一新的地區後，並未立刻對當地生態系產生重大影響，而是在數年甚至數十年之後，才出現龐大的外來種族群對生態系產生衝擊，亦即從引入到產生生態衝擊間有很長的時間延遲。此外，有的外來生物在多次被引入後才對生態系產生明顯影響。也有研究發現，如果外來生物多次引入的來源地不同，發生族群大量增長對生態系產生大衝擊的機率更高。因此，外來生物擴張的特性究竟是在原棲地就存在或者是到達新棲地之後才演化出來，引發許多討論與研究。

在研究生物入侵時，除演化遺傳學的突變概念之外，經常會提及以下三種概念：一、雜交優勢，是指雜交所產生的個體較親代雙方更具競爭優勢；二、Allee 效應（Allee 是姓），是指族群密度與族群成長速率有正相關，這是因為族群密度過低不利於個體求偶、禦敵等；三、先驅者效應，是指由少數個體在新棲地重新建立的新族群，雖然此族群的數量會增加，但因幾乎未與其他族群交配繁殖，個體間基因歧異度低。

依據上文內容和習得的知識，回答第 42-44 題：

42. 如果一外來生物入侵特性在原生地就存在，而非到新棲地後才演化出來，那麼能解釋外來入侵生物引入新棲地後，延遲衝擊當地生態的原因為何？
    (A) S 型族群成長 　　　　(B) 先驅者效應
    (C) 突變 　　　　　　　　(D) Allee 效應
    (E) 雜交優勢

43. 下列何者最能解釋一外來生物在多次從同一來源地引入後才出現族群大幅擴張？
    (A) 雜交優勢 　　　　　　(B) Allee 效應
    (C) 環境適應 　　　　　　(D) 先驅者效應

44. 下列何者最能解釋一外來生物由多個來源地引入後才發生族群大幅擴張？
    (A) 雜交優勢 　　　　　　(B) Allee 效應
    (C) 先驅者效應 　　　　　(D) S 型族群成長

第貳部分：非選擇題（佔 29 分）

說明：本大題共有四題，作答務必使用筆尖較粗之黑色墨水的筆書寫，且不得使用鉛筆。答案務必寫在「答案卷」上，並於題號欄標明題號（一、二、…）與子題號（1、2、…）。作答時不必抄題。

一、 李同學設計一個密閉的實驗箱，留有出、入兩個氣體開口，出口的直徑大於入口。實驗時，將大鼠置於動物籠內，並安置於

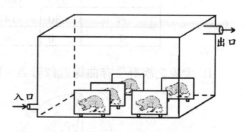

圖 3 動物箱及箱內所飼養的動物與動物籠

實驗箱，然後從出口抽氣，使氣體從入口進，由出口出來（圖 3 箭頭所示）。由於直徑的差異，出口的氣流大於入口，於是實驗箱內的氣壓降低，約近似 380 mmHg。對照組所用實驗箱的出、入口直徑相同，所以箱內的氣壓與外界一樣。實驗進行三週後，他抽血分析生理參數。試根據這個實驗回答下列問題。

1. 根據氧合血紅素解離曲線之概念來判斷，與對照組相比較，實驗大鼠血中氧分壓高低的變化為何？同理，血中二氧化碳分壓的高低有何變化？（2 分）

2. 實驗大鼠的肺泡數目與肺泡微血管數目各有何變化？（2 分）

3. 實驗大鼠會發生呼吸性鹼中毒，為什麼？此種酸鹼失衡由哪一種器官來調節？（2 分）

4. 實驗動物的血紅素濃度有何變化？（1 分）

二、 表1是某生態學者在三年內對一生態系內四個物種數量進行多
　 次調查所得平均結果，根據表1資料回答下列問題。

表 1 一個生態系的成員數量

物種 \ 數量 個體	幼體	亞成體	成體	老成體
甲	700	680	600	95
乙	350	280	220	190
丙	30	14	13	12
丁	0	70	30	0

1. 大象之族群生存曲線近似於 A、B、C 曲線中何者？（2分）

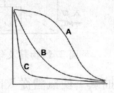

2. 上圖族群生存曲線之 X 軸及 Y 軸各為何？A、B、C 曲線中，
　 何者為表1甲物種的族群生存曲線？（3分）

3. 哪一個物種最可能是新進入此一生態系的外來種？（2分）

三、 分子 F 是細菌生長必須的養分，缺乏 F 分子時，細菌無法正常
　 生長。細菌從環境中吸收 A 分子後，利用 a、b、c、d 及 e 五
　 種酵素催化一連串的代謝反應（反應式一）。五種酵素中的三
　 種酵素基因 a、b、c 位於相同的操縱組（圖4），此操縱組受
　 到細菌體內 F 分子濃度的回饋抑制。請根據上文陳述，回答下
　 列問題。

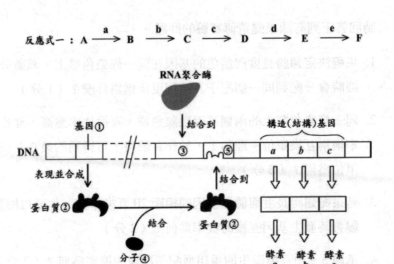

圖 4　細菌操縱組示意圖

1. 請標示出操縱組中的①、③及⑤的名稱。（3分）

2. 當蛋白質②與分子④結合後，此複合物會結合到操縱組的位置⑤，進而調節結構基因的轉錄。試問，蛋白質②是一種抑制蛋白或誘導蛋白？分子④是反應式中的哪一種分子？（2分）

3. 細菌的基因 b 突變時，無法產生有活性的酵素 b。試問酵素 c 是否有活性？（1分）

4. 承題3，將突變株培養在分別只添加一種分子 A、B、C 或 D 的培養基後，觀察生長情形。試問，突變株可以生長在單獨添加哪幾種分子的培養基中？以大寫字母表示。（2分）

四、 請回答下列有關果蠅遺傳實驗的問題。

1. 果蠅決定翅膀長度與體色的基因在同一條染色體上，減數分
裂時會分配到同一個配子，這個現象稱爲什麼？（1分）

2. 同一條染色體上的兩個基因距離愈遠，互換比率愈高，此比
率稱爲互換單位。理論上，於作實驗時，可得到的最高互換
單位爲何？（2分）

3. 若果蠅翅膀長度與體色基因間相距 20 互換單位，生殖母細胞
聯會時發生基因互換的機率爲何？（2分）

4. 承題 3，由互換產生的重組型配子出現的機率爲何？（2分）

100年度指定科目考試生物科試題詳解

第壹部分：選擇題

一、單選題

1. **A**

【解析】(A) 雞：ZW型：ZZ－♂，ZW－♀，決定於♀性性染色體

(B) 螞蟻：套數決定型：2n－♀，n－♂

(C) 果蠅：XY型：XX－♀，XY－♂，決定於♂性性染色體

(D) 蝗蟲：ZO型：ZZ－♀，ZO－♂，決定於♂性性染色體

2. **C**

【解析】 在人類胚胎的養分、氧氣、攝取、代謝、廢物的排除，皆與胎盤有關，而胎盤是由絨毛膜與母體子宮內壁共同形成

3. **C**

【解析】 DNA連接酶可將岡崎片段連接起來，若基因突變，無DNA連接酶，無法將岡崎片段連接起來，故岡崎片段可在細胞中累積增多

4. **B**

【解析】 此為染色體學說之定義「基因位在染色體上」

5. **B**

【解析】 神經細胞膜電位的造成與膜內外的離子濃度差有關，故 (A)、(C)、(D) 三者皆有關。但 (B) 選項滲透壓是因溶質濃度（或水的相對濃度）造成的，與本題無關。

6. **A**

【解析】 此為神經免疫學的考題。即：環境壓力 ──影響→ 神經系統 ──影響→ 內分泌系統 ──影響→ 免疫能力。而免疫能力與葡萄糖皮質酮有關。

7. **C**

【解析】 (A) 甲狀腺：甲狀腺素；腦下腺前葉：甲狀腺刺激素
  (B) 腎上腺：腎上腺皮質素；腦下腺前葉：促腎上腺皮質素
  (D) 腦下腺後葉：催產素

8. **D**

【解析】 在視丘以下的感覺傳至大腦時皆需先經過視丘轉換神經元，故僅嗅覺不需轉換

9. **C**

【解析】 既然由分生證據證明與中華水韭及貴州水韭相似，那 (A)、(B) 不正確。至於外來入侵種是由人為帶入，而台灣水韭是由候鳥帶至本島，故 (C) 正確，而 (D) 不正確

10. **D**

【解析】 (A) 角質層可阻止水分自體表散失

(B) 氣孔可開閉調整水分蒸散

(C) 卡氏帶可阻止根部水分流失

(D) 皮孔無控制水分進出植物體之功能

11. **D**

【解析】 (A) 雙子葉草本莖無年輪

(B) 單子葉莖維管束散生，而雙子葉植物維管束環狀排列

(C) 雙子葉植物根、莖皆有形成層

(D) 雙子葉植物屬於種子植物

12. **D**

【解析】 (A) 苔類無維管束，蕨類有維管束

(B) 野外所見維管束植物（包括蕨類）的根、莖、葉，皆為孢子體

(C) 苔蘚植物（包括土馬騌）配子體皆為♀♂異株

(D) 苔類孢子體以足部寄生雌配子體

13. **A**

【解析】 (A) 水稻為 3C 植物，葉肉行卡爾文循環將 CO_2 與五碳醣結合

(B)、(D) 鳳梨、仙人掌，為 CAM 植物，在夜間將 CO_2 固定於葉肉的液胞中，再於葉綠體內合成三碳醣（磷酸甘油醛）

(C) 甘蔗為 C4 植物白天在葉肉固定 CO_2，白天同時在脈鞘細胞合成三碳醣（磷酸甘油醛）

14. **D**

【解析】 (A) 原生菌物多為多細胞，而藻類亦具有部分為多細胞個體

(B) 原生植物纖維素細胞壁，原生動物無細胞壁，原生菌物細胞壁有幾丁質細胞壁成分

(C) 原生生物界屬於真核生物，有細胞核

(D) 有自營（原生植物）、有異營（原生菌類、原生動物類）

15. **A**

【解析】 (A) 根帽由生長點向下分裂補充細胞

(B) 形成層分裂主要使莖、根不斷加粗

(C) 水生植物水分不易蒸散，故不需要角質層

(D) 單子葉植物每一個單一維管束皆有木質部（向內）及韌皮部（向外）

16. **B**

【解析】 石松、銀杏、木賊，皆為陸生綠色植物，皆有維管束的輸導組織，也有胚胎。但水綿是綠藻，屬於原生植物，無維管束，也無胚胎

17. **B**

【解析】 古細菌與真細菌皆為原核生物，故 (甲)(乙)(丁)(己) 為共同特徵。真細菌細胞膜結構與真核生物相似，但古細菌不同；古細菌和真細菌二者皆有細胞壁

18. **B**

【解析】(A) 粒線體含氧化代謝酶，行呼吸作用

(B) 溶體含水解酶，行水解、消化作用

(C) 液泡含及一些儲存物

(D) 過氧化體含一些代謝酶，行生理代謝作用

19-20為題組

19. **C**

【解析】活化輔助 T 細胞可產生細胞激素，活化胞殺 T 細胞可破壞被病毒感染的細胞，活化 B 細胞可殺死游離的病毒

20. **A**

【解析】利用記憶性 B 細胞的記憶性及專一性，故本題選 (A)

二、多選題

21. **AC**

【解析】動物直接由生殖母細胞(2n)減數分裂產生生殖細胞(n)，故選(A)、(C)。而豌豆是配子體(n)有絲分裂產生配子(n)。至於病毒、細菌不行減數分裂

22. **BE**

【解析】根據族譜圖所示，箭頭所指基因型為 Aa，故與正常男子結婚 Aa×AY 所得後代男生 1/2 正常，1/2 得病；女生皆正常，一半是 AA，一半是 Aa

23. **BCD**

【解析】 (A) 唐氏症為第二十一對染色體多一條，無法以幹細胞
治療

(E) 骨髓幹細胞已有部分分化，故全能性較胚胎幹細胞
差，無法分化成整個個體

24. **CE 或 ACE**

【解析】 胰臟可分泌胰澱粉酶、胰脂肪酶、胰蛋白酶，故大鼠
無胰臟無法分解 (A) (C) (E)。臟不分泌雙醣酶，故有無
胰臟雙糖皆無法吸收。至於胺基酸不需經消化即可吸
收，故筆者認本題選 (A) (C) (E)。

25. **ADE**

【解析】 口渴時，血液滲透壓增加，下視丘口渴中樞受刺激，
刺激腦下腺後葉分泌抗利尿激素，(B) (C) 則不會

26. **BDE**

【解析】 (A) 交感神經會使血壓升高，故活性降低，血壓降低

(C) 舌下神經控制舌肌的感覺和運動，與血壓無關

27. **ADE**

【解析】 (B) 生物數量與營養階層升高並無絕對關係，因生物數
量在食物鏈的傳遞不一定遵守 10% 定律

(C) 河川下游有機物沈積，微生物大量增加，故含氧量
減少

28. **BCE**

　　【解析】 (A) 熱帶雨林終年高溫、雨量高，故終年枝葉茂密，景
　　　　　　　　觀變化少

　　　　　　 (B) 寒原隨季節變化、溫度差異，故候鳥遷移，因此鳥
　　　　　　　　類多樣性變化大

　　　　　　 (D) 沙漠草本植物根淺而分布廣，吸收表層的雨水

29. **BE**

　　【解析】40 年來：

　　　　　　 (A) 桃園人口成長率上升

　　　　　　 (B) 桃園地區水域上游集水區森林砍伐，保水功能差造
　　　　　　　　成桃園淹水

　　　　　　 (C) 因為 40 年來二次降雨量相似，故與氣候變遷無關

　　　　　　 (D) 人口成長、居住密集、社區公園少才會淹水

30. **BCD**

　　【解析】 (A) 林下植物接受遠紅光，$Pfr \xrightarrow{遠紅光} Pr$，故 Pr 量升高

　　　　　　 (B) 萵苣種子見光萌芽是因為（照光）或（照紅光），
　　　　　　　　可使 $Pr \rightarrow Pfr$，故種子萌芽

　　　　　　 (C) 幼苗受光照使 $Pr \rightarrow Pfr$，故吉貝素減少，節間變短

　　　　　　 (D) 短夜植物照光使 $Pr \rightarrow Pfr$ 促使開花

　　　　　　 (E) 長夜植物照紅光使 $Pr \rightarrow Pfr$，故不易開花

31. **CD**

　　【解析】台灣鐵杉產於中央山脈，故位於丙；紅樹林產於西海
　　　　　　岸河口，故位於甲、乙、丁。故本題選 (C) (D)

32. **DE**

【解析】 (A) 溫度高，氣孔關閉

(B) 土壤水分不足，會促使保衛細胞 TP 下降，氣孔關閉

(C) 吉貝素與氣孔開閉無關

33-34為題組

33. **ACD**

【解析】 (A) (C) (D) 三者為水溶性激素，故為第一類機制，與膜上受體結合再引發第二信使，激發生理反應

34. **AD**

【解析】 (A) (B) (D) 激素無法進入細胞，故與膜上受體結合引發 cAMP 為第二信使

(C) 第二信使直接引發一系列生化反應，並未調節基因表現

(E) 必需要有第二信使，才會引發化學反應

35. **CE**

【解析】 本題之固碳作用是指 CAM 植物的整個光合作用、固碳作用的過程

(A) 夜間儲存 CO_2，白天進行光反應與卡爾文循環，故日、夜均要

(B) 固碳反應是釋出水

(C) 夜間儲 CO_2 於液泡中

(D) 本題敘述固碳反應，非光反應

(E) 固碳反應會消耗光反應產生之能量

三、閱讀題

閱讀一

36. **A**

　　【解析】　見文章第一段

37. **C**

　　【解析】　見文章第二段

38. **BD 或 BDE**

　　【解析】　(B) (E) 見文章第二段，(D) 為常識，因為幽門桿菌生存
　　　　　　　於強酸性環境

閱讀二

39. **C**

　　【解析】　見文章第二段即造成去極化

40. **AC**

　　【解析】　見文章第三段

41. **B**

　　【解析】　見文章第三段

閱讀三

42. **AD**

【解析】　(A) S型族群成長需要時間才能達到族群數夠大，才能
　　　　　　　衝擊當地生態
　　　　　(B) 先驅者效應是指較小的族群數建立的新族群，故無
　　　　　　　法衝擊當地生態
　　　　　(C) 突變是單一個體少數基因，故無法在生態產生衝擊
　　　　　(D) Allee效應，也是要等一段時間族群數夠大才能衝
　　　　　　　擊當地生態
　　　　　(E) 雜交優勢是新產生的特性，而非原有存在的特性，
　　　　　　　故合題義

43. **B**

　　【解析】　Allee效應的族群小，故需多次引入才會出現族群擴張

44. **A**

　　【解析】　因為由多個來源地引入必為不同基因遺傳性，才會產
　　　　　　　生雜交、繁殖、擴大族群

第貳部分：非選擇題

一、【解答】　1. 低，低
　　　　　　　2. 增加，增加
　　　　　　　3. 因為呼吸頻率過高，排除過多二氧化碳，導致血液
　　　　　　　　pH值上升；腎臟
　　　　　　　4. 增加

二、【解答】　1. A

2. X軸：年齡百分比，Y軸：每一千個個體存活數；A

3. 丁

三、【解答】　1. ①調節基因，③啓動子，⑤操作子

2. ②抑制蛋白，F

3. 是

4. C、D

四、【解答】　1. 聯鎖

2. 50%

3. 40%

4. 20%

100年大學入學指定科目考試試題
國文考科

第壹部分：選擇題（佔55分）

一、單選題（34分）

說明：第1至第17題，每題4個選項，其中只有1個是最適當的選項，畫記在答案卡之「選擇題答案區」。各題答對得2分，未作答、答錯或畫記多於1個選項者，該題以零分計算。

1. 下列各組「」內的字，讀音相同的選項是：
   甲、三審定「讞」／望之「儼」然
   乙、率爾操「觚」／酒「酤」於市
   丙、羽扇「綸」巾／為國「掄」才
   丁、兄弟「鬩」牆／「翕」然從風
   戊、「巽」與之言／鐘鼓「饌」玉
   (A) 甲乙　　　(B) 乙丁　　　(C) 甲乙丁　　　(D) 甲丙戊

2. 下列文句沒有錯別字的選項是：
   (A) 連用數計，不能得騁，他已力乏技窮，最後只能甘心認輸
   (B) 他連番殺人劫財，祜惡不悛，當處以極刑，免得再貽害社會
   (C) 這條蟒蛇晝伏夜出，極端狡猾，如今入吾殼中，再也不能作怪
   (D) 阿里山賞櫻活動，如火如荼地展開；人群紛至沓來，擠得水洩不通

3. 閱讀下文，選出□內依序最適合填入的詞語，正確的選項是：

傳說的生長，就同滾雪球一樣，越滾越大；最初只有一個簡單的故事作個中心的「母題」（Motif），你添一枝，他添一葉，便像個樣子了。後來經過眾口的□□，經過平話家的□□，經過戲曲家的□□結構，經過小說家的□□，這個故事便一天一天的改變面目：內容更豐富了，情節更精細圓滿了，曲折更多了，人物更有生氣了。（〈胡適文存・三俠五義序〉）

(A) 傳說／敷演／剪裁／修飾　　(B) 宣揚／扮演／推敲／潤色
(C) 闡發／排演／增刪／歸納　　(D) 傳播／演義／虛擬／節制

4. 《論語・鄉黨》「沽酒市脯，不食」中的「市」意為「買」，《宋史・太祖本紀》「市二價者，以枉法論」中的「市」則意為「賣」，前後「市」字意義不同。下列各組語詞「」中的字，前後意義<u>不同</u>的選項是：

(A) 物傷其「類」／出「類」拔萃
(B) 折衝「樽」俎／移「樽」就教
(C) 「去」職數年／「去」國懷鄉
(D) 「疾」惡如仇／大聲「疾」呼

5. 以下為一段古文，請依文意選出排列順序最適當的選項：

「道之於心也，
甲、中窬深室，幽黑無見，
乙、此則火之燿也，非目之光也，
丙、及設盛燭，則百物彰矣。
丁、猶火之於人目也。
而目假之，則為己明矣。」（王符《潛夫論・讚學》）

(A) 甲丙丁乙　　(B) 乙丙丁甲　　(C) 丙乙甲丁　　(D) 丁甲丙乙

6. 閱讀下文，依照前後文意的連貫關係，選出適合填入的文字，正確的選項是：

廢墟是古代派往現代的使節，經過歷史君王的（甲）。廢墟是祖輩曾經發動過的壯舉，會聚著當時當地的（乙）。碎成齏粉的遺址也不是廢墟，廢墟中應有歷史最（丙）。廢墟能提供破讀的可能，廢墟散發著讓人（丁）的磁力。（余秋雨《文化苦旅·廢墟》）

(A) 甲可填入「流連盤桓」　　　(B) 乙可填入「挑剔和篩選」

(C) 丙可填入「強勁的韌帶」　　(D) 丁可填入「團結和凝聚」

7. 閱讀下文，選出敘述正確的選項：

那一棵四季桂，是十九年前我們移居舊宅時種植於大門右側的。樹由幼苗而茁壯成比一個人更高，春夏秋冬皆開花，是名副其實的四季桂。不久後，捷運系統將在那一帶建設車站。我們搬離舊宅，移入踩不到泥土的公寓。我和妹妹商量，把桂樹移植到她住的公家宿舍庭內。有泥土、有水和陽光和關愛，桂樹必能在另一個庭園內四季開花、散播清香的罷。雖然公家宿舍終不免有易換屋主之時，我們的四季桂定能繼續堅強地活下去。我想起日本平安時代，菅原道真在貶謫離鄉時，曾對庭中梅樹詠成一首和歌：「東風吹習習，猶未見梅放。莫謂主人離，等閒把春忘。」他日懷念舊宅的四季桂，我或者也會有這樣的心情罷。

（林文月〈散文陸則——擬《東坡志林》〉）

(A) 「東風吹習習，猶未見梅放」意指春風和暢，梅花尚未飄落

(B) 四季桂僅在春季開花，所以作者取用菅原道真詠梅和歌的詩意

(C) 「莫謂主人離，等閒把春忘」這兩句詩是採用描摹形象的寫作技巧

(D) 對於舊宅四季桂的心情，作者表現出「江山風月，本無常主」的態度

8. 清代《四庫全書》分古書為經史子集四部，下列敘述，正確的選項是：
   (A) 屈原作品收錄於《楚辭》，故〈漁父〉須查集部
   (B) 《左傳》以魯史為中心，編年記事，故列於史部
   (C) 《道德經》為道家最重要的經典，可在經部查閱
   (D) 孟子為先秦諸子之一，故《孟子》一書列於子部

9. 閱讀下文，推斷文意，選出最適切的選項：
   龍噓氣成雲，雲固弗靈於龍也。然龍乘是氣，茫洋窮乎玄間，薄日月，伏光景，感震電，神變化，水下土，汩陵谷，雲亦靈怪矣哉。雲，龍之所能使為靈也。若龍之靈，則非雲之所能使為靈也。然龍弗得雲，無以神其靈矣。失其所憑依，信不可歟。異哉！其所憑依，乃其所自為也。《易》曰：「雲從龍。」既曰龍，雲從之矣。（韓愈〈雜說一〉）
   (A) 龍與雲可用以比喻君臣之遇合
   (B) 雲並非因龍的翻騰才變化靈怪
   (C) 龍與雲主輔相依的關係不明確
   (D) 龍須靠雲來主宰才能靈變莫測

10. 以下為兩首唐詩：
    甲、江城如畫裏，山晚望晴空。兩水夾明鏡，雙橋落彩虹。
    　　人煙寒橘柚，□色老梧桐。誰念北樓上，臨風懷謝公。
    　　（謝公：南朝齊詩人謝朓）
    乙、十年離亂後，長大一相逢。問姓驚初見，稱名憶舊容。
    　　別來滄海事，語罷暮天鐘。明日巴陵道，□山又幾重。
    綜合二詩判讀，下列敘述正確的選項是：
    (A) 均為五言古詩
    (B) 均表達憶舊惜別的情感
    (C) 皆採取「由景入情」的表現手法
    (D) □中皆填入「秋」字，較符合詩境

11. 以下四副對聯，依序對應之建築，正確的選項是：

甲、四面湖山歸眼底

　　萬家憂樂到心頭

乙、可託六尺之孤，可寄百里之命，君子人與？君子人也隱居

　　以求其志，行義以達其道，吾聞其語，吾見其人

丙、大明湖畔，趵突泉邊，故居在垂楊深處

　　漱玉集中，金石錄裏，文采有後主遺風

丁、天下名山僧占多，還須留一二奇峰棲吾道友

　　世上好話佛說盡，又誰知五千妙論書自尊師

(A) 岳陽樓／關帝廟／劉鶚紀念館／莊子廟

(B) 鸛雀樓／陶潛祠／劉鶚紀念館／觀音殿

(C) 岳陽樓／武侯祠／李清照紀念館／老子廟

(D) 黃鶴樓／關帝廟／蒲松齡紀念館／老子廟

12-13為題組

閱讀下列短文，回答 12-13 題。

　　登上這亭，在平日是可以近瞰西湖，遠望浙江，甚而至於縹
紗的滄海的，可是此刻卻不能了。離庵不遠的山嶺，僧房，竹樹，
尚勉強可見，稍外則封鎖在茫漠的煙霧裏了。空齋躡壁臥，忽夢
溪山好。朝騎禿尾驢，來尋雪中道。石壁引孤松，長空沒飛鳥。
不見遠山橫，寒煙起林杪。（雪中登黃山）

　　我倚著亭柱，默默地在咀嚼著漁洋這首五言詩的□□；尤其
是結尾兩句，更道破了雪景的三昧。但說不定許多沒有經驗的人，
要妄笑它是無味的詩句呢。文藝的真賞鑑，本來是件不容易的事，
這又何必咄咄見怪？自己解說了一番，心裏也就釋然了。

（鍾敬文〈西湖的雪景〉）

三昧：借指奧秘

12. 文中「我倚著亭柱，默默地在咀嚼著漁洋這首五言詩的□□」，
    空格當填入的詞語，正確的是：
    (A) 清妙　　　(B) 雄渾　　　(C) 悲慨　　　(D) 典雅

13. 依題意所述，下列選項正確的是：
    (A) 文藝鑑賞之難，是因為讀者欠缺移情想像的能力
    (B) 作者登亭而不能近瞰西湖，遠望滄海，是由於日暮
    (C) 「石壁引孤松，長空沒飛鳥」，是作者登亭所見之景
    (D) 作者認為雪景之美，在寒煙籠罩樹梢，遠近一片朦朧

14-15為題組

閱讀下列詩歌，回答 14-15 題。

甲、杜甫〈哀江頭〉：憶昔霓旌下南苑，苑中萬物生顏色。昭陽
　　殿裡第一人，同輦隨君侍君側。輦前才人帶弓箭，白馬嚼齧
　　黃金勒。翻身向天仰射雲，一箭正墜雙飛翼。明眸皓齒今何
　　在？血污遊魂歸不得。清渭東流劍閣深，去住彼此無消息。

乙、白居易〈長恨歌〉：驪宮高處入青雲，仙樂風飄處處聞；緩
　　歌謾舞凝絲竹，盡日君王看不足。漁陽鼙鼓動地來，驚破霓
　　裳羽衣曲，九重城闕煙塵生，千乘萬騎西南行。翠華搖搖行
　　復止，西出都門百餘里。六軍不發無奈何，宛轉蛾眉馬前死。

14. 關於兩段以「安史之亂」為背景的詩歌，敘述不正確的選項是：
    (A) 兩詩均透過唐玄宗、楊貴妃的人生轉變，寓託唐朝國運由盛
        而衰
    (B) 兩詩對於玄宗赴蜀避難、貴妃死於兵變一事，均有或明或暗
        的敘述

(C) 「昭陽殿裡第一人，同輦隨君侍君側」與「緩歌謾舞凝絲竹，盡日君王看不足」，都是寫楊貴妃受唐玄宗寵幸的情形

(D) 「憶昔霓旌下南苑，苑中萬物生顏色」與「九重城闕煙塵生，千乘萬騎西南行」，都是寫戰亂發生、王室倉皇逃離的情形

15. 關於兩段詩歌的寫作，敘述<u>不正確</u>的選項是：

(A) 兩詩基本上都是以回顧過去的手法抒發心中情感

(B) 兩詩主要都是以音樂、聲響表現戰亂前後的轉變

(C) 「輦前才人帶弓箭，白馬嚼齧黃金勒」，由壯盛華麗的出遊行列襯托國勢強大

(D) 「漁陽鼙鼓動地來，驚破霓裳羽衣曲」，點出戰亂的發生出乎唐玄宗意料之外

16-17為題組

閱讀下文，回答 16-17 題。

衛靈公問於史鰌曰：「政孰為務？」對曰：「大理為務！聽獄不中，死者不可生也，斷者不可屬也，故曰：大理為務。」少焉，子路見公，公以史鰌言告之。子路曰：「司馬為務！兩國有難，兩軍相當，司馬執枹以行之，一鬥不當，死者數萬。以殺人為非也，此其為殺人亦眾矣。故曰：司馬為務。」少焉，子貢入見，公以二子言告之。子貢曰：「不識哉！昔禹與有扈氏戰，三陳而不服，禹於是修教一年，而有扈氏請服。故曰：去民之所事，奚獄之所聽？兵革之不陳，奚鼓之所鳴？故曰：教為務也。」

（劉向《說苑·政理》）

16. 下列政府單位中，最接近「大理」的選項是：
    (A) 法院　　　　　　　　　(B) 監獄
    (C) 調查局　　　　　　　　(D) 警察局

17. 依文中所示，下列文句與子貢的主張最接近的選項是：
    (A) 攻城為下，心戰為上
    (B) 故遠人不服，則脩文德以來之
    (C) 俎豆之事，則嘗聞之矣；軍旅之事，未之學也
    (D) 不教而殺謂之虐，不戒視成謂之暴，慢令致期謂之賊

二、多選題（21 分）

說明：第 18 至第 24 題，每題有 5 個選項，其中至少有 1 個是正確
　　　的選項，選出正確選項畫記在答案卡之「選擇題答案區」。
　　　各題之選項獨立判定，所有選項均答對者，得 3 分；答錯 1
　　　個選項者，得 1.8 分，答錯 2 個選項者，得 0.6 分，所有選項
　　　均未作答或答錯多於 2 個選項者，該題以零分計算。

18. 許達然〈稚〉：「從你含淚微笑的刹那，我覺得橫在我們之間的
    牆已除去。」以具體的「牆」，代替抽象的「疏離冷漠」。下列
    同樣使用以具體代替抽象手法的選項是：
    (A) 即使是朋友，也好像隔了一面玻璃
    (B) 將心敞開，好迎接一隻遠方的青鳥
    (C) 老骨頭晚歸，總受不了被攔截的驚恐
    (D) 人如果無意於築橋，心靈將無法向外敞開
    (E) 因為他向我借打火機，才把彼此之間的冰塊打破

19. 閱讀下文，選出符合文意的選項：

　　我常愛中國古人的田園詩，更勝過愛山林詩。田園、山林，同屬自然。但山林更自然，田園則多屬進了人文，故田園更可供大眾多數人長期享受，山林則只供少數人在特殊情況下暫時欣賞。伊尹耕於有莘之野，而樂堯舜之道。耕田鑿井人，易於在其心生有大天地。許由逃於箕山之下，洗耳不迭，反而心胸狹了。論許由所居住，似其外圍天地比伊尹的更大，實則比伊尹的轉小。養以大天地，其所生氣自大，養以小天地，則使人困限在小氣中。故要由養體進而懂得養氣。居住本只為蔽風雨，但孟子指出「居移氣」一番道理，實是一極大啟示。（錢穆《雙溪獨語》）

(A) 作者愛田園詩更勝過愛山林詩，主要關鍵在人文因素

(B) 許由隱遁於箕山下，擺脫名利富貴，心胸較伊尹寬闊

(C) 伊尹耕於田野中，人文與自然結合，故更能擔負經世濟民重任

(D) 作者認為生活天地的大小，足以決定其心胸氣度，而與抱負、涵養無關

(E) 作者質疑孟子「居移氣」的說法，認為住所即使簡陋，仍不礙其胸懷壯志

20. 風花雪月等景物，作者都可藉之寄情，以表達思念愛悅之意，曹植〈七哀〉「願為西南風，長逝入君懷」即是其例。下列文句，運用相同寫作手法的選項是：

(A) 白露橫江，水光接天，縱一葦之所如，凌萬頃之茫然

(B) 海水夢悠悠，君愁我亦愁，南風知我意，吹夢到西洲

(C) 霪雨霏霏，連月不開，陰風怒號，
　　濁浪排空，日星隱耀，山岳潛形

(D) 然後知是山之特出，不與培塿為類，
　　悠悠乎與灝氣俱，而莫得其涯

(E) 玉戶簾中卷不去，搗衣砧上拂還來，
　　此時相望不相聞，願逐月華流照君

21. 下列敘述正確的選項是：
   (A) 唐代「李杜」齊名，前有李白、杜甫，後有李商隱、杜牧
   (B) 漢魏之際「三曹」父子與「建安七子」形成盛極一時的文學集團
   (C) 《三國演義》、《西遊記》、《水滸傳》皆依據史實敷衍，情節斑斑可考
   (D) 南唐後主李煜和南宋女詞人李清照，語言風格皆爲典雅古奧，好用史事入詞
   (E) 西漢司馬遷撰《史記》，東漢班固著《漢書》，並稱史家雙璧，爲斷代正史之典範

22. 下列文句「　」中的文字，結構爲「動詞＋名詞」的選項是：
   (A) 《齊民要術》：其樹大者，以「鋸鋸」之
   (B) 《史記》：陛下不能將兵，而善「將將」
   (C) 《荀子》：無「惛惛」之事者，無赫赫之功
   (D) 《左傳》：庸勳、「親親」、昵近、尊賢，德之大者也
   (E) 《三國志》：二十年，孫權以先主已得益州，「使使」報欲得荊州

23. 以下每個選項皆含前後兩段引文，後文與前文觀點、意涵<u>截然不同</u>的選項是：
   (A) 《孟子》：民爲貴，社稷次之，君爲輕／黃宗羲〈原君〉：古者以天下爲主，君爲客，凡君之所畢世而經營者，爲天下也
   (B) 《莊子》：天下莫大於秋毫之末，而大山爲小；莫壽於殤子，而彭祖爲夭／王羲之〈蘭亭集序〉：固知一死生爲虛誕，齊彭殤爲妄作

(C)《老子》：天道無親，常與善人／司馬遷〈伯夷列傳〉：或
　　擇地而蹈之，時然後出言，行不由徑，非公正不發憤，而遇
　　禍災者，不可勝數也

(D)《論語》：君子博學於文，約之以禮，亦可以弗畔矣夫／
　　《荀子》：木受繩則直，金就礪則利；君子博學而日參省乎
　　己，則知明而行無過矣

(E)《韓非子》：明主之國，無書簡之文，以法為教；無先王之
　　語，以吏為師／劉歆〈移書讓太常博士〉：至于暴秦，焚經
　　書，殺儒士，設挾書之法，行是古之罪

24. 下列引文，在言談中表現出斥責對方語氣的選項是：

(A) 大母過余曰：「吾兒，久不見若影，何竟日默默在此，大類
　　女郎也？」

(B) 宰予晝寢，子曰：「朽木不可雕也，糞土之牆不可杇也，於
　　予與何誅」

(C) 燭之武對秦伯：「越國以鄙遠，君知其難也，焉用亡鄭以陪鄰？
　　鄰之厚，君之薄也！」

(D) 孟子對齊宣王：「賊仁者謂之賊，賊義者謂之殘，殘賊之人
　　謂之一夫。聞誅一夫紂矣，未聞弒君也！」

(E) 左光斗對史可法：「庸奴！此何地也，而汝來前！國家之事，
　　糜爛至此，老夫已矣！汝復輕身而昧大義，天下事誰可支拄
　　者？」

第貳部分：非選擇題（佔45分）

說明：本大題共有二題，請依各題指示作答，答案務必寫在「答案
　　　卷」上，並標明題號。作答務必使用筆尖較粗之黑色墨水的
　　　筆書寫，且不得使用鉛筆。

一、文章解讀（占 18 分）

　　　閱讀框線內文章，回答問題，文長限 200 字－250 字（約 9 行－11 行）。

　　　途中是認識人生最方便的地方。車中、船上同人行道可說是人生博覽會的三張入場券，可惜許多人把他們當作廢紙，空走了一生的路。我們有一句古話：「讀萬卷書，行萬里路。」所謂行萬里路自然是指走遍名山大川，通都大邑，但是我覺得換一個解釋也可以。一條路你來往走了幾萬遍，湊成了萬里這個數目，只要你真了你的眼睛，你就可以算懂得人生的人了。俗語說道：「秀才不出門，能知天下事。」我們不幸未得入泮（入泮：就學讀書），只好多走些路，來見見世面罷！對於人生有了清澈的觀照，世上的榮辱禍福不足以擾亂內心的恬靜，我們的心靈因此可以獲得永久的自由；所怕的就是面壁參禪，目不窺路的人們，他們不肯上路，的確是無法可辦。讀書是間接地去了解人生，走路是直接地去了解人生，一落言詮，便非真諦，所以我覺得萬卷書可以擱開不念，萬里路非放步走去不可。（改寫自梁遇春〈途中〉）

雖然古人說：「讀萬卷書，行萬里路。」梁遇春卻主張：「萬卷書可以擱開不念，萬里路非放步走去不可。」他的理由何在？請你解讀他的看法，並加以評論。

二、作文（27 分）

吳寶春十五歲開始當麵包學徒，經過二十多年各領域、多方面不斷地努力學習、嘗試、創新，終於在2010年，運用臺灣本土食材，以「米釀荔香」麵包獲得「世界麵包大師賽」冠軍殊榮。他說他以後仍會用「很寬很深」的方法繼續研發創作；「很寬」是指學習更多領域，「很深」是指加強基本功。這是吳寶春對寬與深的看法。請你依照自己的體會或見聞，以「寬與深」為題寫一篇文章，議論、記敘、抒情皆可，字數不限。

100年度指定科目考試國文科試題詳解

第壹部分：選擇題

一、單選題

1. **B**

   【解析】 甲、ㄧㄢ丶／ㄧㄢˊ　　　乙、ㄍㄨ／ㄍㄨ
   　　　　丙、ㄍㄡㄢ／ㄉㄨㄣˋ　　丁、ㄒㄧ丶／ㄒㄧ丶
   　　　　戊、ㄒㄩㄣˋ／ㄓㄨㄢˋ

2. **D**

   【解析】 (A) 得「騁」→逞
   　　　　(B) 「祜」惡→怙
   　　　　(C) 「殼」中→彀

3. **A**

   【解析】 關鍵在平話家說書人不可能填入 (B) 扮演、(C) 排演，
   　　　　再經過戲曲家的「剪裁」結構，故選 (A)。

4. **D**

   【解析】 (A) 同類　　　　　　(B) 酒杯
   　　　　(C) 離開　　　　　　(D) 憎惡／急

5. **D**

   【解析】 由首句道*之於*心也，接丁、猶火*之於*人目也，則答案
   　　　　可知矣。

6. **C**

　【解析】（A）甲可填入「挑剔和篩選」

　　　　　（B）乙可填入「力量和精萃」

　　　　　（D）丁可填入「留連盤桓」

7. **D**

　【解析】（A）梅花尚未綻放

　　　　　（B）春夏秋冬皆開花

　　　　　（D）抒情，非描摹形象

8. **A**

　【解析】（B）經部

　　　　　（C）子部

　　　　　（D）經部

9. **A**

　【語譯】龍吐出的氣變成雲，雲本不比龍靈異。但是龍乘駕這雲氣，飛遍遼闊的天空，迫近日月，遮蔽光影，觸動雷電，變化神妙，雨降大地，淹沒山谷。雲也真是靈異啊！雲，是龍的神力使它變得靈通；至於龍的神靈，就不是雲所能使它變成有靈氣。然而龍沒有雲，也無法發揮它的靈通；失去了它所憑藉的東西，就真的行不通了！多奇怪啊！龍所憑藉的東西，正是它自己造出來的雲。《易經》上說：「雲隨著龍。」既然叫做龍，就必然有雲來跟隨。

10. **D**

【解析】 (A) 均為五言律詩

(B) 甲詩懷古非惜別

(C) 只有甲詩採取「由景入情」的表現手法

【語譯】 甲、宣城臨近水邊，風景優美，就像鑲嵌在一幅美麗的圖畫之中。在夕陽西下時，遠遠望去，山色和晴空互相映襯。宛溪和句溪兩條溪水有如明鏡一般將江城夾在中間，宛溪上的兩座橋梁樑倒映在水中，如同彩虹落入水底。居住人家的炊煙嫋嫋升起，使人感到橘柚也都帶有寒涼之意。深秋時節，梧桐葉枯，看上去，梧桐顯得蒼老，而蒼老的梧桐又染深了秋天的景色。有誰能想到此時在這北樓之上，我正迎著蕭瑟的秋風，深深地懷念謝公呢？（李白〈秋登宣城謝朓北樓〉）

乙、經過十年戰亂的離散，今天忽然相逢，我倆都已經長大了。問起你的姓氏，正驚訝於以前怎麼沒見過你；等你說出了名字，才想起你從前的模樣。分別以來，人事變化極大，就像滄海變成桑田一樣；談完話，已經是黃昏了，遠方傳來了陣陣的鐘聲。明天走上這條巴陵道後，不知道我倆又要隔著幾重秋山了。（李益〈喜見外弟又言別〉）

11. **C**

【解析】 甲、由「萬家憂樂」判斷為岳陽樓

乙、由「可託六尺之孤」判斷為諸葛亮

丙、由「漱玉集」、「金石錄」判斷為李清照

丁、由「五千妙論」判斷為老子

<u>12-13為題組</u>

12. **A**

　　【解析】 由「不見遠山橫，寒煙起林杪」推知為清妙

13. **D**

　　【解析】 (A) 沒有相同的經驗　　　　(B) 封鎖在茫漠的煙霧裡
　　　　　　　(C) 王漁洋雪中登黃山所見之景

<u>14-15為題組</u>

14. **D**

　　【解析】 「九重城闕煙塵生，千乘萬騎西南行」才是寫戰亂發生，
　　　　　　　王室倉皇逃離的情形

15. **B**

　　【解析】 無此表現

　　【語譯】 甲、想當年，鑾駕遊獵來到曲江頭上的芙蓉苑，苑中
　　　　　　　花草樹木似乎煥發出異樣的光彩。昭陽殿最受皇
　　　　　　　帝寵愛的人，與皇上同車出入，形影相伴。御車
　　　　　　　前的女官身穿戎裝，背著弓箭，騎著以黃金銜勒
　　　　　　　的白馬。一個女官向天上仰射一箭，箭下兩隻比
　　　　　　　翼雙飛的鳥兒，博得楊貴妃燦然一笑。明眸皓齒
　　　　　　　的楊貴妃而今在何處呢？有羞花之貌的楊貴妃已
　　　　　　　成了滿臉血污的遊魂，不能再回到君王身旁。楊
　　　　　　　貴妃的遺體安葬在渭水河濱的馬嵬，唐玄宗經由
　　　　　　　劍閣深入山路崎嶇的蜀道，生死殊途，陰陽兩界，
　　　　　　　再聽不到彼此的綿綿細語。

乙、驪山上的華清宮，高聳入雲。從她入宮以後，彷若來自仙境的音樂，更是隨風飄散，似乎到處都可以聽到。那舒緩的歌聲，曼妙的舞姿，緊扣著絲絃簫管的旋律，使得君王整天都流連在這裡觀賞，好像永遠也看不滿足。忽然間，漁陽那邊的戰鼓驚天動地的響了起來，驚散了宮中美妙的霓裳羽衣曲。原來，安祿山起兵造反。京城裡頓時瀰漫了戰亂的煙火和塵土。成千上萬的衛隊車騎，護擁著皇帝往西南避難。駕前的翠華旗在路上飄搖了一會兒，車駕便又停止了。這時向西出了京城，大約只有一百多里路，整個軍隊竟不肯前進。他們一定要皇帝殺死貴妃，以謝天下。皇帝無可奈何，只好眼看著貴妃在馬前被人拉去將她縊死。

16-17為題組

16. **A**

【解析】 由「聽獄不中」推知為法院

17. **B**

【解析】 由「教為務」來判斷

(A) 攻陷城池為下策，心戰為上策

(B) 因此遠方之人不歸順，就修明文教招徠他們

(C) 禮樂祭祀的事曾聽聞學過，行軍作戰就沒學過了

(D) 為政不先教導，人民犯罪就殺，這叫做虐。為政不先告誡，而立刻就要看到成果，這就是暴。政令發布地慢，卻要限期完成，這就是賊害人民

二、多選題

18. **ABDE**

【解析】(A) 用具體的玻璃代替抽象的隔閡

(B) 用具體的青鳥代替抽象的情感、美好

(D) 用具體的築橋代替抽象的溝通、擴展

(E) 用具體的冰塊打破代替抽象的消融彼此冷漠

19. **AC**

【解析】(B) 許由逃於箕山之下，反而心胸狹了

(D) 「論許由所居住，似其外圍天地比伊尹的更大，實則比伊尹的轉小」，所以生活天地的大小，未必決定其心胸氣度，與抱負涵養有關

(E) 作者認同孟子，要由養體進而懂得養氣

20. **BE**

【解析】(A) 寫泛舟江面之景

(C) 寫雨悲之景

(D) 寫西山的特出

21. **AB**

【解析】(C) 與史實相關較密切為三國演義，西遊記、水滸傳多渲染、想像，與史實相關不過玄奘、宋江，說不上情節斑斑可考

(D) 李煜詞作前期華麗溫馨，被俘後哀怨淒絕，字字血淚；李清照清新自然，淒婉誠摯

(E) 史記為通史之祖，漢書為斷代史之祖

22. **BDE**

【語譯】 (A) 名詞＋動詞：鋸子鋸開

(B) 動詞＋名詞：統帥將領

(C) 形容詞：專默精誠

(D) 動詞＋名詞：親愛親人

(E) 動詞＋名詞：派遣使者

23. **BCE**

【語譯】 (A) 皆強調民本

(B) 莊子打破大小、壽夭之認知，王羲之則不以為然

(C) 老子以為善有善報，司馬遷認為好人未必有好報

(D) 都強調學習使人循規蹈矩

(E) 韓非子批評儒家，主張「無書簡之文…無先王之語」；劉歆則批評此種行為

24. **BE**

【解析】 (A) 關心語氣

(C) 遊說語氣

(D) 遊說語氣

第貳部分：非選擇題

一、文章解讀

　　梁遇春認為，書中的知識僅是前人走過的路，唯有自己出外所見所聞，才能夠使心靈看事情的角度通透，而領略人生的真諦。我以為梁遇春主張「萬卷書可以攤開不念，萬里路非放步走去不可。」乃是希望我們不要閉門造車，而應多看看這個世界，那麼即便沒有豐富學

識，亦能領略人生道理；因為只有接觸到真實世界，我們才能知道什麼適合自己，畢竟，沒有人能複製別人的人生。

　　但我認為這樣的論述雖然獨樹一格，亦仍可與「讀萬卷書」相輔相成。倘若我們能由書中參悟內化前人智慧後，再佐以增廣見聞，將更能從各種角度思考，而走出屬於自己的人生風景。

　　　　　　　　　　　（陳興國文語表專任教師／吳臻　撰寫）

二、作文

【範文】

寬與深

　　大凡成功的個人或企業，其背後必然有一種精神做為支柱，推他向前，創造榮耀。這種精神初衷與利益無關，而是一種天開地闊眼光，一份專注投入的執著與信念。

　　能看見未來，放眼天下的人少，追逐眼前利益者多；能專一精誠始終不懈者少，渴求速效速利的人多。孔子在兩千五百年前將政治的理想轉成對文化典籍的整理，「刪詩書，訂禮樂，修春秋」。他的成就已超過了一般學者的著書立說，站在歷史閎觀的角度來看，是文化慧命的延續。那是超越當代的氣魄與智慧，是對文化禮樂的投入與執著，多少在政治上得意獲利者，在長遠的歷史洪流中沈寂，那些訕笑過、嘲諷過仲尼的人，我們至今一個也不認得。唯獨孔子在孤寂中沈潛專注，在歷史文化中創造他的榮光。

　　當我們重讀「天地一沙鷗」，書中那隻離群，只想飛高、飛遠、飛得更優美的海鷗若納珊，應該有更深刻的啟示。鷗群日日追逐返港的

船隻只為飽腹，但若納珊只執意練習飛行，那是種非凡的眼光。儘管挫折無數，它願意重新調整角度、力道與姿勢，這是深度的投入。重新展翅的過程它看見另一片天地。

二十餘年前，不會有人想到「台灣積體電路公司」會成為世界一流的晶圓製造廠。創辦人張忠謀從一開始就把自己定位為放眼世界的科技企業。他創造了一個新名詞「晶圓專工」，而不是「代工」。背後的意義是不斷地專注、投入研究、創新，讓企業的生命生生不息。如果「台積電」對台灣還有一點價值，絕不是他的資本、獲利或股價。他給我們最深的啟示：「不凡的眼光、開闊的胸襟、專注的投入」是成功最有力的支柱。

古今多少人在時光之流裡一一消逝，連名字也沒留下，唯有超越時人的目光，專一精誠的投入者才被歷史記得，一如長夜裡的明星。

（陳興國文語表專任教師／潘華 撰寫）

大考中心公佈一百學年度指定科目考試國文、英文及數學甲、乙選擇（填）題答案

國文 題號	國文 答案	英文 題號	英文 答案	英文 題號	英文 答案	數學甲 組	數學甲 題號	數學甲 答案	數學乙 組	數學乙 題號	數學乙 答案
1	B	1	A	27	I		1	5		1	4
2	D	2	A	28	J		2	2		2	1
3	A	3	C	29	C		3	4		3	1,2
4	D	4	C	30	F		4	3		4	1,3,4
5	D	5	D	31	F		5	1,3		5	1,2,3
6	C	6	C	32	D		6	1,4		6	3,4
7	D	7	A	33	A		7	2	A	7	4
8	A	8	B	34	E	A	8	1		8	8
9	A	9	B	35	C		9	0	B	9	3
10	D	10	B	36	B	B	10	3		10	7
11	C	11	D	37	C		11	0	C	11	1
12	A	12	B	38	C	C	12	2		12	0
13	D	13	A	39	D		13	7		13	4
14	D	14	C	40	C	D	14	1	D	14	3
15	B	15	C	41	D		15	3		15	2
16	A	16	D	42	B						
17	B	17	D	43	A						
18	ABDE	18	A	44	B						
19	AC	19	C	45	A						
20	BE	20	B	46	C						
21	AB	21	L	47	B						
22	BDE	22	G	48	B						
23	BCE	23	B	49	D						
24	BE	24	E	50	D						
		25	A	51	A						
		26	H								

大考中心公佈一百學年度指定科目考試歷史、地理、公民與社會選擇(填)題答案

歷 史				地 理				公民與社會			
題號	答案	題號	答案	題號	答案	題號	答案	題號	答案	題號	答案
1	A	27	A	1	C	27	C	1	B	27	C
2	A	28	B	2	B	28	A	2	A	28	A
3	D	29	D	3	D	29	B	3	C	29	D
4	D	30	D	4	D	30	D	4	D	30	A
5	C	31	B	5	B	31	A	5	D	31	A
6	C	32	ACD	6	A	32	D	6	A	32	D
7	B	33	AC 或 A	7	C	33	B	7	無答案	33	C
8	A	34	CE	8	A	34	B	8	A	34	C
9	D	35	C	9	A	35	A	9	D	35	D
10	D	36	A	10	B	36	C	10	C	36	A
11	B	37	B	11	D	37	D	11	B 或 A	37	B
12	A	38	C	12	A	38	C	12	C	38	D
13	B	39	C	13	C	39	C	13	A	39	ACE 或 CE
14	C	40	C	14	D			14	D	40	ADE
15	C			15	D			15	B	41	BC
16	C			16	D			16	D	42	BCD
17	A			17	B			17	B	43	ADE
18	B			18	A			18	A	44	BDE 或 BD
19	A			19	C			19	C	45	BCE
20	C			20	B			20	C	46	CE
21	C			21	A			21	B	47	ABE 或 BE
22	A			22	B			22	A	48	AB
23	A			23	D			23	B	49	ADE
24	D			24	B			24	A	50	AC
25	A			25	C			25	B		
26	C			26	C			26	D		

大考中心公佈一百學年度指定科目考試物理、化學、生物選擇題答案

物　理		化　學		生		物	
題號	答案	題號	答案	題號	答案	題號	答案
1	C	1	B	1	A	25	ADE
2	A	2	D	2	C	26	BDE
3	A	3	A	3	C	27	ADE
4	D	4	E	4	B	28	BCE
5	C	5	E	5	B	29	BE
6	E	6	D	6	A	30	BCD
7	B	7	D	7	C	31	CD
8	C	8	C	8	D	32	DE
9	D	9	D	9	C	33	ACD
10	B	10	C	10	D	34	AD
11	E	11	B	11	D	35	CE
12	B	12	A	12	D	36	A
13	D	13	BDE	13	A	37	C
14	E	14	ACE	14	D	38	BD 或 BDE
15	C	15	CDE	15	A	39	C
16	A	16	ABD 或 BD	16	B	40	AC
17	A	17	ACD	17	B	41	B
18	E	18	AE	18	B	42	AD
19	D	19	BE	19	C	43	B
20	B	20	ACE	20	A	44	A
21	AC	21	ADE	21	AC		
22	BCE	22	AD	22	BE		
23	BD	23	AD	23	BCD		
24	ADE			24	CE 或 ACE		

100學年度指定科目考試
各科成績標準一覽表

科　目	頂　標	前　標	均　標	後　標	底　標
國　文	71	66	59	50	42
英　文	79	69	51	33	23
數學甲	82	71	51	32	20
數學乙	86	75	55	34	22
化　學	75	66	51	37	29
物　理	83	73	53	34	25
生　物	77	69	54	41	32
歷　史	77	70	59	48	39
地　理	71	66	58	48	40
公民與社會	77	72	64	55	48

※ 以上五項標準均取為整數（小數只捨不入），且其計算均不含缺考生之成績，
　計算方式如下：

　頂標：成績位於第88百分位數之考生成績。
　前標：成績位於第75百分位數之考生成績。
　均標：成績位於第50百分位數之考生成績。
　後標：成績位於第25百分位數之考生成績。
　底標：成績位於第12百分位數之考生成績。

例：　某科之到考考生為99982人，則該科五項標準為

　　頂標：成績由低至高排序，取第87985名（99982×88%=87984.16，取整數，
　　　　　小數無條件進位）考生的成績，再取整數(小數只捨不入)。

　　前標：成績由低至高排序，取第74987名（99982×75%=74986.5，取整數，
　　　　　小數無條件進位）考生的成績，再取整數(小數只捨不入)。

　　均標：成績由低至高排序，取第49991名（99982×50%=49991）考生的成績，
　　　　　再取整數(小數只捨不入)。

　　後標：成績由低至高排序，取第24996名（99982×25%=24995.5，取整數，
　　　　　小數無條件進位）考生的成績，再取整數(小數只捨不入)。

　　底標：成績由低至高排序，取第11998名（99982×12%=11997.84，取整數，
　　　　　小數無條件進位）考生的成績，再取整數(小數只捨不入)。

100 年指定科目考試英文科成績人數累計表

分　數	人　數	百分比	自高分往低分累計		自低分往高分累計	
			累計人數	累計百分比	累計人數	累計百分比
100.00	2	0.00%	2	0.00%	77936	100.00%
99.00 - 99.99	6	0.01%	8	0.01%	77934	100.00%
98.00 - 98.99	16	0.02%	24	0.03%	77928	99.99%
97.00 - 97.99	37	0.05%	61	0.08%	77912	99.97%
96.00 - 96.99	55	0.07%	116	0.15%	77875	99.92%
95.00 - 95.99	98	0.13%	214	0.27%	77820	99.85%
94.00 - 94.99	143	0.18%	357	0.46%	77722	99.73%
93.00 - 93.99	223	0.29%	580	0.74%	77579	99.54%
92.00 - 92.99	283	0.36%	863	1.11%	77356	99.26%
91.00 - 91.99	347	0.45%	1210	1.55%	77073	98.89%
90.00 - 90.99	400	0.51%	1610	2.07%	76726	98.45%
89.00 - 89.99	490	0.63%	2100	2.69%	76326	97.93%
88.00 - 88.99	501	0.64%	2601	3.34%	75836	97.31%
87.00 - 87.99	573	0.74%	3174	4.07%	75335	96.66%
86.00 - 86.99	656	0.84%	3830	4.91%	74762	95.93%
85.00 - 85.99	710	0.91%	4540	5.83%	74106	95.09%
84.00 - 84.99	715	0.92%	5255	6.74%	73396	94.17%
83.00 - 83.99	839	1.08%	6094	7.82%	72681	93.26%
82.00 - 82.99	812	1.04%	6906	8.86%	71842	92.18%
81.00 - 81.99	850	1.09%	7756	9.95%	71030	91.14%
80.00 - 80.99	922	1.18%	8678	11.13%	70180	90.05%
79.00 - 79.99	905	1.16%	9583	12.30%	69258	88.87%
78.00 - 78.99	889	1.14%	10472	13.44%	68353	87.70%
77.00 - 77.99	1004	1.29%	11476	14.72%	67464	86.56%
76.00 - 76.99	971	1.25%	12447	15.97%	66460	85.28%
75.00 - 75.99	1027	1.32%	13474	17.29%	65489	84.03%
74.00 - 74.99	1038	1.33%	14512	18.62%	64462	82.71%
73.00 - 73.99	1024	1.31%	15536	19.93%	63424	81.38%
72.00 - 72.99	1063	1.36%	16599	21.30%	62400	80.07%
71.00 - 71.99	1011	1.30%	17610	22.60%	61337	78.70%
70.00 - 70.99	1089	1.40%	18699	23.99%	60326	77.40%
69.00 - 69.99	1106	1.42%	19805	25.41%	59237	76.01%
68.00 - 68.99	1124	1.44%	20929	26.85%	58131	74.59%
67.00 - 67.99	1093	1.40%	22022	28.26%	57007	73.15%
66.00 - 66.99	1062	1.36%	23084	29.62%	55914	71.74%
65.00 - 65.99	1056	1.35%	24140	30.97%	54852	70.38%
64.00 - 64.99	1133	1.45%	25273	32.43%	53796	69.03%
63.00 - 63.99	1102	1.41%	26375	33.84%	52663	67.57%
62.00 - 62.99	1127	1.45%	27502	35.29%	51561	66.16%
61.00 - 61.99	1059	1.36%	28561	36.65%	50434	64.71%
60.00 - 60.99	1161	1.49%	29722	38.14%	49375	63.35%
59.00 - 59.99	1160	1.49%	30882	39.62%	48214	61.86%
58.00 - 58.99	1098	1.41%	31980	41.03%	47054	60.38%
57.00 - 57.99	1144	1.47%	33124	42.50%	45956	58.97%
56.00 - 56.99	1159	1.49%	34283	43.99%	44812	57.50%
55.00 - 55.99	1141	1.46%	35424	45.45%	43653	56.01%
54.00 - 54.99	1016	1.30%	36440	46.76%	42512	54.55%
53.00 - 53.99	1135	1.46%	37575	48.21%	41496	53.24%
52.00 - 52.99	1132	1.45%	38707	49.67%	40361	51.79%

分數	人數	百分比	累積人數	累積百分比		
51.00 - 51.99	1133	1.45%	39840	51.12%	39229	50.33%
50.00 - 50.99	1065	1.37%	40905	52.49%	38096	48.88%
49.00 - 49.99	1110	1.42%	42015	53.91%	37031	47.51%
48.00 - 48.99	1117	1.43%	43132	55.34%	35921	46.09%
47.00 - 47.99	1126	1.44%	44258	56.79%	34804	44.66%
46.00 - 46.99	1186	1.52%	45444	58.31%	33678	43.21%
45.00 - 45.99	1151	1.48%	46595	59.79%	32492	41.69%
44.00 - 44.99	1075	1.38%	47670	61.17%	31341	40.21%
43.00 - 43.99	1145	1.47%	48815	62.63%	30266	38.83%
42.00 - 42.99	1075	1.38%	49890	64.01%	29121	37.37%
41.00 - 41.99	1065	1.37%	50955	65.38%	28046	35.99%
40.00 - 40.99	1021	1.31%	51976	66.69%	26981	34.62%
39.00 - 39.99	1052	1.35%	53028	68.04%	25960	33.31%
38.00 - 38.99	1050	1.35%	54078	69.39%	24908	31.96%
37.00 - 37.99	1051	1.35%	55129	70.74%	23858	30.61%
36.00 - 36.99	1074	1.38%	56203	72.11%	22807	29.26%
35.00 - 35.99	1016	1.30%	57219	73.42%	21733	27.89%
34.00 - 34.99	1026	1.32%	58245	74.73%	20717	26.58%
33.00 - 33.99	1028	1.32%	59273	76.05%	19691	25.27%
32.00 - 32.99	1008	1.29%	60281	77.35%	18663	23.95%
31.00 - 31.99	989	1.27%	61270	78.62%	17655	22.65%
30.00 - 30.99	1020	1.31%	62290	79.92%	16666	21.38%
29.00 - 29.99	995	1.28%	63285	81.20%	15646	20.08%
28.00 - 28.99	996	1.28%	64281	82.48%	14651	18.80%
27.00 - 27.99	977	1.25%	65258	83.73%	13655	17.52%
26.00 - 26.99	971	1.25%	66229	84.98%	12678	16.27%
25.00 - 25.99	937	1.20%	67166	86.18%	11707	15.02%
24.00 - 24.99	1025	1.32%	68191	87.50%	10770	13.82%
23.00 - 23.99	942	1.21%	69133	88.70%	9745	12.50%
22.00 - 22.99	992	1.27%	70125	89.98%	8803	11.30%
21.00 - 21.99	1000	1.28%	71125	91.26%	7811	10.02%
20.00 - 20.99	913	1.17%	72038	92.43%	6811	8.74%
19.00 - 19.99	932	1.20%	72970	93.63%	5898	7.57%
18.00 - 18.99	857	1.10%	73827	94.73%	4966	6.37%
17.00 - 17.99	862	1.11%	74689	95.83%	4109	5.27%
16.00 - 16.99	744	0.95%	75433	96.79%	3247	4.17%
15.00 - 15.99	616	0.79%	76049	97.58%	2503	3.21%
14.00 - 14.99	550	0.71%	76599	98.28%	1887	2.42%
13.00 - 13.99	405	0.52%	77004	98.80%	1337	1.72%
12.00 - 12.99	311	0.40%	77315	99.20%	932	1.20%
11.00 - 11.99	234	0.30%	77549	99.50%	621	0.80%
10.00 - 10.99	139	0.18%	77688	99.68%	387	0.50%
9.00 - 9.99	110	0.14%	77798	99.82%	248	0.32%
8.00 - 8.99	62	0.08%	77860	99.90%	138	0.18%
7.00 - 7.99	41	0.05%	77901	99.96%	76	0.10%
6.00 - 6.99	19	0.02%	77920	99.98%	35	0.04%
5.00 - 5.99	10	0.01%	77930	99.99%	16	0.02%
4.00 - 4.99	1	0.00%	77931	99.99%	6	0.01%
3.00 - 3.99	0	0.00%	77931	99.99%	5	0.01%
2.00 - 2.99	4	0.01%	77935	100.00%	5	0.01%
1.00 - 1.99	1	0.00%	77936	100.00%	1	0.00%
0.00 - 0.99	0	0.00%	77936	100.00%	0	0.00%
缺考	4228					

100 年指定科目考試數學科(甲)成績人數累計表

分　數	人　數	百分比	自高分往低分累計		自低分往高分累計	
			累計人數	累計百分比	累計人數	累計百分比
100.00	339	0.91%	339	0.91%	37425	100.00%
99.00 - 99.99	3	0.01%	342	0.91%	37086	99.09%
98.00 - 98.99	113	0.30%	455	1.22%	37083	99.09%
97.00 - 97.99	12	0.03%	467	1.25%	36970	98.78%
96.00 - 96.99	464	1.24%	931	2.49%	36958	98.75%
95.00 - 95.99	3	0.01%	934	2.50%	36494	97.51%
94.00 - 94.99	300	0.80%	1234	3.30%	36491	97.50%
93.00 - 93.99	85	0.23%	1319	3.52%	36191	96.70%
92.00 - 92.99	451	1.21%	1770	4.73%	36106	96.48%
91.00 - 91.99	40	0.11%	1810	4.84%	35655	95.27%
90.00 - 90.99	417	1.11%	2227	5.95%	35615	95.16%
89.00 - 89.99	185	0.49%	2412	6.44%	35198	94.05%
88.00 - 88.99	448	1.20%	2860	7.64%	35013	93.56%
87.00 - 87.99	133	0.36%	2993	8.00%	34565	92.36%
86.00 - 86.99	418	1.12%	3411	9.11%	34432	92.00%
85.00 - 85.99	263	0.70%	3674	9.82%	34014	90.89%
84.00 - 84.99	395	1.06%	4069	10.87%	33751	90.18%
83.00 - 83.99	281	0.75%	4350	11.62%	33356	89.13%
82.00 - 82.99	430	1.15%	4780	12.77%	33075	88.38%
81.00 - 81.99	357	0.95%	5137	13.73%	32645	87.23%
80.00 - 80.99	339	0.91%	5476	14.63%	32288	86.27%
79.00 - 79.99	434	1.16%	5910	15.79%	31949	85.37%
78.00 - 78.99	426	1.14%	6336	16.93%	31515	84.21%
77.00 - 77.99	431	1.15%	6767	18.08%	31089	83.07%
76.00 - 76.99	417	1.11%	7184	19.20%	30658	81.92%
75.00 - 75.99	438	1.17%	7622	20.37%	30241	80.80%
74.00 - 74.99	393	1.05%	8015	21.42%	29803	79.63%
73.00 - 73.99	438	1.17%	8453	22.59%	29410	78.58%
72.00 - 72.99	412	1.10%	8865	23.69%	28972	77.41%
71.00 - 71.99	501	1.34%	9366	25.03%	28560	76.31%
70.00 - 70.99	417	1.11%	9783	26.14%	28059	74.97%
69.00 - 69.99	482	1.29%	10265	27.43%	27642	73.86%
68.00 - 68.99	461	1.23%	10726	28.66%	27160	72.57%
67.00 - 67.99	500	1.34%	11226	30.00%	26699	71.34%
66.00 - 66.99	448	1.20%	11674	31.19%	26199	70.00%
65.00 - 65.99	441	1.18%	12115	32.37%	25751	68.81%
64.00 - 64.99	481	1.29%	12596	33.66%	25310	67.63%
63.00 - 63.99	469	1.25%	13065	34.91%	24829	66.34%
62.00 - 62.99	510	1.36%	13575	36.27%	24360	65.09%
61.00 - 61.99	485	1.30%	14060	37.57%	23850	63.73%
60.00 - 60.99	503	1.34%	14563	38.91%	23365	62.43%
59.00 - 59.99	475	1.27%	15038	40.18%	22862	61.09%
58.00 - 58.99	530	1.42%	15568	41.60%	22387	59.82%
57.00 - 57.99	474	1.27%	16042	42.86%	21857	58.40%
56.00 - 56.99	514	1.37%	16556	44.24%	21383	57.14%
55.00 - 55.99	469	1.25%	17025	45.49%	20869	55.76%
54.00 - 54.99	512	1.37%	17537	46.86%	20400	54.51%
53.00 - 53.99	494	1.32%	18031	48.18%	19888	53.14%
52.00 - 52.99	487	1.30%	18518	49.48%	19394	51.82%

51.00 - 51.99	554	1.48%	19072	50.96%	18907	50.52%
50.00 - 50.99	505	1.35%	19577	52.31%	18353	49.04%
49.00 - 49.99	493	1.32%	20070	53.63%	17848	47.69%
48.00 - 48.99	498	1.33%	20568	54.96%	17355	46.37%
47.00 - 47.99	544	1.45%	21112	56.41%	16857	45.04%
46.00 - 46.99	430	1.15%	21542	57.56%	16313	43.59%
45.00 - 45.99	517	1.38%	22059	58.94%	15883	42.44%
44.00 - 44.99	512	1.37%	22571	60.31%	15366	41.06%
43.00 - 43.99	524	1.40%	23095	61.71%	14854	39.69%
42.00 - 42.99	502	1.34%	23597	63.05%	14330	38.29%
41.00 - 41.99	485	1.30%	24082	64.35%	13828	36.95%
40.00 - 40.99	461	1.23%	24543	65.58%	13343	35.65%
39.00 - 39.99	482	1.29%	25025	66.87%	12882	34.42%
38.00 - 38.99	474	1.27%	25499	68.13%	12400	33.13%
37.00 - 37.99	422	1.13%	25921	69.26%	11926	31.87%
36.00 - 36.99	458	1.22%	26379	70.48%	11504	30.74%
35.00 - 35.99	446	1.19%	26825	71.68%	11046	29.52%
34.00 - 34.99	499	1.33%	27324	73.01%	10600	28.32%
33.00 - 33.99	419	1.12%	27743	74.13%	10101	26.99%
32.00 - 32.99	470	1.26%	28213	75.39%	9682	25.87%
31.00 - 31.99	374	1.00%	28587	76.38%	9212	24.61%
30.00 - 30.99	517	1.38%	29104	77.77%	8838	23.62%
29.00 - 29.99	358	0.96%	29462	78.72%	8321	22.23%
28.00 - 28.99	461	1.23%	29923	79.95%	7963	21.28%
27.00 - 27.99	310	0.83%	30233	80.78%	7502	20.05%
26.00 - 26.99	559	1.49%	30792	82.28%	7192	19.22%
25.00 - 25.99	281	0.75%	31073	83.03%	6633	17.72%
24.00 - 24.99	561	1.50%	31634	84.53%	6352	16.97%
23.00 - 23.99	260	0.69%	31894	85.22%	5791	15.47%
22.00 - 22.99	546	1.46%	32440	86.68%	5531	14.78%
21.00 - 21.99	218	0.58%	32658	87.26%	4985	13.32%
20.00 - 20.99	562	1.50%	33220	88.76%	4767	12.74%
19.00 - 19.99	188	0.50%	33408	89.27%	4205	11.24%
18.00 - 18.99	524	1.40%	33932	90.67%	4017	10.73%
17.00 - 17.99	181	0.48%	34113	91.15%	3493	9.33%
16.00 - 16.99	576	1.54%	34689	92.69%	3312	8.85%
15.00 - 15.99	64	0.17%	34753	92.86%	2736	7.31%
14.00 - 14.99	480	1.28%	35233	94.14%	2672	7.14%
13.00 - 13.99	118	0.32%	35351	94.46%	2192	5.86%
12.00 - 12.99	417	1.11%	35768	95.57%	2074	5.54%
11.00 - 11.99	69	0.18%	35837	95.76%	1657	4.43%
10.00 - 10.99	536	1.43%	36373	97.19%	1588	4.24%
9.00 - 9.99	3	0.01%	36376	97.20%	1052	2.81%
8.00 - 8.99	211	0.56%	36587	97.76%	1049	2.80%
7.00 - 7.99	41	0.11%	36628	97.87%	838	2.24%
6.00 - 6.99	370	0.99%	36998	98.86%	797	2.13%
5.00 - 5.99	1	0.00%	36999	98.86%	427	1.14%
4.00 - 4.99	249	0.67%	37248	99.53%	426	1.14%
3.00 - 3.99	0	0.00%	37248	99.53%	177	0.47%
2.00 - 2.99	17	0.05%	37265	99.57%	177	0.47%
1.00 - 1.99	0	0.00%	37265	99.57%	160	0.43%
0.00 - 0.99	160	0.43%	37425	100.00%	160	0.43%
缺考	2269					

100 年指定科目考試數學科(乙)成績人數累計表

分　　數	人　數	百分比	自高分往低分累計		自低分往高分累計	
			累計人數	累計百分比	累計人數	累計百分比
100.00	999	1.58%	999	1.58%	63235	100.00%
99.00 - 99.99	64	0.10%	1063	1.68%	62236	98.42%
98.00 - 98.99	682	1.08%	1745	2.76%	62172	98.32%
97.00 - 97.99	38	0.06%	1783	2.82%	61490	97.24%
96.00 - 96.99	668	1.06%	2451	3.88%	61452	97.18%
95.00 - 95.99	274	0.43%	2725	4.31%	60784	96.12%
94.00 - 94.99	567	0.90%	3292	5.21%	60510	95.69%
93.00 - 93.99	209	0.33%	3501	5.54%	59943	94.79%
92.00 - 92.99	886	1.40%	4387	6.94%	59734	94.46%
91.00 - 91.99	309	0.49%	4696	7.43%	58848	93.06%
90.00 - 90.99	941	1.49%	5637	8.91%	58539	92.57%
89.00 - 89.99	302	0.48%	5939	9.39%	57598	91.09%
88.00 - 88.99	847	1.34%	6786	10.73%	57296	90.61%
87.00 - 87.99	433	0.68%	7219	11.42%	56449	89.27%
86.00 - 86.99	859	1.36%	8078	12.77%	56016	88.58%
85.00 - 85.99	512	0.81%	8590	13.58%	55157	87.23%
84.00 - 84.99	830	1.31%	9420	14.90%	54645	86.42%
83.00 - 83.99	523	0.83%	9943	15.72%	53815	85.10%
82.00 - 82.99	936	1.48%	10879	17.20%	53292	84.28%
81.00 - 81.99	590	0.93%	11469	18.14%	52356	82.80%
80.00 - 80.99	843	1.33%	12312	19.47%	51766	81.86%
79.00 - 79.99	624	0.99%	12936	20.46%	50923	80.53%
78.00 - 78.99	834	1.32%	13770	21.78%	50299	79.54%
77.00 - 77.99	696	1.10%	14466	22.88%	49465	78.22%
76.00 - 76.99	824	1.30%	15290	24.18%	48769	77.12%
75.00 - 75.99	723	1.14%	16013	25.32%	47945	75.82%
74.00 - 74.99	782	1.24%	16795	26.56%	47222	74.68%
73.00 - 73.99	758	1.20%	17553	27.76%	46440	73.44%
72.00 - 72.99	842	1.33%	18395	29.09%	45682	72.24%
71.00 - 71.99	793	1.25%	19188	30.34%	44840	70.91%
70.00 - 70.99	774	1.22%	19962	31.57%	44047	69.66%
69.00 - 69.99	826	1.31%	20788	32.87%	43273	68.43%
68.00 - 68.99	882	1.39%	21670	34.27%	42447	67.13%
67.00 - 67.99	810	1.28%	22480	35.55%	41565	65.73%
66.00 - 66.99	838	1.33%	23318	36.88%	40755	64.45%
65.00 - 65.99	725	1.15%	24043	38.02%	39917	63.12%
64.00 - 64.99	847	1.34%	24890	39.36%	39192	61.98%
63.00 - 63.99	785	1.24%	25675	40.60%	38345	60.64%
62.00 - 62.99	779	1.23%	26454	41.83%	37560	59.40%
61.00 - 61.99	756	1.20%	27210	43.03%	36781	58.17%
60.00 - 60.99	937	1.48%	28147	44.51%	36025	56.97%
59.00 - 59.99	713	1.13%	28860	45.64%	35088	55.49%
58.00 - 58.99	819	1.30%	29679	46.93%	34375	54.36%
57.00 - 57.99	721	1.14%	30400	48.07%	33556	53.07%
56.00 - 56.99	963	1.52%	31363	49.60%	32835	51.93%
55.00 - 55.99	672	1.06%	32035	50.66%	31872	50.40%
54.00 - 54.99	894	1.41%	32929	52.07%	31200	49.34%
53.00 - 53.99	637	1.01%	33566	53.08%	30306	47.93%
52.00 - 52.99	1121	1.77%	34687	54.85%	29669	46.92%

51.00 - 51.99	593	0.94%	35280	55.79%	28548	45.15%
50.00 - 50.99	982	1.55%	36262	57.34%	27955	44.21%
49.00 - 49.99	531	0.84%	36793	58.18%	26973	42.66%
48.00 - 48.99	1038	1.64%	37831	59.83%	26442	41.82%
47.00 - 47.99	516	0.82%	38347	60.64%	25404	40.17%
46.00 - 46.99	1071	1.69%	39418	62.34%	24888	39.36%
45.00 - 45.99	452	0.71%	39870	63.05%	23817	37.66%
44.00 - 44.99	1143	1.81%	41013	64.86%	23365	36.95%
43.00 - 43.99	413	0.65%	41426	65.51%	22222	35.14%
42.00 - 42.99	1113	1.76%	42539	67.27%	21809	34.49%
41.00 - 41.99	383	0.61%	42922	67.88%	20696	32.73%
40.00 - 40.99	1159	1.83%	44081	69.71%	20313	32.12%
39.00 - 39.99	357	0.56%	44438	70.27%	19154	30.29%
38.00 - 38.99	1232	1.95%	45670	72.22%	18797	29.73%
37.00 - 37.99	321	0.51%	45991	72.73%	17565	27.78%
36.00 - 36.99	1170	1.85%	47161	74.58%	17244	27.27%
35.00 - 35.99	258	0.41%	47419	74.99%	16074	25.42%
34.00 - 34.99	1229	1.94%	48648	76.93%	15816	25.01%
33.00 - 33.99	262	0.41%	48910	77.35%	14587	23.07%
32.00 - 32.99	1107	1.75%	50017	79.10%	14325	22.65%
31.00 - 31.99	245	0.39%	50262	79.48%	13218	20.90%
30.00 - 30.99	1243	1.97%	51505	81.45%	12973	20.52%
29.00 - 29.99	202	0.32%	51707	81.77%	11730	18.55%
28.00 - 28.99	1084	1.71%	52791	83.48%	11528	18.23%
27.00 - 27.99	163	0.26%	52954	83.74%	10444	16.52%
26.00 - 26.99	1235	1.95%	54189	85.69%	10281	16.26%
25.00 - 25.99	169	0.27%	54358	85.96%	9046	14.31%
24.00 - 24.99	1048	1.66%	55406	87.62%	8877	14.04%
23.00 - 23.99	152	0.24%	55558	87.86%	7829	12.38%
22.00 - 22.99	1175	1.86%	56733	89.72%	7677	12.14%
21.00 - 21.99	84	0.13%	56817	89.85%	6502	10.28%
20.00 - 20.99	1019	1.61%	57836	91.46%	6418	10.15%
19.00 - 19.99	123	0.19%	57959	91.66%	5399	8.54%
18.00 - 18.99	876	1.39%	58835	93.04%	5276	8.34%
17.00 - 17.99	55	0.09%	58890	93.13%	4400	6.96%
16.00 - 16.99	1038	1.64%	59928	94.77%	4345	6.87%
15.00 - 15.99	86	0.14%	60014	94.91%	3307	5.23%
14.00 - 14.99	579	0.92%	60593	95.82%	3221	5.09%
13.00 - 13.99	17	0.03%	60610	95.85%	2642	4.18%
12.00 - 12.99	860	1.36%	61470	97.21%	2625	4.15%
11.00 - 11.99	56	0.09%	61526	97.30%	1765	2.79%
10.00 - 10.99	280	0.44%	61806	97.74%	1709	2.70%
9.00 - 9.99	4	0.01%	61810	97.75%	1429	2.26%
8.00 - 8.99	732	1.16%	62542	98.90%	1425	2.25%
7.00 - 7.99	35	0.06%	62577	98.96%	693	1.10%
6.00 - 6.99	59	0.09%	62636	99.05%	658	1.04%
5.00 - 5.99	1	0.00%	62637	99.05%	599	0.95%
4.00 - 4.99	453	0.72%	63090	99.77%	598	0.95%
3.00 - 3.99	7	0.01%	63097	99.78%	145	0.23%
2.00 - 2.99	1	0.00%	63098	99.78%	138	0.22%
1.00 - 1.99	0	0.00%	63098	99.78%	137	0.22%
0.00 - 0.99	137	0.22%	63235	100.00%	137	0.22%
缺考	4229					

100 年指定科目考試地理科成績人數累計表

分　　　數	人　　數	百分比	自高分往低分累計		自低分往高分累計	
			累計人數	累計百分比	累計人數	累計百分比
100.00	0	0.00%	0	0.00%	45850	100.00%
99.00 - 99.99	0	0.00%	0	0.00%	45850	100.00%
98.00 - 98.99	0	0.00%	0	0.00%	45850	100.00%
97.00 - 97.99	0	0.00%	0	0.00%	45850	100.00%
96.00 - 96.99	0	0.00%	0	0.00%	45850	100.00%
95.00 - 95.99	0	0.00%	0	0.00%	45850	100.00%
94.00 - 94.99	0	0.00%	0	0.00%	45850	100.00%
93.00 - 93.99	0	0.00%	0	0.00%	45850	100.00%
92.00 - 92.99	2	0.00%	2	0.00%	45850	100.00%
91.00 - 91.99	0	0.00%	2	0.00%	45848	100.00%
90.00 - 90.99	4	0.01%	6	0.01%	45848	100.00%
89.00 - 89.99	1	0.00%	7	0.02%	45844	99.99%
88.00 - 88.99	20	0.04%	27	0.06%	45843	99.98%
87.00 - 87.99	5	0.01%	32	0.07%	45823	99.94%
86.00 - 86.99	54	0.12%	86	0.19%	45818	99.93%
85.00 - 85.99	22	0.05%	108	0.24%	45764	99.81%
84.00 - 84.99	105	0.23%	213	0.46%	45742	99.76%
83.00 - 83.99	34	0.07%	247	0.54%	45637	99.54%
82.00 - 82.99	182	0.40%	429	0.94%	45603	99.46%
81.00 - 81.99	53	0.12%	482	1.05%	45421	99.06%
80.00 - 80.99	349	0.76%	831	1.81%	45368	98.95%
79.00 - 79.99	84	0.18%	915	2.00%	45019	98.19%
78.00 - 78.99	510	1.11%	1425	3.11%	44935	98.00%
77.00 - 77.99	129	0.28%	1554	3.39%	44425	96.89%
76.00 - 76.99	825	1.80%	2379	5.19%	44296	96.61%
75.00 - 75.99	175	0.38%	2554	5.57%	43471	94.81%
74.00 - 74.99	1040	2.27%	3594	7.84%	43296	94.43%
73.00 - 73.99	239	0.52%	3833	8.36%	42256	92.16%
72.00 - 72.99	1447	3.16%	5280	11.52%	42017	91.64%
71.00 - 71.99	293	0.64%	5573	12.15%	40570	88.48%
70.00 - 70.99	1731	3.78%	7304	15.93%	40277	87.85%
69.00 - 69.99	294	0.64%	7598	16.57%	38546	84.07%
68.00 - 68.99	1943	4.24%	9541	20.81%	38252	83.43%
67.00 - 67.99	344	0.75%	9885	21.56%	36309	79.19%
66.00 - 66.99	2139	4.67%	12024	26.22%	35965	78.44%
65.00 - 65.99	411	0.90%	12435	27.12%	33826	73.78%
64.00 - 64.99	2298	5.01%	14733	32.13%	33415	72.88%
63.00 - 63.99	395	0.86%	15128	32.99%	31117	67.87%
62.00 - 62.99	2401	5.24%	17529	38.23%	30722	67.01%
61.00 - 61.99	362	0.79%	17891	39.02%	28321	61.77%
60.00 - 60.99	2469	5.38%	20360	44.41%	27959	60.98%
59.00 - 59.99	384	0.84%	20744	45.24%	25490	55.59%
58.00 - 58.99	2407	5.25%	23151	50.49%	25106	54.76%
57.00 - 57.99	384	0.84%	23535	51.33%	22699	49.51%
56.00 - 56.99	2359	5.15%	25894	56.48%	22315	48.67%
55.00 - 55.99	334	0.73%	26228	57.20%	19956	43.52%
54.00 - 54.99	2276	4.96%	28504	62.17%	19622	42.80%
53.00 - 53.99	317	0.69%	28821	62.86%	17346	37.83%
52.00 - 52.99	2164	4.72%	30985	67.58%	17029	37.14%

51.00 - 51.99	280	0.61%	31265	68.19%	14865	32.42%
50.00 - 50.99	1909	4.16%	33174	72.35%	14585	31.81%
49.00 - 49.99	267	0.58%	33441	72.94%	12676	27.65%
48.00 - 48.99	1641	3.58%	35082	76.51%	12409	27.06%
47.00 - 47.99	205	0.45%	35287	76.96%	10768	23.49%
46.00 - 46.99	1582	3.45%	36869	80.41%	10563	23.04%
45.00 - 45.99	192	0.42%	37061	80.83%	8981	19.59%
44.00 - 44.99	1411	3.08%	38472	83.91%	8789	19.17%
43.00 - 43.99	146	0.32%	38618	84.23%	7378	16.09%
42.00 - 42.99	1201	2.62%	39819	86.85%	7232	15.77%
41.00 - 41.99	117	0.26%	39936	87.10%	6031	13.15%
40.00 - 40.99	1018	2.22%	40954	89.32%	5914	12.90%
39.00 - 39.99	85	0.19%	41039	89.51%	4896	10.68%
38.00 - 38.99	885	1.93%	41924	91.44%	4811	10.49%
37.00 - 37.99	59	0.13%	41983	91.57%	3926	8.56%
36.00 - 36.99	765	1.67%	42748	93.23%	3867	8.43%
35.00 - 35.99	63	0.14%	42811	93.37%	3102	6.77%
34.00 - 34.99	633	1.38%	43444	94.75%	3039	6.63%
33.00 - 33.99	45	0.10%	43489	94.85%	2406	5.25%
32.00 - 32.99	507	1.11%	43996	95.96%	2361	5.15%
31.00 - 31.99	31	0.07%	44027	96.02%	1854	4.04%
30.00 - 30.99	443	0.97%	44470	96.99%	1823	3.98%
29.00 - 29.99	16	0.03%	44486	97.03%	1380	3.01%
28.00 - 28.99	349	0.76%	44835	97.79%	1364	2.97%
27.00 - 27.99	7	0.02%	44842	97.80%	1015	2.21%
26.00 - 26.99	321	0.70%	45163	98.50%	1008	2.20%
25.00 - 25.99	11	0.02%	45174	98.53%	687	1.50%
24.00 - 24.99	238	0.52%	45412	99.04%	676	1.47%
23.00 - 23.99	3	0.01%	45415	99.05%	438	0.96%
22.00 - 22.99	157	0.34%	45572	99.39%	435	0.95%
21.00 - 21.99	4	0.01%	45576	99.40%	278	0.61%
20.00 - 20.99	112	0.24%	45688	99.65%	274	0.60%
19.00 - 19.99	0	0.00%	45688	99.65%	162	0.35%
18.00 - 18.99	71	0.15%	45759	99.80%	162	0.35%
17.00 - 17.99	2	0.00%	45761	99.81%	91	0.20%
16.00 - 16.99	55	0.12%	45816	99.93%	89	0.19%
15.00 - 15.99	0	0.00%	45816	99.93%	34	0.07%
14.00 - 14.99	18	0.04%	45834	99.97%	34	0.07%
13.00 - 13.99	0	0.00%	45834	99.97%	16	0.03%
12.00 - 12.99	12	0.03%	45846	99.99%	16	0.03%
11.00 - 11.99	0	0.00%	45846	99.99%	4	0.01%
10.00 - 10.99	2	0.00%	45848	100.00%	4	0.01%
9.00 - 9.99	0	0.00%	45848	100.00%	2	0.00%
8.00 - 8.99	0	0.00%	45848	100.00%	2	0.00%
7.00 - 7.99	0	0.00%	45848	100.00%	2	0.00%
6.00 - 6.99	0	0.00%	45848	100.00%	2	0.00%
5.00 - 5.99	0	0.00%	45848	100.00%	2	0.00%
4.00 - 4.99	0	0.00%	45848	100.00%	2	0.00%
3.00 - 3.99	0	0.00%	45848	100.00%	2	0.00%
2.00 - 2.99	1	0.00%	45849	100.00%	2	0.00%
1.00 - 1.99	0	0.00%	45849	100.00%	1	0.00%
0.00 - 0.99	1	0.00%	45850	100.00%	1	0.00%
缺考	3084					

100 年指定科目考試歷史科成績人數累計表

分　　數	人　　數	百分比	自高分往低分累計		自低分往高分累計	
			累計人數	累計百分比	累計人數	累計百分比
100.00	0	0.00%	0	0.00%	46042	100.00%
99.00 - 99.99	0	0.00%	0	0.00%	46042	100.00%
98.00 - 98.99	1	0.00%	1	0.00%	46042	100.00%
97.00 - 97.99	0	0.00%	1	0.00%	46041	100.00%
96.00 - 96.99	4	0.01%	5	0.01%	46041	100.00%
95.00 - 95.99	9	0.02%	14	0.03%	46037	99.99%
94.00 - 94.99	14	0.03%	28	0.06%	46028	99.97%
93.00 - 93.99	33	0.07%	61	0.13%	46014	99.94%
92.00 - 92.99	30	0.07%	91	0.20%	45981	99.87%
91.00 - 91.99	49	0.11%	140	0.30%	45951	99.80%
90.00 - 90.99	77	0.17%	217	0.47%	45902	99.70%
89.00 - 89.99	132	0.29%	349	0.76%	45825	99.53%
88.00 - 88.99	137	0.30%	486	1.06%	45693	99.24%
87.00 - 87.99	206	0.45%	692	1.50%	45556	98.94%
86.00 - 86.99	268	0.58%	960	2.09%	45350	98.50%
85.00 - 85.99	286	0.62%	1246	2.71%	45082	97.91%
84.00 - 84.99	350	0.76%	1596	3.47%	44796	97.29%
83.00 - 83.99	391	0.85%	1987	4.32%	44446	96.53%
82.00 - 82.99	465	1.01%	2452	5.33%	44055	95.68%
81.00 - 81.99	506	1.10%	2958	6.42%	43590	94.67%
80.00 - 80.99	567	1.23%	3525	7.66%	43084	93.58%
79.00 - 79.99	628	1.36%	4153	9.02%	42517	92.34%
78.00 - 78.99	680	1.48%	4833	10.50%	41889	90.98%
77.00 - 77.99	735	1.60%	5568	12.09%	41209	89.50%
76.00 - 76.99	802	1.74%	6370	13.84%	40474	87.91%
75.00 - 75.99	838	1.82%	7208	15.66%	39672	86.16%
74.00 - 74.99	906	1.97%	8114	17.62%	38834	84.34%
73.00 - 73.99	931	2.02%	9045	19.65%	37928	82.38%
72.00 - 72.99	959	2.08%	10004	21.73%	36997	80.35%
71.00 - 71.99	939	2.04%	10943	23.77%	36038	78.27%
70.00 - 70.99	1042	2.26%	11985	26.03%	35099	76.23%
69.00 - 69.99	990	2.15%	12975	28.18%	34057	73.97%
68.00 - 68.99	1072	2.33%	14047	30.51%	33067	71.82%
67.00 - 67.99	1087	2.36%	15134	32.87%	31995	69.49%
66.00 - 66.99	1116	2.42%	16250	35.29%	30908	67.13%
65.00 - 65.99	1124	2.44%	17374	37.74%	29792	64.71%
64.00 - 64.99	1112	2.42%	18486	40.15%	28668	62.26%
63.00 - 63.99	1093	2.37%	19579	42.52%	27556	59.85%
62.00 - 62.99	1086	2.36%	20665	44.88%	26463	57.48%
61.00 - 61.99	1114	2.42%	21779	47.30%	25377	55.12%
60.00 - 60.99	1081	2.35%	22860	49.65%	24263	52.70%
59.00 - 59.99	1085	2.36%	23945	52.01%	23182	50.35%
58.00 - 58.99	1156	2.51%	25101	54.52%	22097	47.99%
57.00 - 57.99	1050	2.28%	26151	56.80%	20941	45.48%
56.00 - 56.99	1063	2.31%	27214	59.11%	19891	43.20%
55.00 - 55.99	982	2.13%	28196	61.24%	18828	40.89%
54.00 - 54.99	973	2.11%	29169	63.35%	17846	38.76%
53.00 - 53.99	997	2.17%	30166	65.52%	16873	36.65%
52.00 - 52.99	966	2.10%	31132	67.62%	15876	34.48%

51.00 - 51.99	925	2.01%	32057	69.63%	14910	32.38%
50.00 - 50.99	941	2.04%	32998	71.67%	13985	30.37%
49.00 - 49.99	880	1.91%	33878	73.58%	13044	28.33%
48.00 - 48.99	828	1.80%	34706	75.38%	12164	26.42%
47.00 - 47.99	751	1.63%	35457	77.01%	11336	24.62%
46.00 - 46.99	809	1.76%	36266	78.77%	10585	22.99%
45.00 - 45.99	676	1.47%	36942	80.24%	9776	21.23%
44.00 - 44.99	645	1.40%	37587	81.64%	9100	19.76%
43.00 - 43.99	654	1.42%	38241	83.06%	8455	18.36%
42.00 - 42.99	635	1.38%	38876	84.44%	7801	16.94%
41.00 - 41.99	535	1.16%	39411	85.60%	7166	15.56%
40.00 - 40.99	564	1.22%	39975	86.82%	6631	14.40%
39.00 - 39.99	559	1.21%	40534	88.04%	6067	13.18%
38.00 - 38.99	476	1.03%	41010	89.07%	5508	11.96%
37.00 - 37.99	486	1.06%	41496	90.13%	5032	10.93%
36.00 - 36.99	436	0.95%	41932	91.07%	4546	9.87%
35.00 - 35.99	374	0.81%	42306	91.89%	4110	8.93%
34.00 - 34.99	372	0.81%	42678	92.69%	3736	8.11%
33.00 - 33.99	337	0.73%	43015	93.43%	3364	7.31%
32.00 - 32.99	364	0.79%	43379	94.22%	3027	6.57%
31.00 - 31.99	282	0.61%	43661	94.83%	2663	5.78%
30.00 - 30.99	325	0.71%	43986	95.53%	2381	5.17%
29.00 - 29.99	253	0.55%	44239	96.08%	2056	4.47%
28.00 - 28.99	290	0.63%	44529	96.71%	1803	3.92%
27.00 - 27.99	161	0.35%	44690	97.06%	1513	3.29%
26.00 - 26.99	255	0.55%	44945	97.62%	1352	2.94%
25.00 - 25.99	125	0.27%	45070	97.89%	1097	2.38%
24.00 - 24.99	210	0.46%	45280	98.34%	972	2.11%
23.00 - 23.99	117	0.25%	45397	98.60%	762	1.66%
22.00 - 22.99	186	0.40%	45583	99.00%	645	1.40%
21.00 - 21.99	87	0.19%	45670	99.19%	459	1.00%
20.00 - 20.99	104	0.23%	45774	99.42%	372	0.81%
19.00 - 19.99	43	0.09%	45817	99.51%	268	0.58%
18.00 - 18.99	70	0.15%	45887	99.66%	225	0.49%
17.00 - 17.99	27	0.06%	45914	99.72%	155	0.34%
16.00 - 16.99	57	0.12%	45971	99.85%	128	0.28%
15.00 - 15.99	11	0.02%	45982	99.87%	71	0.15%
14.00 - 14.99	26	0.06%	46008	99.93%	60	0.13%
13.00 - 13.99	6	0.01%	46014	99.94%	34	0.07%
12.00 - 12.99	16	0.03%	46030	99.97%	28	0.06%
11.00 - 11.99	0	0.00%	46030	99.97%	12	0.03%
10.00 - 10.99	4	0.01%	46034	99.98%	12	0.03%
9.00 - 9.99	1	0.00%	46035	99.98%	8	0.02%
8.00 - 8.99	2	0.00%	46037	99.99%	7	0.02%
7.00 - 7.99	0	0.00%	46037	99.99%	5	0.01%
6.00 - 6.99	1	0.00%	46038	99.99%	5	0.01%
5.00 - 5.99	1	0.00%	46039	99.99%	4	0.01%
4.00 - 4.99	0	0.00%	46039	99.99%	3	0.01%
3.00 - 3.99	0	0.00%	46039	99.99%	3	0.01%
2.00 - 2.99	1	0.00%	46040	100.00%	3	0.01%
1.00 - 1.99	2	0.00%	46042	100.00%	2	0.00%
0.00 - 0.99	0	0.00%	46042	100.00%	0	0.00%
缺考	3152					

100 年指定科目考試公民與社會科成績人數累計表

分　　數	人　　數	百 分 比	自高分往低分累計		自低分往高分累計	
			累計人數	累計百分比	累計人數	累計百分比
100.00	0	0.00%	0	0.00%	39843	100.00%
99.00 - 99.99	0	0.00%	0	0.00%	39843	100.00%
98.00 - 98.99	0	0.00%	0	0.00%	39843	100.00%
97.00 - 97.99	0	0.00%	0	0.00%	39843	100.00%
96.00 - 96.99	0	0.00%	0	0.00%	39843	100.00%
95.00 - 95.99	2	0.01%	2	0.01%	39843	100.00%
94.00 - 94.99	3	0.01%	5	0.01%	39841	99.99%
93.00 - 93.99	10	0.03%	15	0.04%	39838	99.99%
92.00 - 92.99	29	0.07%	44	0.11%	39828	99.96%
91.00 - 91.99	22	0.06%	66	0.17%	39799	99.89%
90.00 - 90.99	50	0.13%	116	0.29%	39777	99.83%
89.00 - 89.99	42	0.11%	158	0.40%	39727	99.71%
88.00 - 88.99	119	0.30%	277	0.70%	39685	99.60%
87.00 - 87.99	120	0.30%	397	1.00%	39566	99.30%
86.00 - 86.99	193	0.48%	590	1.48%	39446	99.00%
85.00 - 85.99	164	0.41%	754	1.89%	39253	98.52%
84.00 - 84.99	337	0.85%	1091	2.74%	39089	98.11%
83.00 - 83.99	291	0.73%	1382	3.47%	38752	97.26%
82.00 - 82.99	493	1.24%	1875	4.71%	38461	96.53%
81.00 - 81.99	420	1.05%	2295	5.76%	37968	95.29%
80.00 - 80.99	707	1.77%	3002	7.53%	37548	94.24%
79.00 - 79.99	572	1.44%	3574	8.97%	36841	92.47%
78.00 - 78.99	930	2.33%	4504	11.30%	36269	91.03%
77.00 - 77.99	603	1.51%	5107	12.82%	35339	88.70%
76.00 - 76.99	1075	2.70%	6182	15.52%	34736	87.18%
75.00 - 75.99	755	1.89%	6937	17.41%	33661	84.48%
74.00 - 74.99	1166	2.93%	8103	20.34%	32906	82.59%
73.00 - 73.99	891	2.24%	8994	22.57%	31740	79.66%
72.00 - 72.99	1322	3.32%	10316	25.89%	30849	77.43%
71.00 - 71.99	958	2.40%	11274	28.30%	29527	74.11%
70.00 - 70.99	1445	3.63%	12719	31.92%	28569	71.70%
69.00 - 69.99	967	2.43%	13686	34.35%	27124	68.08%
68.00 - 68.99	1451	3.64%	15137	37.99%	26157	65.65%
67.00 - 67.99	1020	2.56%	16157	40.55%	24706	62.01%
66.00 - 66.99	1562	3.92%	17719	44.47%	23686	59.45%
65.00 - 65.99	1002	2.51%	18721	46.99%	22124	55.53%
64.00 - 64.99	1530	3.84%	20251	50.83%	21122	53.01%
63.00 - 63.99	1036	2.60%	21287	53.43%	19592	49.17%
62.00 - 62.99	1558	3.91%	22845	57.34%	18556	46.57%
61.00 - 61.99	982	2.46%	23827	59.80%	16998	42.66%
60.00 - 60.99	1486	3.73%	25313	63.53%	16016	40.20%
59.00 - 59.99	950	2.38%	26263	65.92%	14530	36.47%
58.00 - 58.99	1335	3.35%	27598	69.27%	13580	34.08%
57.00 - 57.99	846	2.12%	28444	71.39%	12245	30.73%
56.00 - 56.99	1205	3.02%	29649	74.41%	11399	28.61%
55.00 - 55.99	756	1.90%	30405	76.31%	10194	25.59%
54.00 - 54.99	1090	2.74%	31495	79.05%	9438	23.69%
53.00 - 53.99	667	1.67%	32162	80.72%	8348	20.95%
52.00 - 52.99	939	2.36%	33101	83.08%	7681	19.28%

51.00 - 51.99	541	1.36%	33642	84.44%	6742	16.92%
50.00 - 50.99	787	1.98%	34429	86.41%	6201	15.56%
49.00 - 49.99	450	1.13%	34879	87.54%	5414	13.59%
48.00 - 48.99	672	1.69%	35551	89.23%	4964	12.46%
47.00 - 47.99	372	0.93%	35923	90.16%	4292	10.77%
46.00 - 46.99	554	1.39%	36477	91.55%	3920	9.84%
45.00 - 45.99	331	0.83%	36808	92.38%	3366	8.45%
44.00 - 44.99	439	1.10%	37247	93.48%	3035	7.62%
43.00 - 43.99	250	0.63%	37497	94.11%	2596	6.52%
42.00 - 42.99	348	0.87%	37845	94.99%	2346	5.89%
41.00 - 41.99	206	0.52%	38051	95.50%	1998	5.01%
40.00 - 40.99	275	0.69%	38326	96.19%	1792	4.50%
39.00 - 39.99	172	0.43%	38498	96.62%	1517	3.81%
38.00 - 38.99	225	0.56%	38723	97.19%	1345	3.38%
37.00 - 37.99	113	0.28%	38836	97.47%	1120	2.81%
36.00 - 36.99	172	0.43%	39008	97.90%	1007	2.53%
35.00 - 35.99	78	0.20%	39086	98.10%	835	2.10%
34.00 - 34.99	147	0.37%	39233	98.47%	757	1.90%
33.00 - 33.99	77	0.19%	39310	98.66%	610	1.53%
32.00 - 32.99	99	0.25%	39409	98.91%	533	1.34%
31.00 - 31.99	74	0.19%	39483	99.10%	434	1.09%
30.00 - 30.99	90	0.23%	39573	99.32%	360	0.90%
29.00 - 29.99	48	0.12%	39621	99.44%	270	0.68%
28.00 - 28.99	56	0.14%	39677	99.58%	222	0.56%
27.00 - 27.99	33	0.08%	39710	99.67%	166	0.42%
26.00 - 26.99	37	0.09%	39747	99.76%	133	0.33%
25.00 - 25.99	20	0.05%	39767	99.81%	96	0.24%
24.00 - 24.99	30	0.08%	39797	99.88%	76	0.19%
23.00 - 23.99	12	0.03%	39809	99.91%	46	0.12%
22.00 - 22.99	17	0.04%	39826	99.96%	34	0.09%
21.00 - 21.99	3	0.01%	39829	99.96%	17	0.04%
20.00 - 20.99	4	0.01%	39833	99.97%	14	0.04%
19.00 - 19.99	0	0.00%	39833	99.97%	10	0.03%
18.00 - 18.99	3	0.01%	39836	99.98%	10	0.03%
17.00 - 17.99	4	0.01%	39840	99.99%	7	0.02%
16.00 - 16.99	2	0.01%	39842	100.00%	3	0.01%
15.00 - 15.99	0	0.00%	39842	100.00%	1	0.00%
14.00 - 14.99	0	0.00%	39842	100.00%	1	0.00%
13.00 - 13.99	0	0.00%	39842	100.00%	1	0.00%
12.00 - 12.99	0	0.00%	39842	100.00%	1	0.00%
11.00 - 11.99	0	0.00%	39842	100.00%	1	0.00%
10.00 - 10.99	0	0.00%	39842	100.00%	1	0.00%
9.00 - 9.99	0	0.00%	39842	100.00%	1	0.00%
8.00 - 8.99	1	0.00%	39843	100.00%	1	0.00%
7.00 - 7.99	0	0.00%	39843	100.00%	0	0.00%
6.00 - 6.99	0	0.00%	39843	100.00%	0	0.00%
5.00 - 5.99	0	0.00%	39843	100.00%	0	0.00%
4.00 - 4.99	0	0.00%	39843	100.00%	0	0.00%
3.00 - 3.99	0	0.00%	39843	100.00%	0	0.00%
2.00 - 2.99	0	0.00%	39843	100.00%	0	0.00%
1.00 - 1.99	0	0.00%	39843	100.00%	0	0.00%
0.00 - 0.99	0	0.00%	39843	100.00%	0	0.00%
缺考	3105					

100 年指定科目考試物理科成績人數累計表

分　　數	人　　數	百分比	自高分往低分累計		自低分往高分累計	
			累計人數	累計百分比	累計人數	累計百分比
100.00	28	0.08%	28	0.08%	35332	100.00%
99.00 - 99.99	42	0.12%	70	0.20%	35304	99.92%
98.00 - 98.99	40	0.11%	110	0.31%	35262	99.80%
97.00 - 97.99	95	0.27%	205	0.58%	35222	99.69%
96.00 - 96.99	111	0.31%	316	0.89%	35127	99.42%
95.00 - 95.99	149	0.42%	465	1.32%	35016	99.11%
94.00 - 94.99	195	0.55%	660	1.87%	34867	98.68%
93.00 - 93.99	182	0.52%	842	2.38%	34672	98.13%
92.00 - 92.99	248	0.70%	1090	3.09%	34490	97.62%
91.00 - 91.99	258	0.73%	1348	3.82%	34242	96.91%
90.00 - 90.99	313	0.89%	1661	4.70%	33984	96.18%
89.00 - 89.99	362	1.02%	2023	5.73%	33671	95.30%
88.00 - 88.99	350	0.99%	2373	6.72%	33309	94.27%
87.00 - 87.99	353	1.00%	2726	7.72%	32959	93.28%
86.00 - 86.99	407	1.15%	3133	8.87%	32606	92.28%
85.00 - 85.99	406	1.15%	3539	10.02%	32199	91.13%
84.00 - 84.99	409	1.16%	3948	11.17%	31793	89.98%
83.00 - 83.99	415	1.17%	4363	12.35%	31384	88.83%
82.00 - 82.99	477	1.35%	4840	13.70%	30969	87.65%
81.00 - 81.99	464	1.31%	5304	15.01%	30492	86.30%
80.00 - 80.99	466	1.32%	5770	16.33%	30028	84.99%
79.00 - 79.99	434	1.23%	6204	17.56%	29562	83.67%
78.00 - 78.99	433	1.23%	6637	18.78%	29128	82.44%
77.00 - 77.99	494	1.40%	7131	20.18%	28695	81.22%
76.00 - 76.99	473	1.34%	7604	21.52%	28201	79.82%
75.00 - 75.99	443	1.25%	8047	22.78%	27728	78.48%
74.00 - 74.99	462	1.31%	8509	24.08%	27285	77.22%
73.00 - 73.99	462	1.31%	8971	25.39%	26823	75.92%
72.00 - 72.99	465	1.32%	9436	26.71%	26361	74.61%
71.00 - 71.99	436	1.23%	9872	27.94%	25896	73.29%
70.00 - 70.99	500	1.42%	10372	29.36%	25460	72.06%
69.00 - 69.99	414	1.17%	10786	30.53%	24960	70.64%
68.00 - 68.99	458	1.30%	11244	31.82%	24546	69.47%
67.00 - 67.99	416	1.18%	11660	33.00%	24088	68.18%
66.00 - 66.99	430	1.22%	12090	34.22%	23672	67.00%
65.00 - 65.99	457	1.29%	12547	35.51%	23242	65.78%
64.00 - 64.99	440	1.25%	12987	36.76%	22785	64.49%
63.00 - 63.99	444	1.26%	13431	38.01%	22345	63.24%
62.00 - 62.99	407	1.15%	13838	39.17%	21901	61.99%
61.00 - 61.99	427	1.21%	14265	40.37%	21494	60.83%
60.00 - 60.99	446	1.26%	14711	41.64%	21067	59.63%
59.00 - 59.99	436	1.23%	15147	42.87%	20621	58.36%
58.00 - 58.99	425	1.20%	15572	44.07%	20185	57.13%
57.00 - 57.99	425	1.20%	15997	45.28%	19760	55.93%
56.00 - 56.99	486	1.38%	16483	46.65%	19335	54.72%
55.00 - 55.99	469	1.33%	16952	47.98%	18849	53.35%
54.00 - 54.99	419	1.19%	17371	49.17%	18380	52.02%
53.00 - 53.99	459	1.30%	17830	50.46%	17961	50.83%
52.00 - 52.99	429	1.21%	18259	51.68%	17502	49.54%

51.00 - 51.99	403	1.14%	18662	52.82%	17073	48.32%
50.00 - 50.99	460	1.30%	19122	54.12%	16670	47.18%
49.00 - 49.99	461	1.30%	19583	55.43%	16210	45.88%
48.00 - 48.99	467	1.32%	20050	56.75%	15749	44.57%
47.00 - 47.99	478	1.35%	20528	58.10%	15282	43.25%
46.00 - 46.99	468	1.32%	20996	59.42%	14804	41.90%
45.00 - 45.99	447	1.27%	21443	60.69%	14336	40.58%
44.00 - 44.99	454	1.28%	21897	61.97%	13889	39.31%
43.00 - 43.99	473	1.34%	22370	63.31%	13435	38.03%
42.00 - 42.99	477	1.35%	22847	64.66%	12962	36.69%
41.00 - 41.99	459	1.30%	23306	65.96%	12485	35.34%
40.00 - 40.99	476	1.35%	23782	67.31%	12026	34.04%
39.00 - 39.99	516	1.46%	24298	68.77%	11550	32.69%
38.00 - 38.99	503	1.42%	24801	70.19%	11034	31.23%
37.00 - 37.99	506	1.43%	25307	71.63%	10531	29.81%
36.00 - 36.99	544	1.54%	25851	73.17%	10025	28.37%
35.00 - 35.99	512	1.45%	26363	74.62%	9481	26.83%
34.00 - 34.99	513	1.45%	26876	76.07%	8969	25.38%
33.00 - 33.99	520	1.47%	27396	77.54%	8456	23.93%
32.00 - 32.99	543	1.54%	27939	79.08%	7936	22.46%
31.00 - 31.99	516	1.46%	28455	80.54%	7393	20.92%
30.00 - 30.99	522	1.48%	28977	82.01%	6877	19.46%
29.00 - 29.99	514	1.45%	29491	83.47%	6355	17.99%
28.00 - 28.99	463	1.31%	29954	84.78%	5841	16.53%
27.00 - 27.99	504	1.43%	30458	86.21%	5378	15.22%
26.00 - 26.99	466	1.32%	30924	87.52%	4874	13.79%
25.00 - 25.99	486	1.38%	31410	88.90%	4408	12.48%
24.00 - 24.99	468	1.32%	31878	90.22%	3922	11.10%
23.00 - 23.99	414	1.17%	32292	91.40%	3454	9.78%
22.00 - 22.99	429	1.21%	32721	92.61%	3040	8.60%
21.00 - 21.99	354	1.00%	33075	93.61%	2611	7.39%
20.00 - 20.99	357	1.01%	33432	94.62%	2257	6.39%
19.00 - 19.99	303	0.86%	33735	95.48%	1900	5.38%
18.00 - 18.99	284	0.80%	34019	96.28%	1597	4.52%
17.00 - 17.99	262	0.74%	34281	97.03%	1313	3.72%
16.00 - 16.99	232	0.66%	34513	97.68%	1051	2.97%
15.00 - 15.99	166	0.47%	34679	98.15%	819	2.32%
14.00 - 14.99	158	0.45%	34837	98.60%	653	1.85%
13.00 - 13.99	139	0.39%	34976	98.99%	495	1.40%
12.00 - 12.99	92	0.26%	35068	99.25%	356	1.01%
11.00 - 11.99	76	0.22%	35144	99.47%	264	0.75%
10.00 - 10.99	69	0.20%	35213	99.66%	188	0.53%
9.00 - 9.99	44	0.12%	35257	99.79%	119	0.34%
8.00 - 8.99	31	0.09%	35288	99.88%	75	0.21%
7.00 - 7.99	17	0.05%	35305	99.92%	44	0.12%
6.00 - 6.99	13	0.04%	35318	99.96%	27	0.08%
5.00 - 5.99	4	0.01%	35322	99.97%	14	0.04%
4.00 - 4.99	2	0.01%	35324	99.98%	10	0.03%
3.00 - 3.99	2	0.01%	35326	99.98%	8	0.02%
2.00 - 2.99	1	0.00%	35327	99.99%	6	0.02%
1.00 - 1.99	2	0.01%	35329	99.99%	5	0.01%
0.00 - 0.99	3	0.01%	35332	100.00%	3	0.01%
缺考	1771					

100 年指定科目考試化學科成績人數累計表

分　　　數	人　　數	百 分 比	自高分往低分累計		自低分往高分累計	
			累計人數	累計百分比	累計人數	累計百分比
100.00	1	0.00%	1	0.00%	35734	100.00%
99.00 - 99.99	0	0.00%	1	0.00%	35733	100.00%
98.00 - 98.99	5	0.01%	6	0.02%	35733	100.00%
97.00 - 97.99	1	0.00%	7	0.02%	35728	99.98%
96.00 - 96.99	8	0.02%	15	0.04%	35727	99.98%
95.00 - 95.99	20	0.06%	35	0.10%	35719	99.96%
94.00 - 94.99	36	0.10%	71	0.20%	35699	99.90%
93.00 - 93.99	39	0.11%	110	0.31%	35663	99.80%
92.00 - 92.99	55	0.15%	165	0.46%	35624	99.69%
91.00 - 91.99	75	0.21%	240	0.67%	35569	99.54%
90.00 - 90.99	103	0.29%	343	0.96%	35494	99.33%
89.00 - 89.99	128	0.36%	471	1.32%	35391	99.04%
88.00 - 88.99	141	0.39%	612	1.71%	35263	98.68%
87.00 - 87.99	172	0.48%	784	2.19%	35122	98.29%
86.00 - 86.99	190	0.53%	974	2.73%	34950	97.81%
85.00 - 85.99	236	0.66%	1210	3.39%	34760	97.27%
84.00 - 84.99	280	0.78%	1490	4.17%	34524	96.61%
83.00 - 83.99	273	0.76%	1763	4.93%	34244	95.83%
82.00 - 82.99	312	0.87%	2075	5.81%	33971	95.07%
81.00 - 81.99	315	0.88%	2390	6.69%	33659	94.19%
80.00 - 80.99	298	0.83%	2688	7.52%	33344	93.31%
79.00 - 79.99	312	0.87%	3000	8.40%	33046	92.48%
78.00 - 78.99	320	0.90%	3320	9.29%	32734	91.60%
77.00 - 77.99	398	1.11%	3718	10.40%	32414	90.71%
76.00 - 76.99	414	1.16%	4132	11.56%	32016	89.60%
75.00 - 75.99	425	1.19%	4557	12.75%	31602	88.44%
74.00 - 74.99	471	1.32%	5028	14.07%	31177	87.25%
73.00 - 73.99	420	1.18%	5448	15.25%	30706	85.93%
72.00 - 72.99	453	1.27%	5901	16.51%	30286	84.75%
71.00 - 71.99	496	1.39%	6397	17.90%	29833	83.49%
70.00 - 70.99	477	1.33%	6874	19.24%	29337	82.10%
69.00 - 69.99	485	1.36%	7359	20.59%	28860	80.76%
68.00 - 68.99	601	1.68%	7960	22.28%	28375	79.41%
67.00 - 67.99	556	1.56%	8516	23.83%	27774	77.72%
66.00 - 66.99	560	1.57%	9076	25.40%	27218	76.17%
65.00 - 65.99	582	1.63%	9658	27.03%	26658	74.60%
64.00 - 64.99	547	1.53%	10205	28.56%	26076	72.97%
63.00 - 63.99	588	1.65%	10793	30.20%	25529	71.44%
62.00 - 62.99	578	1.62%	11371	31.82%	24941	69.80%
61.00 - 61.99	619	1.73%	11990	33.55%	24363	68.18%
60.00 - 60.99	649	1.82%	12639	35.37%	23744	66.45%
59.00 - 59.99	566	1.58%	13205	36.95%	23095	64.63%
58.00 - 58.99	641	1.79%	13846	38.75%	22529	63.05%
57.00 - 57.99	635	1.78%	14481	40.52%	21888	61.25%
56.00 - 56.99	687	1.92%	15168	42.45%	21253	59.48%
55.00 - 55.99	689	1.93%	15857	44.38%	20566	57.55%
54.00 - 54.99	637	1.78%	16494	46.16%	19877	55.62%
53.00 - 53.99	605	1.69%	17099	47.85%	19240	53.84%
52.00 - 52.99	635	1.78%	17734	49.63%	18635	52.15%

51.00 - 51.99	625	1.75%	18359	51.38%	18000	50.37%
50.00 - 50.99	652	1.82%	19011	53.20%	17375	48.62%
49.00 - 49.99	632	1.77%	19643	54.97%	16723	46.80%
48.00 - 48.99	645	1.81%	20288	56.78%	16091	45.03%
47.00 - 47.99	615	1.72%	20903	58.50%	15446	43.22%
46.00 - 46.99	638	1.79%	21541	60.28%	14831	41.50%
45.00 - 45.99	596	1.67%	22137	61.95%	14193	39.72%
44.00 - 44.99	593	1.66%	22730	63.61%	13597	38.05%
43.00 - 43.99	604	1.69%	23334	65.30%	13004	36.39%
42.00 - 42.99	646	1.81%	23980	67.11%	12400	34.70%
41.00 - 41.99	619	1.73%	24599	68.84%	11754	32.89%
40.00 - 40.99	631	1.77%	25230	70.61%	11135	31.16%
39.00 - 39.99	667	1.87%	25897	72.47%	10504	29.39%
38.00 - 38.99	667	1.87%	26564	74.34%	9837	27.53%
37.00 - 37.99	619	1.73%	27183	76.07%	9170	25.66%
36.00 - 36.99	618	1.73%	27801	77.80%	8551	23.93%
35.00 - 35.99	604	1.69%	28405	79.49%	7933	22.20%
34.00 - 34.99	589	1.65%	28994	81.14%	7329	20.51%
33.00 - 33.99	602	1.68%	29596	82.82%	6740	18.86%
32.00 - 32.99	540	1.51%	30136	84.33%	6138	17.18%
31.00 - 31.99	565	1.58%	30701	85.92%	5598	15.67%
30.00 - 30.99	558	1.56%	31259	87.48%	5033	14.08%
29.00 - 29.99	493	1.38%	31752	88.86%	4475	12.52%
28.00 - 28.99	472	1.32%	32224	90.18%	3982	11.14%
27.00 - 27.99	431	1.21%	32655	91.38%	3510	9.82%
26.00 - 26.99	375	1.05%	33030	92.43%	3079	8.62%
25.00 - 25.99	299	0.84%	33329	93.27%	2704	7.57%
24.00 - 24.99	318	0.89%	33647	94.16%	2405	6.73%
23.00 - 23.99	293	0.82%	33940	94.98%	2087	5.84%
22.00 - 22.99	265	0.74%	34205	95.72%	1794	5.02%
21.00 - 21.99	245	0.69%	34450	96.41%	1529	4.28%
20.00 - 20.99	237	0.66%	34687	97.07%	1284	3.59%
19.00 - 19.99	174	0.49%	34861	97.56%	1047	2.93%
18.00 - 18.99	154	0.43%	35015	97.99%	873	2.44%
17.00 - 17.99	133	0.37%	35148	98.36%	719	2.01%
16.00 - 16.99	122	0.34%	35270	98.70%	586	1.64%
15.00 - 15.99	87	0.24%	35357	98.94%	464	1.30%
14.00 - 14.99	101	0.28%	35458	99.23%	377	1.06%
13.00 - 13.99	68	0.19%	35526	99.42%	276	0.77%
12.00 - 12.99	52	0.15%	35578	99.56%	208	0.58%
11.00 - 11.99	50	0.14%	35628	99.70%	156	0.44%
10.00 - 10.99	45	0.13%	35673	99.83%	106	0.30%
9.00 - 9.99	21	0.06%	35694	99.89%	61	0.17%
8.00 - 8.99	15	0.04%	35709	99.93%	40	0.11%
7.00 - 7.99	13	0.04%	35722	99.97%	25	0.07%
6.00 - 6.99	4	0.01%	35726	99.98%	12	0.03%
5.00 - 5.99	3	0.01%	35729	99.99%	8	0.02%
4.00 - 4.99	2	0.01%	35731	99.99%	5	0.01%
3.00 - 3.99	1	0.00%	35732	99.99%	3	0.01%
2.00 - 2.99	0	0.00%	35732	99.99%	2	0.01%
1.00 - 1.99	1	0.00%	35733	100.00%	2	0.01%
0.00 - 0.99	1	0.00%	35734	100.00%	1	0.00%
缺考	1851					

100 年指定科目考試生物科成績人數累計表

分　　數	人　數	百分比	自高分往低分累計		自低分往高分累計	
			累計人數	累計百分比	累計人數	累計百分比
100.00	0	0.00%	0	0.00%	23339	100.00%
99.00 - 99.99	0	0.00%	0	0.00%	23339	100.00%
98.00 - 98.99	0	0.00%	0	0.00%	23339	100.00%
97.00 - 97.99	0	0.00%	0	0.00%	23339	100.00%
96.00 - 96.99	1	0.00%	1	0.00%	23339	100.00%
95.00 - 95.99	1	0.00%	2	0.01%	23338	100.00%
94.00 - 94.99	9	0.04%	11	0.05%	23337	99.99%
93.00 - 93.99	30	0.13%	41	0.18%	23328	99.95%
92.00 - 92.99	28	0.12%	69	0.30%	23298	99.82%
91.00 - 91.99	32	0.14%	101	0.43%	23270	99.70%
90.00 - 90.99	53	0.23%	154	0.66%	23238	99.57%
89.00 - 89.99	82	0.35%	236	1.01%	23185	99.34%
88.00 - 88.99	117	0.50%	353	1.51%	23103	98.99%
87.00 - 87.99	124	0.53%	477	2.04%	22986	98.49%
86.00 - 86.99	145	0.62%	622	2.67%	22862	97.96%
85.00 - 85.99	199	0.85%	821	3.52%	22717	97.33%
84.00 - 84.99	198	0.85%	1019	4.37%	22518	96.48%
83.00 - 83.99	235	1.01%	1254	5.37%	22320	95.63%
82.00 - 82.99	230	0.99%	1484	6.36%	22085	94.63%
81.00 - 81.99	269	1.15%	1753	7.51%	21855	93.64%
80.00 - 80.99	281	1.20%	2034	8.72%	21586	92.49%
79.00 - 79.99	317	1.36%	2351	10.07%	21305	91.28%
78.00 - 78.99	305	1.31%	2656	11.38%	20988	89.93%
77.00 - 77.99	368	1.58%	3024	12.96%	20683	88.62%
76.00 - 76.99	327	1.40%	3351	14.36%	20315	87.04%
75.00 - 75.99	345	1.48%	3696	15.84%	19988	85.64%
74.00 - 74.99	360	1.54%	4056	17.38%	19643	84.16%
73.00 - 73.99	390	1.67%	4446	19.05%	19283	82.62%
72.00 - 72.99	379	1.62%	4825	20.67%	18893	80.95%
71.00 - 71.99	367	1.57%	5192	22.25%	18514	79.33%
70.00 - 70.99	399	1.71%	5591	23.96%	18147	77.75%
69.00 - 69.99	419	1.80%	6010	25.75%	17748	76.04%
68.00 - 68.99	406	1.74%	6416	27.49%	17329	74.25%
67.00 - 67.99	400	1.71%	6816	29.20%	16923	72.51%
66.00 - 66.99	398	1.71%	7214	30.91%	16523	70.80%
65.00 - 65.99	396	1.70%	7610	32.61%	16125	69.09%
64.00 - 64.99	398	1.71%	8008	34.31%	15729	67.39%
63.00 - 63.99	406	1.74%	8414	36.05%	15331	65.69%
62.00 - 62.99	395	1.69%	8809	37.74%	14925	63.95%
61.00 - 61.99	418	1.79%	9227	39.53%	14530	62.26%
60.00 - 60.99	387	1.66%	9614	41.19%	14112	60.47%
59.00 - 59.99	393	1.68%	10007	42.88%	13725	58.81%
58.00 - 58.99	380	1.63%	10387	44.50%	13332	57.12%
57.00 - 57.99	420	1.80%	10807	46.30%	12952	55.50%
56.00 - 56.99	417	1.79%	11224	48.09%	12532	53.70%
55.00 - 55.99	431	1.85%	11655	49.94%	12115	51.91%
54.00 - 54.99	445	1.91%	12100	51.84%	11684	50.06%
53.00 - 53.99	436	1.87%	12536	53.71%	11239	48.16%
52.00 - 52.99	425	1.82%	12961	55.53%	10803	46.29%

51.00 - 51.99	422	1.81%	13383	57.34%	10378	44.47%
50.00 - 50.99	397	1.70%	13780	59.04%	9956	42.66%
49.00 - 49.99	462	1.98%	14242	61.02%	9559	40.96%
48.00 - 48.99	445	1.91%	14687	62.93%	9097	38.98%
47.00 - 47.99	445	1.91%	15132	64.84%	8652	37.07%
46.00 - 46.99	432	1.85%	15564	66.69%	8207	35.16%
45.00 - 45.99	422	1.81%	15986	68.49%	7775	33.31%
44.00 - 44.99	424	1.82%	16410	70.31%	7353	31.51%
43.00 - 43.99	398	1.71%	16808	72.02%	6929	29.69%
42.00 - 42.99	431	1.85%	17239	73.86%	6531	27.98%
41.00 - 41.99	366	1.57%	17605	75.43%	6100	26.14%
40.00 - 40.99	439	1.88%	18044	77.31%	5734	24.57%
39.00 - 39.99	373	1.60%	18417	78.91%	5295	22.69%
38.00 - 38.99	381	1.63%	18798	80.54%	4922	21.09%
37.00 - 37.99	343	1.47%	19141	82.01%	4541	19.46%
36.00 - 36.99	334	1.43%	19475	83.44%	4198	17.99%
35.00 - 35.99	312	1.34%	19787	84.78%	3864	16.56%
34.00 - 34.99	353	1.51%	20140	86.29%	3552	15.22%
33.00 - 33.99	310	1.33%	20450	87.62%	3199	13.71%
32.00 - 32.99	270	1.16%	20720	88.78%	2889	12.38%
31.00 - 31.99	262	1.12%	20982	89.90%	2619	11.22%
30.00 - 30.99	258	1.11%	21240	91.01%	2357	10.10%
29.00 - 29.99	234	1.00%	21474	92.01%	2099	8.99%
28.00 - 28.99	215	0.92%	21689	92.93%	1865	7.99%
27.00 - 27.99	220	0.94%	21909	93.87%	1650	7.07%
26.00 - 26.99	180	0.77%	22089	94.64%	1430	6.13%
25.00 - 25.99	167	0.72%	22256	95.36%	1250	5.36%
24.00 - 24.99	181	0.78%	22437	96.14%	1083	4.64%
23.00 - 23.99	146	0.63%	22583	96.76%	902	3.86%
22.00 - 22.99	139	0.60%	22722	97.36%	756	3.24%
21.00 - 21.99	102	0.44%	22824	97.79%	617	2.64%
20.00 - 20.99	87	0.37%	22911	98.17%	515	2.21%
19.00 - 19.99	93	0.40%	23004	98.56%	428	1.83%
18.00 - 18.99	76	0.33%	23080	98.89%	335	1.44%
17.00 - 17.99	65	0.28%	23145	99.17%	259	1.11%
16.00 - 16.99	49	0.21%	23194	99.38%	194	0.83%
15.00 - 15.99	50	0.21%	23244	99.59%	145	0.62%
14.00 - 14.99	36	0.15%	23280	99.75%	95	0.41%
13.00 - 13.99	16	0.07%	23296	99.82%	59	0.25%
12.00 - 12.99	18	0.08%	23314	99.89%	43	0.18%
11.00 - 11.99	11	0.05%	23325	99.94%	25	0.11%
10.00 - 10.99	5	0.02%	23330	99.96%	14	0.06%
9.00 - 9.99	4	0.02%	23334	99.98%	9	0.04%
8.00 - 8.99	3	0.01%	23337	99.99%	5	0.02%
7.00 - 7.99	1	0.00%	23338	100.00%	2	0.01%
6.00 - 6.99	1	0.00%	23339	100.00%	1	0.00%
5.00 - 5.99	0	0.00%	23339	100.00%	0	0.00%
4.00 - 4.99	0	0.00%	23339	100.00%	0	0.00%
3.00 - 3.99	0	0.00%	23339	100.00%	0	0.00%
2.00 - 2.99	0	0.00%	23339	100.00%	0	0.00%
1.00 - 1.99	0	0.00%	23339	100.00%	0	0.00%
0.00 - 0.99	0	0.00%	23339	100.00%	0	0.00%
缺考	1832					

100 年指定科目考試國文科成績人數累計表

分　　數	人　　數	百分比	自高分往低分累計		自低分往高分累計	
			累計人數	累計百分比	累計人數	累計百分比
100.00	0	0.00%	0	0.00%	77997	100.00%
99.00 - 99.99	0	0.00%	0	0.00%	77997	100.00%
98.00 - 98.99	0	0.00%	0	0.00%	77997	100.00%
97.00 - 97.99	0	0.00%	0	0.00%	77997	100.00%
96.00 - 96.99	0	0.00%	0	0.00%	77997	100.00%
95.00 - 95.99	1	0.00%	1	0.00%	77997	100.00%
94.00 - 94.99	0	0.00%	1	0.00%	77996	100.00%
93.00 - 93.99	1	0.00%	2	0.00%	77996	100.00%
92.00 - 92.99	2	0.00%	4	0.01%	77995	100.00%
91.00 - 91.99	2	0.00%	6	0.01%	77993	99.99%
90.00 - 90.99	10	0.01%	16	0.02%	77991	99.99%
89.00 - 89.99	6	0.01%	22	0.03%	77981	99.98%
88.00 - 88.99	14	0.02%	36	0.05%	77975	99.97%
87.00 - 87.99	31	0.04%	67	0.09%	77961	99.95%
86.00 - 86.99	46	0.06%	113	0.14%	77930	99.91%
85.00 - 85.99	73	0.09%	186	0.24%	77884	99.86%
84.00 - 84.99	96	0.12%	282	0.36%	77811	99.76%
83.00 - 83.99	130	0.17%	412	0.53%	77715	99.64%
82.00 - 82.99	183	0.23%	595	0.76%	77585	99.47%
81.00 - 81.99	263	0.34%	858	1.10%	77402	99.24%
80.00 - 80.99	370	0.47%	1228	1.57%	77139	98.90%
79.00 - 79.99	456	0.58%	1684	2.16%	76769	98.43%
78.00 - 78.99	587	0.75%	2271	2.91%	76313	97.84%
77.00 - 77.99	713	0.91%	2984	3.83%	75726	97.09%
76.00 - 76.99	858	1.10%	3842	4.93%	75013	96.17%
75.00 - 75.99	1001	1.28%	4843	6.21%	74155	95.07%
74.00 - 74.99	1173	1.50%	6016	7.71%	73154	93.79%
73.00 - 73.99	1301	1.67%	7317	9.38%	71981	92.29%
72.00 - 72.99	1520	1.95%	8837	11.33%	70680	90.62%
71.00 - 71.99	1738	2.23%	10575	13.56%	69160	88.67%
70.00 - 70.99	1820	2.33%	12395	15.89%	67422	86.44%
69.00 - 69.99	2066	2.65%	14461	18.54%	65602	84.11%
68.00 - 68.99	2205	2.83%	16666	21.37%	63536	81.46%
67.00 - 67.99	2365	3.03%	19031	24.40%	61331	78.63%
66.00 - 66.99	2375	3.04%	21406	27.44%	58966	75.60%
65.00 - 65.99	2562	3.28%	23968	30.73%	56591	72.56%
64.00 - 64.99	2502	3.21%	26470	33.94%	54029	69.27%
63.00 - 63.99	2638	3.38%	29108	37.32%	51527	66.06%
62.00 - 62.99	2611	3.35%	31719	40.67%	48889	62.68%
61.00 - 61.99	2576	3.30%	34295	43.97%	46278	59.33%
60.00 - 60.99	2638	3.38%	36933	47.35%	43702	56.03%
59.00 - 59.99	2621	3.36%	39554	50.71%	41064	52.65%
58.00 - 58.99	2468	3.16%	42022	53.88%	38443	49.29%
57.00 - 57.99	2424	3.11%	44446	56.98%	35975	46.12%
56.00 - 56.99	2286	2.93%	46732	59.92%	33551	43.02%
55.00 - 55.99	2240	2.87%	48972	62.79%	31265	40.08%
54.00 - 54.99	2291	2.94%	51263	65.72%	29025	37.21%
53.00 - 53.99	2109	2.70%	53372	68.43%	26734	34.28%
52.00 - 52.99	2032	2.61%	55404	71.03%	24625	31.57%

51.00 - 51.99	1846	2.37%	57250	73.40%	22593	28.97%
50.00 - 50.99	1795	2.30%	59045	75.70%	20747	26.60%
49.00 - 49.99	1676	2.15%	60721	77.85%	18952	24.30%
48.00 - 48.99	1567	2.01%	62288	79.86%	17276	22.15%
47.00 - 47.99	1433	1.84%	63721	81.70%	15709	20.14%
46.00 - 46.99	1341	1.72%	65062	83.42%	14276	18.30%
45.00 - 45.99	1242	1.59%	66304	85.01%	12935	16.58%
44.00 - 44.99	1166	1.49%	67470	86.50%	11693	14.99%
43.00 - 43.99	988	1.27%	68458	87.77%	10527	13.50%
42.00 - 42.99	944	1.21%	69402	88.98%	9539	12.23%
41.00 - 41.99	850	1.09%	70252	90.07%	8595	11.02%
40.00 - 40.99	867	1.11%	71119	91.18%	7745	9.93%
39.00 - 39.99	736	0.94%	71855	92.13%	6878	8.82%
38.00 - 38.99	687	0.88%	72542	93.01%	6142	7.87%
37.00 - 37.99	546	0.70%	73088	93.71%	5455	6.99%
36.00 - 36.99	550	0.71%	73638	94.41%	4909	6.29%
35.00 - 35.99	489	0.63%	74127	95.04%	4359	5.59%
34.00 - 34.99	478	0.61%	74605	95.65%	3870	4.96%
33.00 - 33.99	406	0.52%	75011	96.17%	3392	4.35%
32.00 - 32.99	342	0.44%	75353	96.61%	2986	3.83%
31.00 - 31.99	324	0.42%	75677	97.03%	2644	3.39%
30.00 - 30.99	310	0.40%	75987	97.42%	2320	2.97%
29.00 - 29.99	262	0.34%	76249	97.76%	2010	2.58%
28.00 - 28.99	227	0.29%	76476	98.05%	1748	2.24%
27.00 - 27.99	204	0.26%	76680	98.31%	1521	1.95%
26.00 - 26.99	182	0.23%	76862	98.54%	1317	1.69%
25.00 - 25.99	136	0.17%	76998	98.72%	1135	1.46%
24.00 - 24.99	148	0.19%	77146	98.91%	999	1.28%
23.00 - 23.99	132	0.17%	77278	99.08%	851	1.09%
22.00 - 22.99	118	0.15%	77396	99.23%	719	0.92%
21.00 - 21.99	85	0.11%	77481	99.34%	601	0.77%
20.00 - 20.99	86	0.11%	77567	99.45%	516	0.66%
19.00 - 19.99	74	0.09%	77641	99.54%	430	0.55%
18.00 - 18.99	63	0.08%	77704	99.62%	356	0.46%
17.00 - 17.99	49	0.06%	77753	99.69%	293	0.38%
16.00 - 16.99	40	0.05%	77793	99.74%	244	0.31%
15.00 - 15.99	28	0.04%	77821	99.77%	204	0.26%
14.00 - 14.99	32	0.04%	77853	99.82%	176	0.23%
13.00 - 13.99	30	0.04%	77883	99.85%	144	0.18%
12.00 - 12.99	29	0.04%	77912	99.89%	114	0.15%
11.00 - 11.99	18	0.02%	77930	99.91%	85	0.11%
10.00 - 10.99	23	0.03%	77953	99.94%	67	0.09%
9.00 - 9.99	14	0.02%	77967	99.96%	44	0.06%
8.00 - 8.99	10	0.01%	77977	99.97%	30	0.04%
7.00 - 7.99	10	0.01%	77987	99.99%	20	0.03%
6.00 - 6.99	4	0.01%	77991	99.99%	10	0.01%
5.00 - 5.99	3	0.00%	77994	100.00%	6	0.01%
4.00 - 4.99	2	0.00%	77996	100.00%	3	0.00%
3.00 - 3.99	1	0.00%	77997	100.00%	1	0.00%
2.00 - 2.99	0	0.00%	77997	100.00%	0	0.00%
1.00 - 1.99	0	0.00%	77997	100.00%	0	0.00%
0.00 - 0.99	0	0.00%	77997	100.00%	0	0.00%
缺考	4169					

劉毅英文家教班 100年指定科目考試榮譽榜

姓名	就讀學校	分數
陳岳	建國中學	96
吳政諺	延平高中	95.5
陳品維	延平高中	95.5
劉瑄	松山高中	95.5
蘇亦稜	台中女中	95.5
陳羽柔	中山女中	95
潘綱凡	建國中學	95
潘貞諭	北一女中	95
吳浩瑋	國立大里	95
郭新勝	台中一中	95
陳芃靜	延平高中	94.5
李懸恩	建國中學	94
黃韻宇	北一女中	94
姜德婷	延平高中	94
許汀萱	台中一中	94
曾正昱	台中一中	94
林韋翰	建國中學	93.5
葉書偉	師大附中	93.5
羅元廷	建國中學	93.5
王冠琦	中山女中	93.5
楊凱麟	大同高中	93.5
羅培珊	中山女中	93.5
蔡昇宏	松山高中	93
徐永安	建國中學	92.5
陳奕仲	建國中學	92.5
彭文	中山女中	92.5
李家誠	建國中學	92.5
陳亭熹	北一女中	92
劉媲玫	中山女中	92
李宜佳	西松高中	92
張聿辰	建國中學	92
周融	建國中學	91.5
曾品睿	中山女中	91.5
簡鈺欣	中山女中	91.5
游世群	建國中學	91.5
曾晏嘉	北一女中	91.5
郭榮宇	建國中學	91.5
陳鐘綸	建國中學	91.5
呂芝瑩	中山女中	91.5
蘇聖博	建國中學	91.5
曾弘鼎	建國中學	91.5
杜宇軒	建國中學	91.5
李歆貽	台中女中	91.5
薛宜婷	北一女中	91
韓采彤	北一女中	91
劉人瑞	延平高中	91
李霜茹	北一女中	91
林宥汝	中山女中	91
陳宜琳	北一女中	90.5
蔡渝雯	建國中學	90.5
嚴仁甫	建國中學	90.5
鄭治明	台中一中	90.5
高譜軒	建國中學	90
李芷涵	中山女中	90
張姿	建國中學	90
徐子瑜	內湖高中	90
陳翊薇	北一女中	90
呂孟儒	建國中學	90
黃晴	師大附中	89.6
張哲誠	建國中學	89.5
張友寧	麗山高中	89.5
江冠廷	建國中學	89.5
陳主敬	松山高中	89.5
陳宥廷	板橋高中	89.5
洪辰宗	師大附中	89.5
劉容容	松山高中	89.5
張芳瑀	惠文高中	89.5
張寧珊	北一女中	89
陳庭宜	景美女中	89
戴均穎	師大附中	89
盧彥錚	建國中學	89
呂育昇	建國中學	89
張可盼	政大附中	89
何家豪	建國中學	89
葉佐新	建國中學	89
吳其瑜	延平高中	89
羅明軒	建國中學	89
謝曜吉	台中一中	89
鄭凱文	建國中學	88.5
林原伊	建國中學	88.5
葉健偉	建國中學	88.5
陳柏瑞	建國中學	88.5
朱耘達	政大附中	88.5
謝伊妍	北一女中	88.5
邵祺皓	建國中學	88.5
康孟慈	延平高中	88.5
薛皓瓊	師大附中	88.5
王亭方	台中女中	88.5
張矩嘉	北一女中	88.5
鄭名晏	大同高中	88
楊嵐竹	北一女中	88
李柏萱	政大附中	88
蕭宇禛	台中女中	88
袁儀庭	文華高中	88
王惠姍	大同高中	87.5
阮理	大同高中	87.5
劉尚傑	建國中學	87.5
周紹文	成功高中	87.5
王冠宇	建國中學	87.5
蔡宗翼	建國中學	87.5
李國維	建國中學	87.5
陳羿伶	北一女中	87.5
王碩	建國中學	87
呂學宸	師大附中	87
顏盈欣	北一女中	87
蔡至倫	南港高中	87
曹鈞瑋	私立復興	87
曾柏堯	成功高中	87
周佳妮	重考生	87
蔣耀樟	師大附中	87
林偉婷	文華高中	87
蕭至恆	建國中學	86.5
黃君皓	建國中學	86.5
許四融	建國中學	86.5
王身塽	中和高中	86.5
黃筱涵	新莊高中	86.5
汪怡華	北一女中	86.5
鄭婷云	師大附中	86.5
楊承儒	彰化高中	86.5
王俊霖	台中一中	86.5
朱柏宇	建國中學	86
林冠廷	建國中學	86
許智涵	建國中學	86
陳怡誠	建國中學	86
林廷儒	松山高中	86
黃聖峰	建國中學	86
李敏	惠文高中	86
劉上琪	國立大里	86
盧宥竹	國立大里	86
鄭涵亞	三民高中	85.5
張平	師大附中	85.5
蔡秉倫	成功高中	85.5
劉郁	北一女中	85.5
蔡孟寧	師大附中	85.5
李維清	內湖高中	85.5
林泰宇	建國中學	85.5
李承翰	台中二中	85.5
林佩璇	中正高中	85
張宜平	中和高中	85
林宛儀	中山女中	85
呂泓毅	復興高中	85
曾雅鈜	中崙高中	85
吳允佳	台中一中	85
賴怡臻	景美女中	84.5
鄭惠文	北一女中	84.5
許惟絜	內湖高中	84.5
吳亭彣	內湖高中	84.5
吳嘉容	中山女中	84.5
陳筠婷	北一女中	84.5
陳昺君	延平高中	84.5
李俊廷	師大附中	84.5
林育蓮	景美女中	84.5
陳嶠	建國中學	84.5
葉映蓁	東大附中	84.5
賈棕凱	建國中學	84
楊宗諺	大同高中	84
顏汝栩	北一女中	84
王浩宇	延平高中	84
陳宜群	延平高中	84
魏麟懿	東山高中	84
李昱頡	薇閣高中	84
吳定軒	板橋高中	84
朱哲民	建國中學	84
趙庭輝	師大附中	84
張琬聆	進修生	84
陳瑋欣	北一女中	84
曾煜明	成淵高中	83.5
丁哲浩	建國中學	83.5
湯智帆	重考生	83.5
謝明修	內湖高中	83.5
吳沛剛	延平高中	83.5
黃瑩榮	延平高中	83.5
汪威銘	板橋高中	83.5
田孟心	北一女中	83.5
蔡瑋霖	政大附中	83.5
林柏綺	師大附中	83.5
李攀季	建國中學	83.5
廖柏豪	延平高中	83.5
孫寧雪	中山女中	83.5
施百謙	台中一中	83.5
白子洋	建國中學	83
孫振皓	麗山高中	83
劉濬語	中正高中	83
林大鈞	建國中學	83
林廷峻	私立復興	83
何曉宣	文華高中	83
黃昱	文華高中	83
劉軒佑	延平高中	82.5
張有毅	西松高中	82.5
曾俊豪	內湖高中	82.5
饒宇軒	政大附中	82.5
黃煜鈞	建國中學	82.5
廖家可	師大附中	82.5
莊子賢	成淵高中	82.5
洪翊慈	惠文高中	82.5
陳禎憶	台中女中	82.5
董芸	北一女中	82
謝宛君	延平高中	82
吳哲宇	大直高中	82
陳郿	政大附中	82
黃聖志	建國中學	82
林維信	大同高中	82
謝洵	內湖高中	82
張育翔	政大附中	82
陳惠如	建國中學	82
林劭宇	台中一中	82
董冠廷	師大附中	81.6
李宇珩	中山女中	81.5
宋柏星	大同高中	81.5
林博仁	建國中學	81.5
游雅嵐	和平高中	81.5
劉泓炘	成功高中	81.5
謝佳芸	內湖高中	81.5
林辰恩	進修生	81.5
楊祐瑋	中正高中	81.5
吳承翰	中和高中	81.5
黃洛頡	師大附中	81.5
潘柏宏	成功高中	81.5
王俊凱	延平高中	81.5
辛亞潔	北一女中	81.5
小昌昌紀	北一女中	81
林宏杰	成功高中	81
陸翊豢	建國中學	81
簡捷	成功高中	81
黃建昇	東山高中	81
張延寧	明倫高中	81
陳國銘	台中一中	81
廖容靖	台中一中	81
何侑霖	建國中學	81
郭芬璋	文華高中	81
高韻	麗山高中	80.5
李致廷	建國中學	80.5
黃柏綱	建國中學	80.5
黃彥霖	成功高中	80.5
楊惠寧	中崙高中	80.5
葉宇心	台中女中	80.5
廖柏林	新莊高中	80.5
江政穎	師大附中	80.5
陳芝瑄	國立大里	80.5
楊筑鈞	台中一中	80.5
黃千碩	台中一中	80.5
唐偉軒	延平高中	80
謝坤晉	建國中學	80
張宇揚	建國中學	80
楊雅涵	景美女中	80
陳俐彣	建國中學	80
楊明仁	建國中學	80
許乃筑	衛理女中	80
陳宇安	北一女中	80
華芳瑩	北一女中	80
張育誠	國立大里	80
陳彥榮	台中一中	80
何姵僑	文華高中	80

※ 版面有限，謹向未刊登同學致歉。

www.learnschool.com.tw
劉毅英文教育機構
學費最低‧效果最佳

北部：台北市許昌街17號6F（捷運M8出口對面‧學勒補習班）TEL：(02) 2389-5212
中部：台北市重慶南路一段10號7F（火車站前‧學林補習班）TEL：(02) 2361-6101
台中總部：台中市三民路三段125號7F（世界健身中心樓上）TEL：(04) 2221-8861

100 年指定科目考試各科試題詳解

主　　　編 / 劉　毅

發 行 所 / 學習出版有限公司　　☎ (02) 2704-5525

郵 撥 帳 號 / 0512727-2 學習出版社帳戶

登 記 證 / 局版台業 2179 號

印 刷 所 / 裕強彩色印刷有限公司

台 北 門 市 / 台北市許昌街 10 號 2 F　　☎ (02) 2331-4060

台灣總經銷 / 紅螞蟻圖書有限公司　　☎ (02) 2795-3656

美國總經銷 / Evergreen Book Store　　☎ (818) 2813622

本公司網址　www.learnbook.com.tw

電 子 郵 件　learnbook@learnbook.com.tw

售價：新台幣二百二十元正

2011 年 11 月 1 日初版

ISBN 978-986-231-126-4

版權所有・翻印必究